Lebensgeschichten junger Frauen und Männer mit
Migrationshintergrund in Deutschland und Frankreich

Waxmann Verlag GmbH
Steinfurter Straße 555, 48159 Münster
info@waxmann.com

Dialoge – Dialogues

Schriftenreihe des Deutsch-Französischen Jugendwerks
Collection de l'Office franco-allemand pour la Jeunesse

Band 3

Die Reihe „Dialoge – Dialogues" im Waxmann Verlag ist eine vom Deutsch-Französischen Jugendwerk (DFJW) initiierte Publikationsreihe, mit der die Ergebnisse angewandter Forschung und Evaluierung im Rahmen deutsch-französischer Projekte einem breiteren Publikum zugänglich gemacht werden sollen.

Das DFJW, im Jahr 1963 gegründete internationale Organisation mit Standorten in Paris und Berlin, fördert seit Jahrzehnten den transnationalen und interdisziplinären deutsch-französischen Wissenschaftsdialog. In der vorliegenden Reihe, die vom Forschungsbereich des DFJW betreut wird, werden Theorie, Methode und Praxis vor dem Hintergrund unterschiedlicher nationaler und kultureller Erwartungshorizonte gewinnbringend miteinander verknüpft.

Neben der quantitativen und qualitativen Evaluierung von Austauschprojekten sollen zusätzlich Einblicke in die Welt des interkulturellen Lernens und der Begegnungspädagogik vermittelt werden.

Vera King, Burkhard Müller (Hrsg.)

Lebensgeschichten junger Frauen und Männer mit Migrationshintergrund in Deutschland und Frankreich

Interkulturelle Analysen eines deutsch-französischen Jugendforschungsprojekts

Waxmann 2013
Münster / New York / München / Berlin

Bibliografische Informationen der Deutschen Nationalbibliothek
Die Deutsche Nationalbibliothek verzeichnet diese Publikation in
der Deutschen Nationalbibliografie; detaillierte bibliografische
Daten sind im Internet über http://dnb.d-nb.de abrufbar.

Dialoge – Dialogues Band 3

ISBN 978-3-8309-2831-7
ISSN 2192-9416

© Waxmann Verlag GmbH, 2013
Postfach 8603, 48046 Münster
Waxmann Publishing Co.
P.O. Box 1318, New York, NY 10028, USA

www.waxmann.com
order@waxmann.com

Umschlaggestaltung: Anne Breitenbach, Tübingen
Satz: Stoddart Satz- und Layoutservice, Münster

Gedruckt auf alterungsbeständigem Papier,
säurefrei gemäß ISO 9706

Inhalt

Vorwort und Dank der Herausgeber

Dieses Buch ist Ergebnis eines Forschungs- und zugleich Qualifikationsprojekts, das von den Herausgebern zusammen mit Lucette Colin und Anna Terzian von der Universität Paris VIII geleitet wurde. Die französischen Kolleginnen verantworten die Herausgabe der demnächst erscheinenden französischen Fassung. Diese Arbeitsteilung hat pragmatische Gründe in den Unterschieden der Editionsregeln und wissenschaftlichen Diskursstile beider Länder, die identische Fassungen der Projektergebnisse in beiden Sprachen nur eingeschränkt zulassen.

Beide Teilteams leiteten gemeinsam eine deutsche und französische Gruppe von jungen Wissenschaftlerinnen und Wissenschaftlern in fortgeschrittenen Qualifikations- und Promotionsprogrammen, die die hier vorgestellten Interviews geführt haben. Viele von ihnen sind auch mit eigenen Beiträgen in diesem Band vertreten, alle haben Interviews geführt und an der Auswertung teilgenommen. Zur Forschungsgruppe gehörten (in alphabetischer Reihenfolge):

Kimberly Aydin, Abdelkader Benali, Anissa Ben Hamouda, Martin Bittner, Séverine Bordrie, Anne-Sophie Calliot, Anh Thi Do, Marga Günther, Nathalie Lacote, Delphine Leroy, Khaled Merichiche, Michel Mounard, Léocadie Ngo Mbous, Paul Scheffer, Christoph Sondag, Elvin Subow, Michael Tressat, Anke Wischmann, Joël Xavier, Janina Zölch.

Ihnen allen sei für ihre Mitwirkung herzlich gedankt. Außerdem gilt unser Dank Anna Royon-Weigelt und Frank Weigand für die Übersetzung der Beiträge. Wir danken Esther Gerdwilker und Cyrielle Levignat für die Übersetzung der Interviews und ihre engagierte Mitwirkung als Dolmetscherinnen in den Forschungswerkstätten der Projektgruppe sowie Anne Küchler, Kezia Ebinger und Rainer Drew für die redaktionelle Textbearbeitung und der Lektorin Julia Fuchs für die professionelle Begleitung.

Das Projekt wurde durch die großzügige Unterstützung des Deutsch-Französischen Jugendwerks ermöglicht, das mehrere solche Forschungswerkstätten sowie Treffen von Untergruppen finanzierte. Sie fanden abwechselnd in Frankreich (Versailles und Paris) und Deutschland (Hamburg und Berlin) statt. Diese finanzielle Grundlage umfasste auch die Übersetzungen des Interviewmaterials, das in beiden Sprachen die Grundlage der Zusammenarbeit im Projekt bildete. Da die Forschung im Rahmen solcher Kooperationsprojekte, die zugleich der Schulung von jungen Forscherinnen und Forschern dienen, nicht selbstverständlich ist, sind wir für diese Förderung besonders dankbar. Dies gilt auch für die persönliche engagierte Unterstützung durch Mitarbeiterinnen des DFJW, insbesondere Ursula Sturmeyer, Elisabeth Berger, Anya Reichmann und Claire Orsel. Nicht zuletzt gilt unser Dank den Kolleginnen Lucette Colin und Anna Terzian von der Universität Paris VIII für die überaus produktive und anregende Zusammenarbeit.

Berlin und Hamburg, im Mai 2013
Vera King und Burkhard Müller

Einleitung: ein binationales Forschungsprojekt zu Biographie und Perspektiven junger Menschen mit Migrationserfahrung in Deutschland und Frankreich

Vera King und Burkhard Müller

In unserem binationalen Forschungsprojekt wurden biographische Interviews mit jungen Männern und Frauen, deren Leben von Migration und Zugehörigkeit zu einer aus Migration stammenden Minderheit in Deutschland oder Frankreich geprägt ist, durchgeführt und ausgewertet. Mit einem biographierekonstruierenden Ansatz haben wir untersucht, wie die Bedingungen des Aufwachsens von jungen Menschen mit Migrationshintergrund in Deutschland und Frankreich und die je individuellen Strategien der Bewältigung aufeinander einwirken. Ausgangspunkt war nicht nur die Annahme, dass Migration und die Bewältigung ihrer Folgen in beiden Ländern und insgesamt in Europa zu den zentralen Herausforderungen an Gesellschaft und Politik gehören, sondern auch die, dass ein genaueres Verständnis der individuellen Bewältigungsformen und -bedingungen dafür unerlässlich ist.

Migrationsschicksale junger Menschen und ihre Bewältigung sollten dabei nach unserem Verständnis nicht etwa nur ein ‚Spezialthema' der Biographie- und Jugendforschung sein. Sie verdeutlichen vielmehr zugespitzt und exemplarisch jene Herausforderungen, vor denen in einer international verflochtenen, sich rasant verändernden, vielfach Mobilität und Flexibilität verlangenden Welt mehr oder weniger alle Heranwachsenden stehen. In diesem Zusammenhang bietet es sich an, an den theoretischen Referenzrahmen einer *verdoppelten Transformationsanforderung* anzuknüpfen und ihn weiterzuentwickeln (vgl. King & Schwab, 2000; King & Koller, 2009a, 2009b). Wir meinen damit zum einen die mit der Transformation vom Kind zum Erwachsenen verbundenen *lebensphasenspezifischen* Herausforderungen; zum anderen all jene, die aus *migrationsspezifischen* Lebensumständen unter den jeweiligen sozialen, familialen und biographischen Bedingungen resultieren. So müssen zwar alle Jugendlichen heute die Aufgabe bewältigen, ‚Autoren der eigenen Biographie' in einer Welt, die ihre Eltern nur sehr begrenzt besser und oftmals schlechter kennen als sie selbst, zu werden. Aber die Grade dieser Herausforderung sind andere, wenn es um die mehrgenerationale Bewältigung von Migrationserfahrungen geht, um die Auseinandersetzung mit Diskriminierung und Ausgrenzung sowie darum, eine Balance zwischen divergierenden Zugehörigkeiten und der Anforderung, einen eigenen, anerkannten Platz in der Gesellschaft einzunehmen, zu finden.

Ziele, Forschungsfragen und -design

Insgesamt 20 ausführliche narrative lebensgeschichtliche Interviews (sowie ein er-
gänzendes Gruppeninterview) wurden von unserer Forschungsgruppe in beiden
Ländern erstellt, transkribiert und übersetzt. Diese Transkripte bildeten die Arbeits-
grundlage des Projekts, mit dem drei übergreifende Ziele verbunden waren:
1. Zum einen ging es darum, Erkenntnisse über Sozialisationsbedingungen, aber
insbesondere auch über biographische Bewältigungsstrategien und Lernprozesse
junger Migrant(inn)en in Deutschland und Frankreich zu erlangen. 2. Das zweite
Ziel beinhaltete vor allem methodologische Fragen, die Suche nach Möglichkeiten
der Erkenntnis, nach der Herstellung forschungspraktisch angemessener methodischer Bedingungen und Prozesse eines solchen über nationale Grenzen hinweg kooperierenden Forschungsprojekts. 3. Drittens schließlich sollten die Projektergebnisse auch für die Forschung über deutsch-französischen Jugendaustausch für die
interkulturelle Ausbildung und den Austausch des Forschungsnachwuchses frucht-
bar gemacht werden können.

Ad. 1. Es sollten Einsichten in das Wechselverhältnis von Lebensbedingungen und
Lebensentwürfen junger Menschen in Deutschland und Frankreich gewonnen werden. Ausgehend von den Fallanalysen wurden aufschlussreiche Kontrastfälle der
Wechselwirkung von Lebensbedingungen und Lebensentwürfen herausgearbeitet,
wobei insbesondere folgende Fragestellungen erkenntnisleitend waren:

- Wie beschreiben junge Männer und Frauen mit Migrationshintergrund sich
  selbst, ihr Leben, ihre Entwicklung und ihre Wahrnehmung des Blicks der Anderen in Deutschland und Frankreich?
- Welche Verknüpfungen zeigen sich zwischen Geschlecht und Migrationshintergrund?
- Wie können die Transformationsprozesse, die zwischen Kindheit und Erwach-
  senwerden sowohl im Verhältnis zu ihrem familiären Umfeld als auch hinsichtlich ihrer Pläne und gesellschaftlichen Rollen zu bewältigen sind, beschrieben
  werden?
- Was sind dabei bedeutsame Andere? Welche bedeutsamen Erlebnisse oder
  Schlüsselereignisse beschreiben die Interviewten?
- Welche Möglichkeitsräume für die eigene Lebensgestaltung zeigen sich für die
  Jugendlichen oder jungen Erwachsenen und welche Hindernisse, eigene Lebens-
  entwürfe zu realisieren, werden erkennbar?
- Welche Erfahrungen haben sie mit Menschen, die anders sind? Welche interkul-
  turellen Kompetenzen schreiben sie sich zu?
- Welche Lebensentwürfe und Zukunftsperspektiven sind damit verbunden?

Das Ziel, solche Fragen im deutsch-französischen Vergleich anzugehen, konnte angesichts der Komplexität der Zusammenhänge jedoch nicht darin bestehen, reprä-
sentative Vergleichsdaten zu liefern. Vielmehr ging es vorrangig darum, anhand von

biographischen Rekonstruktionen bestimmte Muster herauszuarbeiten, die Aufschluss über biographische Verarbeitungsformen von sozialisatorischen Bedingungen bieten können. Dabei verweisen die Interviews auf eine entsprechende Variationsbreite von Sozialisationsbedingungen, Lebensverläufen und persönlichen Bewältigungsformen, die sich mit Blick auf bestimmte Muster in Richtung migrations- und jugendtypischer Herausforderungen und beispielsweise auf nationaler Ebene in Frankreich und Deutschland teils analoger, teils variierender sozialer Bedingungen für ihre Bearbeitung verdichten lassen.

Der Logik rekonstruktiver Sozialforschung entsprechend wurde das Interviewmaterial auch nicht einfach nur auf jene Fragen hin durchsucht. Vielmehr sollten die Biographien gerade in ihrer jeweiligen Eigenheit und Eigenlogik sichtbar werden. Dies ist nicht nur methodisch bedeutsam, sondern auch für die praktische Nutzbarkeit der Ergebnisse wichtig. Denn auch für die Praxis des internationalen Austauschs (und die Ausbildung von Pädagoginnen und Pädagogen) ist es wichtiger, den Blick auch für die besonderen individuellen Lebensgeschichten zu schärfen und diese zur Sprache zu bringen, als ausschließlich allgemeine Einsichten über Ähnlichkeiten und Unterschiede der Lebensbedingungen und -entwürfe junger Menschen mit Migrationshintergrund in Deutschland und Frankreich zu liefern.

Eine weitere Erkenntnis betrifft eine entscheidende Gemeinsamkeit, die quer durch das ganze Interviewmaterial sichtbar wird. Die meisten der Interviewten scheinen gezwungen zu sein, sowohl mit sich selbst als auch mit ihrer Umwelt einen Kampf an mehreren Fronten gleichzeitig zu führen. Die Alternative liegt nicht darin, wie es häufig immer noch verstanden wird, entweder die Herkunftskultur mit der Kultur in Deutschland oder Frankreich zu versöhnen oder aber zwischen beidem zu wählen. Zu bewältigen ist vielmehr die Art der Mischung, die *mixité* selbst, die daraus resultiert, als Andere oder Anderer, als Migrantin oder Migrant, als Sohn oder Tochter von ‚Ausländern‘ adressiert und sozialisiert zu werden. Sie verlangt sowohl Abgrenzung oder auch Verarbeitung von Ausgrenzungen gegenüber den Peers am Wohnort und in der Schule als auch Abgrenzung gegenüber den Ansprüchen der Eltern und Begrenzung der familiären Loyalitäten, wenn diese eigenen Lebensentwürfen im Wege stehen. Und nicht zuletzt geht es um die individuelle wie auch familiale Auseinandersetzung mit Diskriminierung, um Abwehr von Rassismus, um unterschiedliche Arten der Verarbeitung von Benachteiligung, von denen die meisten Interviewten in vielen biographischen Details berichten.

Deutlich ist überdies, quer durch die Interviews, der hohe Druck, den die Befragten erfahren, ihre jeweilige Lebensweise, wie immer sie gewählt wird, rechtfertigen zu müssen, gerade auch dort, wo, wie eine Interviewte explizit sagt, die Normalität für „die anderen" eben darin besteht, sich *nicht* rechtfertigen zu müssen (z.B. nicht nur, wenn ich ein Kopftuch trage, sondern auch, wenn ich keines trage). Die unterschiedlichen Bewältigungsmuster für den Umgang mit diesem Druck herauszuarbeiten, war eine besondere Herausforderung dieses Projekts.

Nicht zuletzt wird beim Vergleich der Interviews als Gemeinsamkeit erkennbar, dass in allen ‚bedeutsame Andere‘ eine das biographische Erleben prägende Rolle spielen. Es macht dabei aber sowohl große Unterschiede, ob junge Menschen mit Migrationshintergrund bei diesen Anderen vor allem auf die eigene Familie oder auf Freunde, Kollegen oder Lehrer verwiesen werden als auch, ob diese anderen Bezugspersonen eher der eigenen Herkunftskultur entstammen oder als ‚Franzosen‘ bzw. ‚Deutsche‘ wahrgenommen werden. Die Netzwerke der Beziehungen in ihren Unterschieden zu beschreiben, war damit ebenfalls eine wichtige Aufgabe des Projekts.

Deutlich wurde schließlich, dass Orte und Ortswechsel in allen Interviews, wenngleich auf sehr unterschiedliche Weise, von überaus hoher Bedeutung sind. Das betrifft nicht nur die Ortswechsel zwischen Herkunftsland der Familie und westlichem Aufenthaltsland, sei es als Wohnort im Lauf der Biographie oder auch als Orte für Reisen oder als Orte einer zweiten Heimat. Es gilt auch für die Wohnorte im Aufenthaltsland. Ob und wie z.B. jemand die *cité*, die *banlieue* oder den Kiez als benachteiligtes Wohngebiet, in dem er oder sie aufgewachsen ist, im weitesten Sinne ‚hinter sich‘ lassen kann oder leidvoll daran gebunden bleibt, ist ein entscheidendes Element für die Selbstdeutung und die Lebensentwürfe.

Ad. 2. Das zweite Ziel betrifft, wie erwähnt, die methodologische Rahmung und Reflexion der Bedingungen und Prozesse eines solchen, über nationale Grenzen hinweg kooperierenden Forschungsprojekts. Sicher gehören auch junge Wissenschaftler zu den Zielgruppen, deren binationale Zusammenarbeit zu fördern Anliegen des DFJW ist. Insofern kann man den hier erprobten Typ einer binationalen Forschungswerkstatt selbst, unabhängig von ihren speziellen Inhalten und Ergebnissen, als ein Modell verstehen, das auch für andere Themen bedeutsam ist und weiterentwickelt werden kann. Damit steht das Projekt zugleich in einer Tradition mit anderen vom DFJW geförderten Projekten, für die eine Verknüpfung von Forschungsfragen mit internationaler Begegnung und pädagogisch-experimentellen Erkundungen des interkulturellen Feldes seit langem charakteristisch ist (z.B. Giust-Desprairies & Müller, 1997; Müller et al., 2005; Nicklas et al., 2006; Weigand & Hess, 2007). Das Besondere an diesem Projekt ist, dass es sich, neben seinem inhaltlichen Thema, die Vermittlung und Erkundung von Zugängen und Handwerkszeug des Forschens in binationaler Kooperation selbst zum Ziel gewählt hat.

Im Unterschied zu Forschungswerkstätten in den sozial- und erziehungswissenschaftlichen Forschungspraxen beider Nationen steht hier nicht nur die Aufgabe, erhobenes Material nach bewährten Methoden zu analysieren, im Mittelpunkt. Es gilt vielmehr, zunächst einmal und fortlaufend ein „geteiltes Repertoire" (Troman & Jeffrey, 2008) an Fragestellungen und methodischen Zugängen zu entwickeln, das kohärente Arbeit an gemeinsamen Fragestellungen ermöglicht und zugleich in beiden Ländern als Forschung anschlussfähig ist. Eine entsprechende Kultur gemeinsamen grenzüberschreitenden Forschens zu praktizieren, ist erstaunlicherweise im deutsch-französischen Verhältnis, und gerade in den Sozial-, Kultur- und Erziehungswissenschaften, leider alles andere als selbstverständlich.

Dabei galt es, sich in einem ersten Schritt, also schon im Vorfeld der Planung, auf gemeinsame Regeln zu verständigen. Diese betrafen zunächst die Auswahl der Interviewten und die Durchführung der Interviews. Die mindestens einstündigen Interviews wurden aufgezeichnet und nach vereinbarten Transkriptionsregeln transskribiert, wozu auch die Beschreibung der Interviewsituation und ihres Zustandekommens gehörten.[1] Auf französischer wie deutscher Seite sollten jeweils fünf Interviews mit jungen Männern und fünf mit jungen Frauen geführt werden (also insgesamt 20). Das Alter der Interviewten sollte zwischen 17 und 26 Jahren liegen. Es wurden ausschließlich Interviews mit Adoleszenten mit Migrationshintergrund geführt. Der Migrationshintergrund sollte dabei ‚nicht privilegierte‘ Einwanderungsgruppen betreffen, vor allem aus Süd- und Osteuropa oder Russland, aus Afrika oder Südamerika.

Dass solche Vereinbarungen einer binationalen Projektleitung allein noch keine stabile Grundlage für einen kohärenten Forschungsprozess liefern, zeigte sich, als wir anfingen, dieses Material als französische und deutsche Forscherinnen und Forscher gemeinsam zu interpretieren. Wie so oft war auch bei uns, allein schon aus Gründen der Sprachkenntnis, die Verständigung in Bezug auf anglo-amerikanische Forschungstraditionen (z.B. auf Goffman, die Ethnomethodologie und andere qualitative Forschungstraditionen) leichter möglich als in Bezug auf deutsche oder französische wissenschaftliche Diskurse. Bekanntlich gibt es zwar einschlägige Autoren, die im jeweils anderen Land übersetzt wurden und die wissenschaftliche Diskussion mit prägen, z.B. Foucault oder Bourdieu in Deutschland oder Habermas oder Luhmann in Frankreich. Aber deutsche Geistes- und Sozialwissenschaftler kennen gewöhnlich, um bei diesen Beispielen zu bleiben, weder genau die vielfältige französische Diskussion zu Foucault noch die zu Habermas noch sind umgekehrt die deutschen Debatten zu französischen und deutschen Ansätzen in Frankreich sehr geläufig. Zwar stützte sich unser Projekt auf Ansätze, die sich als gemeinsame Referenzrahmen anboten: Biographieforschung im Allgemeinen und fallrekonstruktive Methoden im Besonderen, mit Bezügen zur analytischen Sozialpsychologie, zur Ethnographie und zu Ansätzen interkultureller Forschung. Obwohl aber all dies in beiden Ländern Bestandteil der einschlägigen wissenschaftlichen Diskurse ist, zeigten sich bei genauer Betrachtung erhebliche und folgenreiche Unterschiede in den Details, die wechselseitig wenig bekannt sind und die fortwährender Verständigung und Neureflexion bedürfen.

Hinzu kommt, insbesondere bei der Untersuchung kulturell hybrider Biographien, dass die Forschenden ihrem Gegenstand nicht neutral gegenübertreten können, sondern selbst involviert sind. So war es für unsere Kooperation besonders bedeutsam, dass über die Hälfte der Mitglieder der Forschungsgruppe selbst einen Migrationshintergrund hat, wobei dies in noch stärkerem Maß für die französische als für die deutsche Seite zutrifft. Offenkundig hatte dies sowohl Auswirkungen auf

---

1 Auch die Gesamtstimmung, Stimmungswechsel, auffällige Lautstärken(wechsel) oder Tonhöhen, Lachen, Lächeln, Ärger u.ä., Unterbrechungen, besondere Ereignisse während des Interviews sollten festgehalten werden.

die Interviews als auch auf die Methoden der Interpretation. Auch deshalb musste die subjektive Stellung zum Forschungsgegenstand und die soziale Position der Forschenden in Relation zum untersuchten Feld selbst Teil der Untersuchung werden (ausführlich dazu Kap. 5). Dies gilt zum einen für ihre Gebundenheit an den deutschen oder französischen Sprach- und Kulturraum und die damit verbundenen Übersetzungsprobleme, bei denen es bekanntermaßen immer um mehr als um bloßes Übersetzen geht. Zum anderen gilt es für die Binnen- oder Außen- bzw. *Insider*- oder auch *Outsider*-Perspektiven hinsichtlich des Forschungsgegenstandes selbst. Beides wird in den methodischen Reflexionen des Buches genauer aufgegriffen, spielt aber in allen Beiträgen eine Rolle.

Zugleich zeigte sich, dass gerade jene Aspekte, die zunächst als Probleme erschienen, sich häufig als Zugänge zum Verstehen erwiesen: So zwangen die sich im ersten Schritt als Sprach- und Übersetzungsprobleme in den Vordergrund drängenden Fragen zur genauen Erklärung, Reflexion und Infragestellung eingeschliffener Selbstverständlichkeiten. Diese Irritationen – sei es im Theorie- und Methodenverständigungs-, im Begriffsklärungs- oder Auswertungsprozess – konnten in der weiteren gemeinsamen Arbeit im besten Sinne eine triangulierende erkenntniserweiternde Funktion bekommen. Auch erwies es sich als überaus gewinnbringend und von besonderer Bedeutung, in Bezug auf die je etablierten Denk- und Methodenschulen oder Repertoires mit ihren festgefügten Begrifflichkeiten (im weitesten Sinne) deutscher oder französischer Provenienz, auf die referiert wurde, immer wieder die zentralen gedanklichen Linien und Figuren herauszuarbeiten, die sich dann mit anderen Konzeptionen neu ins Verhältnis setzen ließen. Dabei zeigten sich wiederum fruchtbare Übereinstimmungen oder Ergänzungsmöglichkeiten, die es insgesamt erlauben, die Forschung als biographisch-rekonstruktiv zu bezeichnen. Im Zuge dessen wurde ein Regelwerk, das als praktisches methodisches Kondensat gelesen werden kann, etabliert.

Als konstitutiv für die Erarbeitung jenes geteilten Repertoires erwiesen sich in unserem Projekt u.a. folgende pragmatische Regeln:

- Die erhobenen und wörtlich transkribierten biographischen Interviews in national homogenen wie gemischten Gruppen zu lesen und zu interpretieren mit dem Ziel, deren latente Sinngehalte zu interpretieren und sich über die jeweiligen Interpretationen zu verständigen – nicht aber (subsumptiv) Vermutungen über deren psychologische oder sonstige Bedeutung für die jeweiligen Interviewten anzustellen.
- Bei der Interpretation ein Wechselspiel zwischen der Mikroebene von Textsequenzen und des gesamten Falls zu vollziehen sowie Vergleiche mit anderen Fällen anzugehen, dabei aber immer die Rückbindung der Interpretationen an die wörtlichen Formulierungen der Texte zu suchen.
- Dabei können die methodischen Zugänge unterschiedlich sein, sofern sie den gemeinsamen Zweck verfolgen, nämlich strikt textbezogene Deutung und intersubjektive Validierung von Interpretationen zu sein.

- Die Differenzen der unterschiedlichen Methoden können im Sinne einer ‚Triangulierung' nutzbar gemacht und als weitere Erkenntnisquelle genutzt werden.
- Sofern die Entstehungsbedingungen der Texte nur begrenzt homogenisierbar sind (in unserem Fall z.B. die Auswahlkriterien und Regeln für die deutschen und französischen Interviews), sollten die sich daraus ergebenden Differenzen als Teil der Fragestellung und damit als Erkenntnisquelle dienen.

Ad 3. Das dritte Ziel des Projekts bezieht sich auf die Nutzbarkeit der Erkenntnisse für die Praxis deutsch-französischer Forschung sowie damit verknüpfte praktische Aspekte des internationalen Jugendaustausches. So erscheint es offenkundig, dass sich die beschriebenen Forschungsbedingungen auch auf die Chancen auswirken, die Ergebnisse der Forschung für die internationalen Jugendaustauschprogramme nutzbar zu machen. Auch in anderen vom DFJW geförderten Forschungsprojekten zeigte sich immer wieder, dass es selbst dort, wo die persönliche Verständigung zur Zusammenarbeit gut gelingt, gleichwohl äußerst mühsam sein kann, gemeinsame kohärente Forschungsergebnisse zu entwickeln, die zugleich an die entsprechenden nationalen Diskurse anschlussfähig sind. Eine direkte Übersetzung von Forschungsberichten oder Monographien z.B., die zunächst in der einen Sprache erschienen sind, hat sich immer wieder als kaum vermittelbar erwiesen. Dies liegt vor allem daran, dass die Gegenstände solcher qualitativ-rekonstruktiver Forschung immer auch in den jeweiligen nationalen Bezugsrahmen, spezifischen wissenschaftlichen Diskursen, Dispositiven, Traditionen und kulturellen Gepflogenheiten verwurzelt sind, sodass sich ein transnationaler übergreifender, ‚neutraler' Diskurs, wie er z.B. in den Naturwissenschaften oder den formalen Prozeduren der Sozialwissenschaft (Statistik etc.) eher möglich scheint, nur schwer entwickeln lässt. Es versteht sich deshalb, dass der praktische Nutzen des Projekts kein direkter sein kann, im Sinne einer ‚Anwendung' seiner Erkenntnisse und Methoden auf die Animationspraxis internationaler Jugendbegegnungen.

Indirekt scheint uns dagegen das Projekt auch dafür sehr ertragreich zu sein. Dies gilt zunächst einmal für die biographischen Berichte der befragten jungen Menschen selbst. Es sind sehr differenzierte Beschreibungen des Lebens als Heranwachsende mit Migrationshintergrund in beiden Ländern. Es sind individuelle Lebensgeschichten, die aber in ihrer Besonderheit zugleich exemplarisch Erfahrungen dokumentieren, in denen sich allgemeine Lebensbedingungen junger Menschen in einer globalisierten Welt verdichten. Zum anderen spiegeln sie exemplarisch Erfahrungen einer Zielgruppe, die aus zwei Gründen von besonders hohem Interesse für das DFJW und andere Träger von Programmen internationaler Jugendbegegnung sein muss: Die Zielgruppe der jungen Menschen mit Migrationshintergrund in Deutschland wie in Frankreich hat, erstens, ein besonders reiches Repertoire an interkulturellen Lebenserfahrungen, von dem die Austauschprogramme profitieren können; diese Gruppe ist aber, zweitens, für die Angebote oft nur schwer zu erreichen, auch weil sie mit ihren spezifischen Lebensbedingungen darin oft nicht vorkommt; sie repräsentiert, drittens, einen hohen und – wie angesichts der demographischen Entwicklung insbesondere in Deutschland sehr deutlich wird – wachsenden Anteil der Jugendlichen.

Aber auch die Vorgehensweisen, die es uns ermöglichten, jenes gemeinsame methodische Repertoire der Rekonstruktion biographischer Interviews zu entwickeln, könnten pädagogisch für den Jugendaustausch von Nutzen sein. Auch interkulturelle Pädagogik hat durchaus den Charakter experimenteller und forschender Erkundung: Sie muss sich immer mit dem ‚Anderen‘, mit Differenzen im gemeinsam Verbindenden, mit dem ‚fremden Blick‘ auf das Eigene, praktisch und reflexiv auseinandersetzen. Auch pädagogische Projekte des interkulturellen Austauschs können deshalb sinnvoll mit entsprechenden, biographisch relevanten Dokumenten arbeiten, die von den Teilnehmenden in unterschiedlichen Gruppierungen produziert und für den gemeinsamen Austausch genutzt werden (Erfahrungsberichte, Filme, die eigene Lebenswelten zeigen, biographische Erzählungen, Interviews etc.). Auch für sie stellt sich die Frage nach einem geteilten ‚Repertoire‘, das ermöglicht, solche Dokumente für eine vertiefte Arbeit zu nutzen.

Schließlich ist auf die verallgemeinerbaren Aspekte unserer Erfahrungen mit Übersetzung im Projektverlauf zu verweisen. Die Mitarbeit von zwei Dolmetscherinnen erwies sich für uns als unentbehrlich, weil viele aus der Projektgruppe nicht hinreichend zweisprachig kompetent waren, um zur vergleichenden Textinterpretation beizutragen. Beide übersetzten sowohl im Lauf des Projekts die Interviewtexte aus ihrer jeweiligen Muttersprache als auch konsekutiv die Diskussionen in den drei Forschungswerkstätten. Beide waren dafür sowohl als Studentinnen und Absolventinnen eines einschlägigen Sprachstudiums als auch durch längeren Aufenthalt im anderen Land sehr geeignet. Ihre Motivation speiste sich deshalb in einem hohen Maß aus einem starken Interesse an den Inhalten der Arbeit (das auch bei der Auswahl der Personen wichtig war) und aus ihrer Anerkennung als wichtige Mitglieder der Forschungsgruppe.

Als übertragbares Modell scheint uns das deswegen sehr interessant, weil die Alternativen dazu in den Begegnungsprogrammen mit und ohne Forschungszwecke oft eher schlecht als recht funktionieren. Bei dem einen verlässt man sich auf die in der Gruppe naturwüchsig vorhandene, aber meist ungleich verteilte Übersetzungskompetenz. Dies hat verschiedene Nachteile, z.B.: Schwierigkeiten, den Austausch zu vertiefen; Dominanz der Zweisprachigen und Gefahr der Marginalisierung der Einsprachigen; Ausweichen auf Englisch als *lingua franca* oder auch einseitige Verteilung der Übersetzungsaufgabe auf die deutsche Seite, die dazu oft eher in der Lage und bereit ist.

Beim anderen Modell, das vor allem für konferenzartige Treffen genutzt wird, leisten professionelle Übersetzer(innen) die Arbeit, mit entsprechender apparativer Ausstattung. Sie haben aber meist nur begrenzte Kenntnis von und geringeres Interesse an den verhandelten Inhalten. Sie können deshalb vor allem dann, wenn sie anfangen, wortwörtlich zu übersetzen, statt sinngemäß zu paraphrasieren, oft auch ungewollt zum Hindernis der Verständigung in Gruppen werden. Das von uns praktizierte Modell verbindet die Vorteile beider Alternativen, vermeidet deren Nachteile und könnte vor allem in Forschungsprojekten die Effektivität steigern.

Kapitel und Beiträge des Bandes

Das erste Kapitel mit Beiträgen von Anna Terzian, Anissa Ben Hamouda und Burkhard Müller bettet das Projekt in den öffentlichen Diskurs, der sich in Deutschland und Frankreich mit dem Begriff ‚Integration' verbindet, ein. Zunächst skizzieren Anna Terzian und Anissa Ben Hamouda von französischer und Burkhard Müller von deutscher Seite in aller Kürze einige Facetten der Geschichte und den aktuellen Stand der jeweiligen nationalen Debatten zu diesem Thema. Während trotz unterschiedlicher Ausgangslagen die realen Probleme der Integration von Migrant(inn)en in verschiedenen Ländern ähnlich geworden sind, zeigen sich im Umgang damit auch markante Unterschiede. Der französische Diskurs geht vom Konzept einer *intégration républicaine* aus, das die Gleichheit aller Bürgerinnen und Bürger gegenüber dem Staat hervorhebt, dabei aber die sozialen und kulturellen Unterschiede und ihre Folgen für Chancen der Teilhabe auszublenden droht. Der deutsche Diskurs versteht Integration stärker als Kampf um soziale und kulturelle Teilhabechancen, neigt aber dazu, Integration als Angleichung sozialer und kultureller Normen statt als Frage von Bürgerrechten zu verstehen. Der dritte Teil des ersten Kapitels stellt Stimmen aus den Interviews vor, die diese Thematik beleuchten.[2]

Das zweite Kapitel, das von Lucette Colin und zwei weiteren Mitgliedern der französischen Projektgruppe, Delphine Leroy und Joël Xavier, verfasst ist, greift eine Thematik auf, die vor allem in Frankreich im Zentrum steht: die Kritik an einem Schulsystem, das sich darauf beschränkt, die Inhalte und Werte der *civilisation française* an ihre Schüler zu vermitteln, aber zweierlei systematisch vernachlässigt: erstens, dass die Voraussetzungen zur Aneignung dieser Inhalte und Werte sehr unterschiedlich sind und auf die Vermittlungschancen der Schule zurückwirken; zweitens, dass die Schule nur ein Lernfeld unter anderen ist und ihre Ziele nur erreichen kann, wenn informelle und medial vermittelte Lernprozesse nicht in andere Richtungen führen. Auch in diesem Kapitel sind die biographischen Erfahrungen aus den Interviews eingearbeitet. Sie zeigen aus individueller Perspektive die Bedeutung der Schule für die biographische Orientierung, damit verbundene Probleme wie auch Strategien des Umgangs damit.

Im dritten und vierten Kapitel werden ausgewählte Interviews unter spezifischen Fragestellungen vergleichend betrachtet. Den Beiträgen zum dritten Kapitel von Janina Zölch, Marga Günther und Michael Tressat ist gemeinsam, dass sie die biographischen Selbstbeschreibungen unter der Fragestellung betrachten, wie

---

2   Zitate in den ursprünglich auf französisch geschriebenen Beiträgen werden in Übersetzung wiedergegeben, ohne auf die in einigen Fällen verfügbaren Publikationen in deutscher Sprache zu verweisen.

die Interviewten mit der schon beschriebenen doppelten Herausforderung im Kontext von Adoleszenz und Migration umgehen: Sie müssen einerseits ihren Übergang vom kindlichen Familienmitglied zu einer gesellschaftlich anerkannten Rolle als Erwachsene bewältigen und dies andererseits unter der Bedingung leisten, dass die Art ihrer Zugehörigkeit zur Mehrheitsgesellschaft in Frankreich bzw. Deutschland keine Selbstverständlichkeit ist, sondern gewählt, verteidigt und gestaltet werden muss. Janina Zölch blickt dabei besonders auf das Spannungsverhältnis von Bildungsweg und Zugehörigkeit zur Herkunftsfamilie und Herkunftskultur. Marga Günther fokussiert Passagen aus Interviews, in denen die Fragen nach Zugehörigkeit und Selbstpositionierung von den Befragten selbst explizit reflektiert werden. Michael Tressat beleuchtet besonders die Thematisierung religiöser Zugehörigkeit durch junge Muslime. Er stellt dabei die gängige These infrage, wonach muslimische Religiosität primär als Integrationshindernis zu betrachten sei, und arbeitet stattdessen deren Bedeutung für die Strategien subjektiver Lebensbewältigung heraus.

Die beiden Beiträge des vierten Kapitels, von Anke Wischmann und Burkhard Müller, sind im Vergleich einzelner Interviews einem Thema gewidmet, das in allen biographischen Erzählungen der Interviewten anklingt: Als Migrant/Migrantin bzw. mit Migrationshintergrund in Deutschland und Frankreich zu leben heißt, mehr oder weniger subtil gezwungen zu sein, die eigene Lebensweisen und Lebensentwürfe vor sich selbst und anderen rechtfertigen zu müssen. Ein Mädchen mit Migrationshintergrund z.B., das in der Schule *kein* Kopftuch trägt, muss sich auch dafür rechtfertigen. Der Beitrag Wischmanns stellt Dimensionen der Anerkennung nach Axel Honneth und die Bedeutung von Anerkennung im adoleszenztheoretischen Konzept Vera Kings vor, um vor diesem Hintergrund zwei kontrastierende Fälle der Bewältigung jener Herausforderungen zu interpretieren. Der Beitrag Müllers analysiert drei Interviews mit jungen Männern aus Deutschland und Frankreich. Er macht exemplarisch sichtbar, dass nicht nur die individuellen Unterschiede der Lebensläufe, sondern auch (länder-)typische Kulturen des Umgangs zwischen jungen Menschen mit Migrationshintergrund und ihrer Umwelt das Selbstverständnis der Befragten geprägt zu haben scheinen. Wie verallgemeinerbar gerade solche Beobachtungen sind, müssten weitere Forschungen zeigen.

Das fünfte Kapitel mit Beiträgen von Vera King, Elvin Subow, Anissa Ben Hamouda, Delphine Leroy und Martin Bittner ist den methodologischen und methodischen Fragen gewidmet, die sich aus der besonderen Anlage des Projekts ergeben. Wie ausgeführt, ist Forschung in einer deutsch-französischen Gruppe keine Selbstverständlichkeit, umso mehr in einem Projekt, das zugleich eine Werkstatt für die interkulturelle Bildung und professionelle methodische Ausbildung junger Forscherinnen und Forscher darstellt. Forschung erfordert und beinhaltet hier in besonderer Weise immer auch selbstreflexive Analyse. Was darunter wiederum zu verstehen sei, war selbst Gegenstand der Aushandlung und Diskussion in diesem Projekt gerade auch zwischen den deutschen und den französischen Projektmitgliedern. Zugleich zeigten sich unter methodologischen und methodischen Gesichtspunkten der große Anregungsgehalt und die spezifischen Erkenntnispotenziale des binationalen Designs. Im ersten Beitrag skizzieren Vera King und Elvin Subow die methodologischen Aspekte zunächst als zentrale Herausforderungen des Projekts. Sie geben im Zuge dessen einen Abriss der internationalen Diskussion zur Frage, ob und wie Forschung einen methodisch kontrollierten Außenstandpunkt zu ihrem Forschungsgegenstand einnehmen müsse bzw. könne; oder aber, ob und wie *Insider* oder ‚Betroffene‘ eines Forschungsfelds selbst zu Forscher(inne)n werden können, die anderes und vielleicht mehr erkennen können als die Außenstehenden. Der Beitrag diskutiert zugleich die forschungspraktischen Probleme, Lösungsmöglichkeiten und die sich abzeichnenden epistemologischen Perspektiven. Der Beitrag von Anissa Ben Hamouda und Delphine Leroy, der im Besonderen aus den Diskussionen mit der französischen Teilgruppe entstanden ist, beschreibt das methodologische Problem vorrangig anhand des französischen Konzepts von *implication*, das die Fragen eigener Beteiligung weniger aus einer sozialwissenschaftlichen als aus einer phänomenologischen Perspektive angeht. Die Autorinnen zeichnen die Geschichte der differenten Zugänge und Einigungsversuche im Umgang mit dem Projektmaterial nach. Auch sie geben so ein facettenreiches Bild der Schwierigkeiten, aber auch reicher Erkenntnisse, die sich aus einer solchen binationalen Forschungswerkstatt ergeben. Der abschließende Beitrag von Martin Bittner ist wiederum den damit verbundenen Fragen und Problemen der Übersetzung gewidmet, die die ganze Projektarbeit durchzogen haben. Er zeigt nicht nur, wie gerade aus schwer übersetzbar erscheinenden Ausdrucksweisen einer (Ausgangs-)Sprache durch Übersetzung in analoge Formulierungen und Diskurse einer (Ziel-)Sprache bei gleichzeitiger Wahrnehmung der Differenz (!) neue Erkenntnisse gewonnen werden können, die ihrerseits der präziseren Reflexion und Erläuterung der eigenen Begriffe helfen. Darüber hinaus wird auch in seinem Beitrag deutlich, dass und in welcher Weise das reflexive Potenzial durch die sprachbedingten Irritationen und Fremdheitserfahrungen gerade an Schärfe gewinnen kann und diese somit auch zu einer produktiven Veränderung von Sichtweisen führen kann, die bis dato als selbstverständlich wahrgenommen wurden.

Kapitel I

Integriert, und dann?
Wie wird ,Integration' in Frankreich und Deutschland verstanden – und wie von jungen Menschen erlebt?[1]

Anna Terzian, Anissa Ben Hamouda und Burkhard Müller

Es gibt kaum einen vieldeutigeren Begriff als den der ,Integration', vor allem, wenn er als gesellschaftliche Herausforderung formuliert wird. Bezieht er sich auf Schwierigkeiten junger Leute oder der am stärksten benachteiligten Bevölkerungsschichten oder aber auf die Frage des Zusammenlebens in einem heterogenen Kontext, der alle betrifft (Arendt 2000)? Je nach sozialem, kulturellem, politischem und geographischem Kontext kann das komplexe und mehrdeutige Konzept Integration mehrere Bedeutungen profaner und wissenschaftlicher Art erhalten. Zudem wird es in Deutschland und Frankreich vor allem aufgrund des unterschiedlichen Verhältnisses zur Einwanderungsgeschichte unterschiedlich interpretiert; ein Thema, auf das wir später eingehen werden. Auch wenn es sich bei dem Begriff ,Integration' in erster Linie um ein soziologisches Konstrukt mit einer bestimmten historischen Entwicklung handelt, soll an dieser Stelle nicht in erster Linie auf die wissenschaftliche Geschichte dieses Konzepts eingegangen werden.[2] Trotzdem halten wir es für notwendig, einige Klärungen in Bezug auf die wichtigsten Strömungen dieser Entwicklung zu leisten, um den Begriff genauer zu definieren und um die Bedeutungen zu erfassen, die ihm Jugendliche aus Frankreich und Deutschland im Kontext ihrer Lebensgeschichten zuschreiben.

Integration und Assimilierung

Seit den Anfängen der Soziologie, in Frankreich durch die Arbeiten von Durkheim, in den Vereinigten Staaten durch die der Chicagoer Schule, verwenden die Soziologen den Begriff der Assimilierung, um den Prozess der Integration von Ausländern in die Gesellschaft zu bezeichnen. Die amerikanischen Soziologen haben sich schon früh mit dieser Frage auseinandergesetzt, z.B. in der grundlegenden Studie *The Polish Peasant in Europe and in America* (1918–1920) von Thomas und Znaniecki. In den 1950er Jahren entwickelt sich in den Vereinigten Staaten eine

---

1   Teil 1 und 3 aus dem Französischen von Frank Weigand.
2   Vgl. die Arbeiten von Costa-Lascoux 2005; Schnapper 2007.

strukturfunktionalistische Strömung, die eine allgemeine Theorie über die Integration ethnischer Minderheiten aufstellte, die auf dem Assimilierungsprinzip beruhte und betonte, dass es für den Nationalstaat unerlässlich sei, den eingewanderten Minderheiten einen den Einheimischen gleichgestellten Status zu gewähren. Die Grenzen dieser Theorie, die allgemein als *melting pot theory* bekannt ist, wurden im Lauf der 1960er Jahre von Forschern wie Glazer und Moynihan in deren Werk *Beyond the Melting Pot* (1963) sowie in Gordons *Assimilation in American Life* (1964) deutlich gemacht. Sie zeigten das Scheitern einer auf Assimilierung beruhenden Politik, die zu einer stetigen und unvermeidlichen Auslöschung der kulturellen Eigentümlichkeit ethnischer Minderheiten führt, auf (Schnapper, 2007, S. 78). Nach und nach verdrängte der Begriff ‚Ethnizität‘ das Konzept der ‚Assimilierung‘ als Leitbegriff, der z.B. von den amerikanischen Soziologen, die sich mit der Integration der Afroamerikaner (‚Black Sociology‘) auseinandersetzten, abgelehnt wurde. Diese Strömung betonte, dass auf Grundlage von Assimilierung keine harmonische Integration möglich sei. Sie forderte eine gerechtere und demokratischere Integration, die sich von dem unterscheidet, was Lévi-Strauss als Ethnozid bezeichnet hat, d.h. von dem unvermeidlichen Verlust ethnischer Referenzen und jeglicher Art kultureller Authentizität. In den Vereinigten Staaten lässt sich zwischen 1960 und 1985 eine Strömung beobachten, die sich zugleich vom Kulturalismus, dem Erbe der Chicagoer Schule, sowie dem Konzept der Assimilation abwandte. Sie betrachtete Integration in erster Linie als soziales Phänomen der unteren Klassen. Das Problem der Integration wurde nicht mehr unter einem rein kulturellen Aspekt betrachtet, sondern in Hinblick auf Chancengleichheit und soziale Eingliederung.

Die französische Forschung betont – in Verzögerung und unter dem starken Einfluss der Amerikaner – seit den Anfängen der 1980er Jahre den Unterschied zwischen dem Konzept sozialer Integration und dem der kulturellen Integration. Beide weisen eine wichtige generationenübergreifende Dimension auf. In der deutschen Diskussion hatte von Anfang an auch der Zusammenhang von Bildung und sozialer Integration große Bedeutung, während die Fragen der kulturellen Integration inzwischen zugleich als Kritik am herrschenden Selbstverständnis ‚deutscher‘ Kultur diskutiert werden. Unter den französischen Forschern stellt niemand das Prinzip der für alle geltenden ‚staatsbürgerlichen Gleichheit‘ infrage. Sie sind sich auch über die negativen Folgen der sogenannten Ghettoisierung bestimmter Bevölkerungsschichten einig, die mit der Niederlassung in den Vorstädten zusammenhängt – verhängnisvolle Folgen, die häufig durch das Phänomen der Arbeitslosigkeit verstärkt werden, von dem in bestimmten Vororten französischer Großstädte 50 bis 60% der Einwohner und hauptsächlich Jugendliche mit Migrationshintergrund betroffen sind. Streit herrscht über die Ursachen des Misslingens sozialer wie kultureller Integration. Diese Debatte wird zwischen der Strömung der Multikulturalisten und jener der republikanischen Integrationisten geführt, die allerdings in der Idee übereinstimmen, dass sowohl soziale als auch kulturelle Integration ein komplexer Prozess ist. In Deutschland gibt es keine direkte Entsprechung zum Begriff der ‚republikanischen Integration‘, wohl aber spielt die Frage der

staatsbürgerlichen Rechte und deren Relevanz für ‚nicht deutsche' Teile der Bevölkerung eine große Rolle. In beiden Ländern wird das Integrationsproblem vor allem
in krisenhaften Zeiten öffentlich diskutiert, seien diese wirtschaftlicher, politischer,
sozialer oder auch moralischer Art.

1.1 Von der Immigration zur Integration: die französische Perspektive

Anna Terzian und Anissa Ben Hamouda

Es versteht sich von selbst, dass jede Vorstellung von Integration zwangsläufig mit einer Vorstellung von Alterität einhergeht sowie mit gesellschaftlichen Bildern des Fremden und der Angst vor dem Fremden verknüpft ist. Im Lauf der Geschichte haben sich philosophische Ideen über Alterität hin zu einer vorwiegend kulturell und ethnisch verstandenen Alterität verschoben. Auf diese Weise hat sich im Selbstverständnis unserer zeitgenössischen Gesellschaften in kurzer Zeit eine unentwirrbare Verknüpfung zwischen Integration und Immigration herausgebildet. Prozesse und Dynamiken sozialer Integration, die jeden Menschen betreffen, der Mitglied einer Gruppe ist oder werden will, wurden im Zuge dessen auf eine Frage der geographischen und ethnokulturellen Mobilität reduziert (Lévi-Strauss, 1972).

Wie lässt sich die Situation der Heranwachsenden beschreiben? In Frankreich wie in Deutschland sind die jungen Leute mit Migrationshintergrund immer auch ‚Erben einer Geschichte‘, die ihren Werdegang nachhaltig bestimmt. Sayad (2006) spricht sehr treffend von einer *Phantomerfahrung der Migration,* die die jungen Leute unlösbar an Entscheidungen bindet, die nicht die ihren sind, sondern diejenigen einer gesamten Gesellschaft, einer globalisierten und kommerzialisierten Welt mit ihren Kriegen und Konflikten, und in geringerem Maße diejenigen ihrer Eltern. Sie machen nur das besonders sichtbar, was das Unbehagen in unseren Gesellschaften auslöst und was mit hoher Wahrscheinlichkeit eher junge Leute im Allgemeinen betrifft als nur junge Leute mit Migrationshintergrund. Diese jungen Leute gehören größtenteils dem an, was man gemeinhin als ‚sichtbare Minderheiten‘ (Benbassa, 2010) bezeichnet. In Frankreich unterscheiden sich diese jungen Leute nicht nur von der Mehrheit der einheimischen Bevölkerung, sondern ebenfalls von den ersten Einwanderungswellen zu Anfang des 20. Jahrhunderts, die hauptsächlich aus Polen, Italienern, Armeniern, Russen und Griechen sowie später Spaniern und Portugiesen bestanden. Ihr Aussehen, ihre Sprache, ihre kulturellen Praktiken, Religionen, Vorstellungen und Werte unterscheiden sich somit von denjenigen des nationalen Systems. Doch besuchen sie dieselben Institutionen und bewegen sich durch denselben öffentlichen Raum wie der ‚Normalbürger‘. Interkulturelle Begegnungen führen daher oftmals zu Konflikten und Zweifeln. Die jungen Leute machen sich Gedanken, kämpfen gegen den Stillstand und zwingen die Staatsnation, die seinerzeit ihre Eltern aufgenommen hatte, sich mit ihrer Situation auseinanderzusetzen.

‚Aus der Fremde zu uns‘

Frankreich und Deutschland haben eine ähnliche Geschichte und eine Vielzahl von wechselseitigen Verbindungen. Dennoch haben beide Länder im Verlauf der

Entwicklung Europas ausgehend von differenten Bedingungen und damit verbundenen Varianten des Selbstverständnisses auch unterschiedliche Nationenbegriffe entwickelt und dadurch auch einen jeweils unterschiedlichen Umgang mit Alterität. Diese Vorstellungen führen, vereinfachend auf den Punkt gebracht, zu zwei unterschiedlichen Einbürgerungsprinzipien: das Geburtsortprinzip (*jus solis*) und das Abstammungsprinzip (*jus sanguis*), d.h. zwei Prinzipien, die dem kulturell Anderen nicht denselben gesetzlichen und symbolischen Stellenwert einräumen. Erlauben wir uns einen kurzen geschichtlichen Rückblick: Auf unterschiedlichen Ebenen markieren die deutsche Romantik und die Französische Revolution von 1789 einen unbestreitbaren Wendepunkt im Verhältnis zum ‚Anderen'. So geht Brucker (1991) davon aus, dass Frankreich und Deutschland ihr Verhältnis zur Außenwelt und zum differenten Anderen aus verschiedenen Perspektiven konstruieren. Zur gleichen Zeit tragen eine Reihe anthropologischer, wissenschaftlicher und pseudo-wissenschaftlicher Untersuchungen zur Herausbildung eines hierarchisierten Rassendenkens des Menschengeschlechts bei, das im 19. Jahrhundert seinen Höhepunkt erreichen wird. Frankreich und Deutschland sahen damals ihre Berufung darin, zu internationalen Einflussmächten zu werden. Beide Nationen treten als wirtschaftliche Imperien auf und setzen in großem Stil kolonialistische Ideologien in die Tat um, die es ihnen erlauben, die Besetzung indigener Territorien als Wirtschaftsfaktoren zu rechtfertigen. Hierbei wird eine biologische Anthropologie offiziell angewandt: Die ethnischen Gruppen werden nach pseudo-wissenschaftlichen Kriterien klassifiziert, die den weißen (kaukasischen) Menschen als Höhepunkt der Evolution sehen. Erregte Debatten über Polygenismus versus Monogenismus (Abstammung des Menschen aus unterschiedlichen oder einer Wurzel; Anm. d. Ü.) werden durch Darwins Meliorismus-Theorie (Überleben des Durchsetzungsfähigeren; Anm. d. Ü.) verstärkt: Die Unterscheidung von ‚Primitiven' und ‚Zivilisierten' wird Allgemeingut. Seit den Anfängen des 19. Jahrhunderts entstehen ‚Menschenzoos'[3] in großer Zahl. Während der Weltausstellungen zu Beginn des 20. Jahrhunderts erreicht dieses Phänomen seinen Höhepunkt (Blanchard, 2003).

Während die Politik im Zeichen der Öffnung für die Außenwelt steht, die der öffentlichen Meinung gegenüber durch humanistische, christliche und paternalistische Werte gerechtfertigt wird, sehen sich Frankreich und Deutschland auf ihren jeweiligen Territorien nach und nach mit der Frage der kulturellen Alterität konfrontiert. Zunächst ist der Andere gleichsam woanders, ein *Primitiver* mit Entwicklungsrückstand, möglicherweise gefährlich, aber weit entfernt. Er braucht Hilfe. In der Folge von Kriegen, durch wissenschaftliche Experimente und den Ruf nach mehr Arbeitskräften und die sich daraus ergebende Ansiedlung von Sklaven dringt dieser kulturell Andere schließlich doch nach und nach in die Schutznationen ein. Der Andere (oder der Fremde) betritt die Territorien Frankreichs und Deutschlands, die bislang als kulturell homogen betrachtet wurden. Im Blickwinkel jener physischen und tribalen Stigmata (Goffman, 1967) wird er auf stereotype Weise wahrgenommen.

---

3 Vgl. dazu den Film von Abdellatif Kechiche: *Venus Noire*, Oktober 2010.

Vor allem die Medien transportieren diese Bilder vom Anderen: vom türkischen Schnauzbartträger in Deutschland bis hin zum afrikanischen Stammeskrieger mit weißen Zähnen in Frankreich. In beiden Fällen werden die kulturellen Repräsentationen des Anderen als feste Elemente wahrgenommen, für deren Weiterentwicklung der ‚weiße Mensch' Sorge tragen müsse.

Seit dem Ersten Weltkrieg, der Frankreich und Deutschland in offener Konfrontation aufeinandertreffen lässt, kommt es aber zu deutlichen Divergenzen in Bezug auf die symbolische Bedeutung der Figur des Anderen. Während sich Deutschland für Bündnisse auf der Grundlage ethnischer Zugehörigkeit entscheidet, zieht Frankreich seine Kolonialvölker heran, um seine Truppen zu vergrößern. Der Andere wird einerseits eliminiert, andererseits sichtbar gemacht. Der Versailler Vertrag[4] verurteilt Deutschland dazu, seine Kolonien ‚zurückzugeben', und löst dadurch ein verstärktes Aufkeimen der Ideologien des ethnischen Ostrazismus aus. Sie finden mit Hitlers aktiver Politik der ethnischen Säuberung und Einverleibung aller als ‚deutsch' beanspruchten Siedlungsgebiete ihren Höhepunkt.

In der Zwischenkriegszeit ist Deutschland zunächst hauptsächlich ein Auswanderungsland geblieben, während Frankreich die Aufnahmemodalitäten von ‚Fremden' zunehmend durchorganisiert hat. Die Einwanderer, die in der Zwischenkriegszeit im Zug einer Arbeitsimmigration nach Frankreich gekommen waren, sollten in erster Linie dem Projekt des wirtschaftlichen Wiederaufbaus nach dem Ersten Weltkrieg dienen. Die Bedingungen ihrer Aufnahme wurden von der französischen Verwaltung[5] genauestens organisiert und bestimmt. Auf diese Art bildet sich nach Noiriel „der Gastarbeiter *à la française*" heraus: „Man lädt ihn ein, rekrutiert ihn, behält ihn als Arbeitskraft in Tätigkeitssektoren, die von den Nationalbürgern abgelehnt werden" (Noiriel, 1988, S. 140). Auch wenn sich die Einwanderungs- und Rekrutierungsbedingungen in Frankreich und Deutschland unterscheiden, gehorchen sie jedoch vor allem wirtschaftlichen Notwendigkeiten. In Frankreich profitieren die zeitweiligen Einwanderer von den sozialen Kämpfen, die in jener Zeit in Bezug auf Arbeitsrecht, Sozialrechte etc. stattfinden.

Angesichts des keineswegs belanglosen Problems der Demographie lieferte der Ruf nach ausländischen Arbeitskräften dem französischen Staat zudem eine Garantie für den Erhalt seiner Bevölkerung: Das Bodenprinzip ermöglichte eine Hochkonjunktur französischer Neueinbürgerungen in der Zwischenkriegszeit. In Deutschland dagegen veranlasste der Aufstieg nationalistischer Ideologien den deutschen Staat, ausgewiesene oder ausgewanderte Staatsbürger zurückzuholen und zahlreichen Ausländern die Nationalrechte zu entziehen (Noiriel, 1992). In Frankreich vergrößerten diese Einwanderer die Zahl der dringend benötigten Fabrikarbeitskräfte aus den unteren Bevölkerungsschichten und wurden daher regelmäßig und kontinuierlich in das Staatsgebiet geholt – alternierend zwischen Krisenzeiten, die den Zustrom aufhielten (1901, 1931, 1975), und Zeiten, die ihn verstärkten.

---

4   1919: Friedensvertrag nach Ende des Ersten Weltkriegs.
5   So schließt Frankreich von 1904 bis 1945 systematisch Gegenseitigkeitsabkommen mit den betreffenden Ländern ab.

Von der universalistischen Ideologie zur pluralistischen Realität

In beiden Ländern kulminieren der Anstieg von Fremdenfeindlichkeit und die Unterdrückung der Minderheiten während des Ersten Weltkriegs. Sie setzen sich bis zum Zweiten Weltkrieg fort, in dem die radikalsten Vorstellungen von Rassismus ihren Höhepunkt erreichen und dessen weltweite Auswirkungen noch heute spürbar sind. Kurz nach dem ideologischen Sieg über den Faschismus verliert Frankreich seine Kolonien, deren Besitz sich nicht mehr rechtfertigen lässt. Paradoxerweise erlebt Frankreich, seit zwei Jahrhunderten Einwanderungsland, dadurch eine bedeutsame Steigerung der Zuwanderung. Der Mythos des Kolonialismus hat funktioniert: Von der auf die ehemalige Kolonialwelt ausgerichteten Politik der Arbeitskräfteanwerbung angesprochen und unterstützt durch ihre Kenntnis der Sprache des Gastgeberlandes, wanderten die Einwohner der ehemaligen Kolonien kurz nach Erlangung ihrer Unabhängigkeit massenhaft ein. Das geteilte Deutschland war seinerseits gezwungen, Aufgeschlossenheit zu demonstrieren, und wurde zum bedeutendsten Zufluchtsland in Europa. Vom Auswanderungsland wird es zum Einwanderungsland (Wihtol de Wenden, 2009).

Alle Fachleute sind sich einig, dass genau zur Zeit dieses in mehrfacher Hinsicht bedeutsamen geschichtlichen Wendepunktes die ersten öffentlichen Debatten über die Frage des Ausländers, des Gastarbeiters, der sich niederlässt, und über seinen Platz in der Aufnahmegesellschaft stattfanden. Aufgrund von wirtschaftlichem Bedarf an Arbeitskräften und demographischer sowie protektionistischer Notwendigkeit nahmen Frankreich und Deutschland also fast zwanzig Jahre lang diese kulturell Anderen in großer Zahl auf. Ihre Aufnahme war selten als längerfristig gedacht und kaum als dauerhafte Niederlassung geplant. Am Ende der ,goldenen 30' – der Epoche zwischen 1945 und 1974, die von Wirtschaftswachstum und einer massiven Nachfrage nach Arbeitskräften gekennzeichnet ist – leitet Frankreich eine Politik des Einwanderungsstopps ein, die von einer – vergeblichen – Strategie der ,Beihilfen zur Rückkehr in die Heimat' begleitet wird. Deutschland wird diesem Beispiel rund ein Jahrzehnt später mit demselben Resultat folgen. Wie Noiriel deutlich macht, „bildet das längere Zurückliegen eines Migrationsprozesses in der Regel zweifellos einen Vorteil, während eine jüngere Einwanderung nahezu immer Synonym für eine gesteigerte Proletarisierung ist" (1992, S. 72). Das Integrationsproblem wird demnach komplizierter – im Spannungsfeld zwischen kultureller Nähe, Klassenzugehörigkeit, Nationalpolitik und wirtschaftlicher Lage. Trotz des Mythos von der Rückkehr lässt sich der Andere nieder und trägt zur Erneuerung der Bevölkerung bei: Fremde auf Lebenszeit im Land des Abstammungsprinzips oder „Kinder von hier, die von anderswo kamen", die Einwanderer sind, ohne jemals ausgewandert zu sein. In beiden Fällen werden sie aus dem kollektiven Bewusstsein verbannt (vgl. Sayad, 2006).[6]

---

6 2006 beträgt alleine der Einwandereranteil in Frankreich 5.040.367 Einwohner. Quelle: INSEE, März 2010: http://www.insee.fr/fr/themes/tableau.asp?reg_id=0&ref_id=NATTEF02158.

Der ‚Marsch für die Gleichberechtigung' von 1983, mehrheitlich von Jugend-lichen maghrebinischen Ursprungs angeführt und folglich in ‚Marsch der Beurs'[7] umgetauft, hat in Frankreich eine breite ideologische Debatte über den Stellenwert dieser neuen Franzosen in einer Gesellschaft, die auf dem »Recht des Bodens« (Ge-burtsort bestimmt die Nationalität) beruht, ausgelöst. Die Politik gibt sich interkul-turell: Das französische Modell, traditionsgemäß republikanisch und assimilierend, strebt in der Folge eine Integration durch die Interaktion zwischen Immigrierten und Einheimischen an. Die ethnische Frage wird dabei im Namen des laizistischen und republikanischen Prinzips umgangen: „Frankreich ist eine unteilbare, laizisti-sche, demokratische und soziale Republik. Es gewährleistet die Gleichheit aller Bür-ger vor dem Gesetz ohne Unterscheidung von Herkunft, Rasse oder Religion" (Art. 1 der Verfassung der Fünften Französischen Republik).

Man spricht demnach von einer *republikanischen Integration*, die das mensch-liche Subjekt in den Mittelpunkt einer sich als *rechtlich* egalitär verstehenden Ge-sellschaft stellt. Indirekt stellt sich damit aber die Frage der *sozialen* Ausgrenzung, die den Staat seit den 1990er Jahren beschäftigt: Vor allem geht es um die Frage der Lebensbedingungen der am stärksten benachteiligten Bevölkerungsschichten (Mah-nig, 1999, S. 25). Sie wird erst gegen Ende der 1990er Jahre wieder im Zentrum des politischen Interesses stehen, vor allem mit dem plötzlichen Auftreten des Islams in der Öffentlichkeit. Gegenwärtig schlägt Frankreich äußerst gefährliche regressi-ve und repressive neue Richtungen ein, die wiederum vermehrt auf das assimilie-rende Modell hinauslaufen und somit das Konzept der nationalen Identität und die Grundprinzipien der republikanischen Gleichberechtigung infragestellen. Die von Politik und Medien heraufbeschworene Gefahr des Zerfalls des sozialen Zusam-menhalts in unterschiedliche Parallelgesellschaften lässt Frankreich erzittern, weil es ein partielles Scheitern seiner universalistischen Werte und seines Integrations-modells erfährt.

Der Historiker Patrick Weil (2002) zeigt vier Grundpfeiler der Nationalität auf: das Prinzip der Gleichberechtigung, die französische Sprache, die Erinnerung an die Revolution und den Laizismus. Gleichzeitig betont er, dass die Regierenden die Aufgabe hätten, diese Werte zu verkörpern.[8] Nun beobachten wir jedoch in Frank-

---

7   *Beur* ist ein *Verlan*-Ausdruck (= Silbenumkehrung) für *arabe* (Araber); dieser ethnisierte Spitzname wurde damals auf den Großteil der Einwanderer aus dem Maghreb angewandt. Bis heute wird diese Gruppe weitgehend mit der ethnischen Gruppe der ‚Araber' verwechselt, wodurch die berberischen und arabischsprachigen Bevölkerungsschichten miteinander verschmelzen.

8   „Zunächst das Prinzip der Gleichberechtigung: Es erlaubte den Bewohnern erworbener Provinzen, sich mit Frankreich zu identifizieren. Im Laufe der Revolution abgeändert und verstärkt, spiegelt es wichtige Bestimmungen des bürgerlichen Gesetzbuches wider, welches durch seinen Fortbestand zur materiellen Verfassung Frankreichs wurde. Die Erbfolge des Staatsbürger beruht beispielsweise auf der Gleichberechtigung der Kinder – männlichen und weiblichen Geschlechts. Tocqueville hat in ihr die Basis der Demokratie erkannt. Dann die Sprache: seit 1539 Staatssprache, ein Instru-ment der kulturellen Vereinigung des Königreichs Frankreich und später der Republik. Als Mittel der Emanzipation und der Debatten sowie der Schule für alle verleiht ihr Status innerhalb der Ge-lehrtenrepublik der Kultur und den Intellektuellen in Frankreich einen einmaligen Stellenwert. Und dann die Erinnerung an die Revolution, die wir mit den Amerikanern teilen, doch die kein anderes Volk in Europa besitzt. [...] Denn trotz der Schreckensherrschaft und anderer Entartungen bleibt sie ein Bezugspunkt, der sich in einer positiven Sicht auf Massenmobilisierungen auswirkt. Schließ-

reich seit einigen Jahrzehnten eine semantische Verschiebung und eine Begriffs-
verwirrung zwischen Integration, Einwanderung und nationaler Identität im politischen Diskurs. Diese Verwirrung hat mit der Gründung des Ministeriums für
Einwanderung, Integration, nationale Identität und solidarische Entwicklung im
Jahr 2007 ihren Höhepunkt erreicht. Auf seiner Webseite beschreibt das Ministe-
rium seine Aufgaben folgendermaßen: „den Migrationsfluss kontrollieren, die Integration unterstützen, die nationale Identität fördern und die solidarische Entwicklung begünstigen".

Auf nationaler Ebene können wir somit eine neue Verschärfung der Integrationspolitik feststellen. In Abhängigkeit vom sozialen und politischen Kontext un-
terliegt das Staatsbürgerschaftsrecht ständigen Reformen. Das derzeit geltende – allerdings in Abänderung begriffene – Gesetz ist im Wesentlichen die Fassung von
1997–1998, die nach ihren Begründern ,Chevènement-Guigou-Gesetz' getauft wurde. Es beruft sich auf einen Bericht der Stasi-Kommission,[9] der maßgeblich von Patrick Weil verfasst wurde, der verlangte, „eine strenge und menschenwürdige Einwanderungspolitik zu definieren, ohne unsere Werte zu verleugnen oder unser
soziales Gleichgewicht zu gefährden" (Weil, 2010). Diesem Gesetz zufolge werden
in Frankreich Kinder von ausländischen Eltern bei Erreichen der Volljährigkeit (18
Jahre) zu französischen Staatsbürgern, vorausgesetzt, dass sie – um sicherzugehen,
dass ihre Schulbildung in Frankreich erfolgt ist – ab dem elften Lebensjahr fünf
Jahre lang in Frankreich ansässig waren. Anders gesagt gilt nach wie vor das Bodenprinzip, aber so, wie es das neue französische Staatsbürgerschaftsrecht interpretiert: „Niemand darf eingebürgert werden, wenn er seine Eingliederung in die
französische Gemeinschaft nicht rechtfertigen kann, vor allem durch ausreichende,
seinen Bedingungen entsprechenden Kenntnisse der französischen Sprache" (Art.
69 des französischen Staatsbürgerschaftsrechts). Seit 1990 hatte der *Hohe Rat für Integration* einen Bericht für ein französisches Integrationsmodell ausgearbeitet und
schlug schließlich einen Integrationsvertrag vor. 2002 griff Präsident Jacques Chirac
die Idee eines Aufnahme- und Integrationsvertrags, um die Rechte und Pflichten
der ,Neueinwanderer' festzulegen, wieder auf. Dieser Vertrag wird gegenwärtig von
90% der Einwanderer unterschrieben, die sich somit dazu verpflichten, an der ange-
botenen Bildungsmaßnahme teilzunehmen, die allgemeine Lebensregeln und Kurse
in französischer Sprache und Kultur einschließt (Schnapper, 2007).

In Deutschland stellt sich die Integrationsfrage in der Öffentlichkeit auf Dauer
in doppelter Hinsicht: zunächst in Bezug auf die Integration der Flüchtlinge, dann
auf jene der eingewanderten Arbeiter. Letztere bleiben Gastarbeiter auf Lebenszeit:
Das Gesetz von 1913 (Abstammungsprinzip) hält trotz seiner jüngsten Entwicklungen weiterhin an der Vorstellung fest, dass es migrierenden Völkern und ihren

---

lich der Laizismus: Er beruht seit 1905 auf drei Prinzipien: Glaubensfreiheit, Trennung von Kirche
und Staat und freie Ausübung aller Religionen. Er hat sich seit 1945 als gemeinsamer Bezugspunkt
der immer verschiedenartigeren Gläubigen und der immer zahlreicheren Atheisten und Agnosti-
kern behauptet." In: Le Monde vom 24. August 2010.
9   Benannt nach ihrem Vorsitzenden, dem UDF-Politiker Bernard Stasi (Anm. d. Ü.).

Nachkommen schwerfalle, sich irgendwo endgültig niederzulassen. Dies macht Fälle wie den der *Aussiedler*[10] umso heikler.

> „Bis heute lassen sich die Spuren der verschiedenen Nationalgeschichten und eines schwierigen Wandels der deutschen Nationalvorstellung hin zu einer größeren Aufgeschlossenheit gegenüber den Bevölkerungsgruppen mit Migrationshintergrund feststellen. Doch auch die französische Vorstellung von Nation steht vor neuen Herausforderungen. Frankreich scheint weniger in der Lage zu sein, diese Bevölkerungsgruppen durch einfache Aufnahme in die französische Nation zu integrieren" (Collet, 2009, S. 92).

Gegen Ende der 1980er Jahre stellt sich die Frage der Präsenz von Einwanderern in veränderter Form. Veröffentlichungen über die ‚multikulturelle Gesellschaft' haben Hochkonjunktur. Dieses Konzept wird von einem Teil der politischen Linken verwendet, um den Begriff ‚Integration', der ihrer Meinung nach eine autoritäre und paternalistische Auffassung in Bezug auf die Einwanderer verkörpert, zu kritisieren (Mahnig, 1999, S. 26). Nach dem Mauerfall von 1989 findet das geteilte Deutschland wieder zusammen, doch löst der Wiedervereinigungsprozess zahlreiche Enttäuschungen aus: So prallen stereotype Vorstellungen und soziale Realitäten aufeinander – vor allem durch die Entdeckung der tatsächlichen Lebensbedingungen in der Ex-DDR, wo Prekarisierung und Arbeitslosigkeit rapide ansteigen, was die Bevölkerung dazu veranlasst, in großer Zahl in den Westen überzusiedeln. Auf internationaler Ebene wirkte dieses Ereignis, dem der Zerfall der Sowjetunion folgte, jedoch vor allem als Symbol von Einheit und Völkerverständigung. Diese besondere Phase der deutschen Geschichte muss noch weiter erforscht werden, denn trotz der Wiedervereinigung bestehen kulturelle Unterschiede zwischen Ost- und Westdeutschen fort. So hat zwar in Frankreich und in Deutschland zu Beginn des 21. Jahrhunderts die Gesetzesentwicklung hin zu einem gerechten Ausgleich zwischen Abstammungsprinzip und Bodenprinzip auch eine politische und legislative Änderung der Stellung der Jugendlichen mit Migrationshintergrund erlaubt, doch bleibt der kulturell Andere stets derjenige, der von woanders kommt.

Man kann die Frage der Integration nicht ohne Berücksichtigung dieser entscheidenden historischen Elemente behandeln. In unserer heutigen Gesellschaft bilden sie die Basis für die Beziehung zum Anderen und eine mögliche Entwicklung dieser Beziehung. Die Figur des Fremden bestimmt trotz ihrer heute als fragwürdig erkannten ideologischen Grundlagen immer noch den Umgang der modernen Gesellschaft mit Differenz. Wir erinnern daran, dass der Rassebegriff (in Frankreich, Anm. d. Ü.) erst im Jahre 1978 offiziell abgeschafft wurde und dass drei Jahrzehnte

---

10 Im Original deutsch (Anm. d. Ü.). „Personen deutscher Herkunft, die in Russland lebten und nach Deutschland zurückkehren, um sich dort", im Namen des deutschen Rechts, „definitiv niederzulassen" (Wihtol de Wenden, 1999, S. 34). Diese Bevölkerungsgruppe weist eine Reihe spezifischer Anpassungsschwierigkeiten auf, weil sie weder in Russland als ganz russisch noch in Deutschland als ganz deutsch angesehen werden.

für ein tatsächliches Umdenken kaum ausreichend sind. Es ist eine Welt, die den „Umgang mit der kulturellen Vielfalt" (Abdallah-Pretceille, 1999) im ‚Trial-and-Error-Modus' betreibt und nach wie vor große Schwierigkeiten mit Begriffen wie Multikulturalismus und Interkulturalimus hat. Ihre Schwierigkeiten im Umgang mit der Vergangenheit hindern Frankreich und Deutschland auch gegenwärtig daran, ihre nationalen Identitäten vor dem Hintergrund dieser Vielfalt, die keine vorübergehende, sondern eine strukturelle Realität darstellt, neu zu überdenken. Die Integrationsfrage kann in Bezug auf die zweite und dritte Generation der Migrantinnen und Migranten nicht mehr auf die gleiche Weise formuliert werden. Sie muss also neu überdacht werden.

Die gegenseitigen historischen Einflüsse beider Staaten führen zur Vorstellung einer Dualität, die man eher als Komplementarität betrachten sollte, die uns das Zusammenleben auf der Grundlage vergangener Erfahrungen lehrt. Die wechselseitigen Spannungen zwischen beiden Arten des Umgangs mit Diversität weisen durchaus auf eine Bereitschaft dieser beiden Nationalstaaten hin, die Frage auch durch Aneignung anderer Modelle, besonders des angelsächsischen Modells, zu behandeln. Auch die immer einheitlichere Orientierung in Europa hin zu einer Politik der selektiven Einwanderung weist auf einen bedeutenden Bruch mit der Einwanderungsgeschichte in Frankreich und Deutschland hin. Die Nationalstaaten organisieren den Bevölkerungsfluss im Sinne ihrer wirtschaftlichen, demographischen und sozialen Politiken und machen so die Werte der Universalität oder, im Gegenteil, der Partikularismen, die in der Geschichte beider Länder verankert sind, zur Verhandlungsmasse. „Schließlich ist es die Staatspolitik, die zu den meisten Paradoxen zwischen den Diskursen und Handlungen oder zwischen den Prinzipien und der Realität des Umgangs mit Identität führt" (Kastoryano, 1996, S. 212). Die Frage des Gleichgewichts zwischen Aufgeschlossenheit und Abgrenzung gegenüber dem Anderen, die hier in Bezug auf menschliche Bedürfnisse (wirtschaftliche, demographische etc.) und Humanismus (politisches Asyl, Kriege, Genozide) behandelt wird, steht nach wie vor im Mittelpunkt der Bemühungen eines Europas, dem es sehr schwerfällt, sich auf eine einheitliche Einwanderungspolitik zu verständigen. Gegenwärtig gilt es, eine solche Begegnung mit dem Anderen zuzulassen, wobei alle Misserfolge und Erfolge der inter- und multikulturellen Modelle berücksichtigt werden müssen, die je nach der Ideologie, die ihnen zugrundeliegt, kritisiert oder gepriesen werden. In der manchmal verwirrenden Vielfalt der Denkansätze in den Debatten zu diesem Thema spiegelt sich die verwirrende Vielfalt des menschlichen Zusammenlebens wider.

1.2 Gemeinsamkeiten und Differenzen deutscher und französischer Begriffe von Integration ‚aus deutscher Sicht'

Burkhard Müller

Ich kann mich der Darstellung der französischen Kollegin weitgehend anschließen. Unbestreitbar ist ‚Integration' in Deutschland wie in Frankreich ein mehrdeutiger und umkämpfter Begriff. Die entscheidenden Gründe dafür wurden dargelegt. Es sind erstens die Spannungen zwischen den historischen und rechtlichen Prägungen beider Nationen einerseits und den heutigen ökonomischen und politischen Bedingungen in einer globalisierten Welt andererseits. Es sind zweitens die dadurch bedingten Verwicklungen der unterschiedlichen Ebenen der Integrationsprobleme. Sie liegen keineswegs nur oder auch nur primär auf der Ebene kultureller Differenzen. Es sind vielmehr die Verknüpfungen solcher Differenzen mit Problemen der sozialen Ausgrenzung und Diskriminierung, der Bildungsbenachteiligung sowie damit verbundenen ökonomischen und sozialen Benachteiligungen, die wiederum von prekären Zuständen der formellen wie der informellen Anerkennung als Bürger und den damit verbundenen Ängsten der Mehrheitsbevölkerung verbunden sein können. Diese Ebenen wirken aufeinander ein und führen dazu, dass in ‚Integrationsdebatten' ein ‚Aneinander-Vorbei-Reden' häufiger ist als die sachliche Klärung und Unterscheidung der Probleme. Integration als *praktisches* Problem heißt aber vor allem, dass junge Menschen mit Migrationshintergrund in dieser Gemengelage ihre biographisch-individuellen Wege der Lebensbewältigung finden müssen.

Wenn dies die Gemeinsamkeiten zum Thema Integration in Deutschland und Frankreich sind, so gibt es doch beachtenswerte Differenzen, die ebenfalls schon angesprochen wurden. Faktoren, die in beiden Ländern relevant sind und zum Teil auch in unseren Interviews sichtbar werden, können hier nur erwähnt werden. Auch in Deutschland gibt es Konkurrenz und Angst um Arbeitsplätze, allgemeine Fremdenangst, Rassismus (oft in verdeckter Form) und schließlich Debatten und Projektionen zur angeblichen Unvereinbarkeit der kulturellen Werte zwischen Herkunfts- und Aufnahmeland. Ebenso lasse ich die schon dargestellten Differenzen im rechtlichen Status in beiden Ländern außer Acht. (In Deutschland sind dies etwa die Unterschiede zwischen Arbeitsmigrant(inn)en, deren nachgezogene Angehörige, mit und ohne Arbeitserlaubnis, gesichertem Aufenthaltsstatus oder deutschem Pass, und Flüchtlingen, die befristet geduldet sind oder deren Duldung abgelaufen ist, oder Asylbewerbern, deren Verfahren noch läuft oder die direkt von Abschiebung bedroht sind, und natürlich Illegale. Ähnliche Abstufungen gibt es in Frankreich, wobei vor allem die Illegalen (*sans papiers*) wohl zahlreicher sind (oder jedenfalls in der öffentlichen Diskussion mehr Beachtung finden). Ich beschränke mich im Folgenden auf drei Aspekte zu historisch bedingten Unterschieden und ihren aktuellen Nachwirkungen.

Der Fall der ,Aussiedler' und warum ,Volk' nicht mit ,peuple' übersetzt werden kann

Im ersten Teil des Kapitels wurde zu Recht darauf verwiesen, dass Deutschland vor der Industriellen Revolution mehr als Frankreich ein Land der Emigration war. Ein Unterschied liegt darin, dass es primär Emigration aus wirtschaftlicher Not war: z.B. aus den süddeutschen Armutsgebieten ins Banat, nach Russland und nach Amerika, während Emigration aus Frankreich eher religiöse Ursachen hatte, z.B. im Fall der Hugenotten, von deren Auswanderung vor allem Preußen profitiert hat. Im Zug der Industrialisierung im 19. Jahrhundert gab es in Deutschland auch große Wellen der Immigration aus wirtschaftlichen Gründen – z.B. von Polen ins Ruhrgebiet oder nach Berlin. Aber sie war zugleich innerdeutsche Emigration – von ländlichen Armutsgebieten in Städte, die mit ihrem neuen Proletariat zum Schmelztiegel neuer Lebensweisen wurden. Emigration kann neben der politischen Zersplitterung der ,verspäteten Nation' Deutschland (Plessner, 1974) eine Bedingung dafür gewesen sein, dass sich in Deutschland, anders als in Frankreich, das *ius sanguis* durchsetzte und Begriffe wie ,Volkszugehörigkeit' und ,Volksgemeinschaft' historisch bedeutsam wurden.

Zu den aktuellen Folgen dieser Geschichte gehört in Deutschland die Re-Immigration von Aussiedlern (eben jener Ausgewanderten) zurück nach Deutschland. Weil ,Aussiedeln' von der deutschen Politik nicht als Arbeitsmigration, sondern als Rechtsfolge des *ius sanguis* behandelt wird (obwohl sie de facto vor allem Arbeitsmigration war und ist), bestimmt das zugleich den öffentlichen Diskurs über das ,Integrationsproblem' mit. Einerseits profitieren Aussiedlerinnen und Aussiedler davon, im Vergleich mit anderen Migrantinnen und Migranten, die keinen deutschen Pass haben, rechtlich als Deutsche behandelt zu werden. Aber das in Deutschland als zentral betrachtete ,Integrationsproblem' – das der Sprache wie auch deren Folgen der Benachteiligung in Schule und auf dem Arbeitsmarkt – macht ihre Fremdheit trotzdem sichtbar und lässt sie in der öffentlichen Wahrnehmung denen ähnlich erscheinen, die Nicht-Deutsche sind *und* als Benachteiligte wahrgenommen werden. Denn keineswegs alle in Deutschland lebenden Nicht-Deutschen (z.B. Skandinavier, Japaner oder Amerikaner) werden als solche zum öffentlichen Thema der Integration.

Auch wenn die Probleme mit der faktischen Arbeitsmigration in Deutschland und Frankreich nach dem Zweiten Weltkrieg sehr ähnlich sind, lassen sich doch die Unterschiede des Umgangs damit auch aus der Geschichte erklären. Ein historischer Aspekt solcher Unterschiede im Integrationsverständnis erschließt sich, wenn man den unterschiedlichen Assoziationen, die mit dem deutschen Wort ,Volk' und dem französischen Wort *peuple* auftauchen, nachgeht. ,Volk' bekam seine emotional aufgeladene, ebenso romantische wie chauvinistische und ,völkische' Bedeutung vor allem im Zug der in Deutschland sogenannten Befreiungskriege gegen Napoleon. Die Frage, wer zum deutschen Volk gehört, führt jedenfalls tief in die deutsch-französische Geschichte. Der Aufruf zur Einheit als ,Volk' war aber auch (teilweise im

Namen der Demokratie) Parole gegen deutsche Kleinstaaterei. Er nutzte die Ideologie einer ethnisch-kulturellen Einheit (die in Wirklichkeit so groß gar nicht war) im Kampf gegen staatliche Zerteilung. Der Ruf ‚Wir sind ein Volk' am Ende der DDR ist auch ein Echo dieser Geschichte.[11] Die Erfolge wie die Katastrophengeschichte der Idee des ‚Deutschen Volkes' waren deshalb nicht zufällig immer auch eine Geschichte der kulturell-sozialen Integration, aus der dann die politische Integration folgen sollte (Beispiele dafür sind der deutsche Sozialstaat seit Bismarck oder die Integration von Millionen von Flüchtlingen nach dem Zweiten Weltkrieg und die Überzeugung vieler, dass die Akzeptanz heutiger Demokratie vor allem auf funktionierendem sozialem Ausgleich beruhe. Beispiele sind aber auch Kaiser Wilhelms ‚ich kenne nur noch Deutsche', womit er auch die SPD auf Krieg einstimmte, oder das ‚Ein Volk, ein Reich, ein Führer' der Nazis.).

In Frankreich dagegen war *peuple* immer eher ein Begriff für diejenigen, die als Untertanen der zentralen staatlichen Macht gegenüberstanden. Die Parole *le peuple* zu einigen, zu einer kulturellen Einheit zu bringen, zu ‚integrieren', musste deshalb immer als absurdes oder als manipulatives Projekt erscheinen – es sei denn, es ging darum, *le peuple* im Widerstand gegen Herrschende zu vereinen. Die Vorstellung, Menschen aus der Migration in *le peuple* zu integrieren, klingt vollends abwegig, denn sie sind ja, ‚integriert' oder nicht, Teil von *le peuple* ‚Multikulturelle Gesellschaft' ist deshalb in Frankreich nicht, wie in Deutschland, ein politisches Programm, sondern eine Selbstverständlichkeit. Eine Selbstverständlichkeit allerdings, die denen, die infolge ihrer sozialen und kulturellen Marginalität schlechte Chancen in dieser Gesellschaft haben, wenig nützt. Denn Gleich-Gültigkeit der verschiedenen sozialen und kulturellen Zugehörigkeiten nebeneinander kann eben auch Gleichgültigkeit gegenüber den Unterschieden der Chancen bedeuten, die daraus resultieren. Dies wird in Frankreich natürlich auch gesehen und vielfältig kritisiert sowie mit staatlichen Programmen bearbeitet. Aber es scheint mir immer noch einen wesentlichen Unterschied zur deutschen Auseinandersetzung mit Integrationsproblemen zu markieren, dass in Frankreich die ‚republikanische Integration' einen höheren Stellenwert hat.

‚Republikanische Integration' oder ‚Interkulturelle Soziale Arbeit'?

Die oben zitierten vier Grundpfeiler französischer Nationalität – das Prinzip der Gleichberechtigung, die französische Sprache, die Erinnerung an die Revolution und der Laizismus – könnten für Deutschland so nicht formuliert werden. Das liegt nicht nur an dem durch die nationalsozialistische Katastrophe gebrochenen Verhältnis der Deutschen zur eigenen Nation. Vielmehr gibt es in Deutschland überhaupt

---

11 Der Prozesskünstler Hans Haacke hat das Thema mit einem im Berliner ‚Reichstag' installierten Kunstwerk auf den Punkt gebracht. Während das Gebäude mit goldenen Lettern über dem Hauptportal ‚Dem deutschen Volke' gewidmet ist, widmete er sein Kunstwerk – ein großes Beet, in das 669 Bundestagsabgeordnete Erde aus ihren Wahlkreisen streuen durften, jeder einen Zentner, und somit Pflanzen aus ganz Deutschland wuchern können – ‚*Der Bevölkerung*'.

keinen vergleichbaren *politischen* Begriff für eine nationale Integration – oder höchstens tastende Ansätze dafür. Die politische Integrationsdebatte wurde als Kulturdebatte geführt (deutsche ‚Leitkultur‘ gegen Ideen einer multikulturellen Gesellschaft), was bedeutete, dass es für beide Positionen um unterschiedliche Vorstellungen von kulturellen Formen des Zusammenlebens geht (und um Erziehung zu diesen), nicht aber um Rechte und Pflichten als Staatsbürger. Während in Frankreich die Integrationsdebatte von der wachsenden Einsicht geprägt ist, dass ‚Republikanische Integration‘ nicht mehr ausreicht und nur glaubhaft bleiben kann, wenn die mit kultureller Diversität, Ungleichheit der Bildungschancen und sozialer Exklusion verbundenen Probleme angegangen werden, kann man in Deutschland von einer umgekehrten Reihenfolge der Integrationsthemen ausgehen.

Seit Beginn der großen Wellen von Arbeitsimmigration in den 1950er Jahren war der Integrationsdiskurs in Deutschland immer zuerst ein Diskurs über pädagogische und soziale, später dann über kulturelle Integration: Von der Ausländerpädagogik (die sich um die schulische Integration von Kindern kümmerte) zur Ausländersozialarbeit, die den Wohlfahrtsverbänden oblag, und von da zur ‚Interkulturellen Sozialen Arbeit‘ (Nieke, 2011), die betonte, dass Integration immer auch Veränderung der deutschen Gesellschaft zu einer ‚multikulturellen Gesellschaft‘ sein müsse, bis hin zu Debatten, die gar nicht mehr von Integration redeten, sondern eher von Problemen der Exklusion und Inklusion (Häußermann & Kronauer, 2004) und von *diversity* und Anerkennung von Differenz (Mecheril & Plößer, 2011) als Ausgangspunkt und Ziel sozialpädagogischer Normalisierungsarbeit. Bei allen Unterschieden der Positionen sind sich die führenden Autoren (z.B. Auernheimer, 2003; Eppenstein & Kiesel, 2008; Hamburger, 2009) darin einig, dass ‚Integration‘ als pädagogische Aufgabe bzw. als Herausforderung an Soziale Arbeit beschrieben werden müsse. Integration von Migrant(inn)en bzw. jungen Menschen mit Migrationshintergrund wurde damit zu einem Sonderfall der allgemeinen Problematik des Umgangs der deutschen Gesellschaft mit ihren Minderheiten und Randgruppen. Freilich nicht im Sinn einer einseitigen Anpassung. Iben resümiert zum Stichwort ‚Integration‘: „Insgesamt scheint sich in der Diskussion um I., besonders der Ausländer, ein Konsens herausgebildet zu haben, der I. nicht mehr als unterwerfende Anpassung (Assimilation) versteht, sondern als einen eher dialogischen Weg wechselseitiger Durchdringung, der aber zeitweilig oder auf Dauer auch abweichende Eigenbereiche innerhalb einer multikulturellen Gesellschaft anerkennt“ (Iben, 2001).

Im Kontrast zu diesem Konsens der wissenschaftlichen Diskussion blieb die politische Entscheidungsebene lange Zeit bei der illusionären Einstellung, Deutschland sei weder ein ‚Einwanderungsland‘ noch eine ‚multikulturelle Gesellschaft‘. Zumindest aber sei die Einpassung fremdkultureller Elemente in eine deutsche ‚Leitkultur‘ zu fordern. So berechtigt die Kritik an der Beschwörung einer nicht mehr existierenden Einheit ‚deutscher‘ Kultur auch ist, bleibt aus meiner Sicht problematisch, dass es die Kritiker dieser politischen Auffassung lange Zeit versäumten, Fragen der ‚Republikanischen Integration‘ überhaupt zu stellen: Welche Rolle Menschen mit Migrationshintergrund als gleichberechtigte und gleichverpflichtete Staatsbürger spielen sollten, blieb eher ein Nebenthema. Die Kehrseite dieser ‚liberalen‘ Orientierung der Fachdebatte war allerdings und ist bis heute, dass sie Menschen mit Migrationshintergrund vor allem als Adressaten und Empfänger pädagogischer Unterstützung und sozialer Hilfen zum Thema macht – und es als ihr ‚politisches‘ Mandat verstand, die deutsche Mehrheitsgesellschaft zu einer entsprechend akzeptierenden und fürsorglichen Haltung ihren Minderheiten gegenüber zu erziehen. Entgegen den eigenen Absichten führte das aber nicht zu einer realistischeren Auseinandersetzung mit den Problemen des Zusammenlebens und der Rechte und Pflichten von Staats- und Kommunenbürger(inne)n mit unterschiedlichen kulturellen Hintergründen und Orientierungen, sondern trug selbst zur Ideologisierung der öffentlichen Debatte bei. ‚Multikulturelle Gesellschaft‘ scheint mir demgegenüber in Frankreich kein sozial-politisches Programm, sondern – eher jedenfalls als in Deutschland – eine Selbstverständlichkeit. Eine Selbstverständlichkeit allerdings, die denen, die infolge ihrer sozialen und kulturellen Marginalität schlechte Chancen in dieser Gesellschaft haben, wenig nützt. Dies wird in Frankreich natürlich auch gesehen und vielfältig kritisiert sowie mit staatlichen Programmen bearbeitet. Aber es scheint mir immer noch eine wesentliche Differenz zu bestehen.

Der Blick auf die Lebensläufe der betroffenen Akteure

Im wissenschaftlichen Diskurs gibt es Beiträge, die, ähnlich wie wir in unserem Projekt, genauer zu erfassen versuchen, wie sich Integrationsprobleme in der Sichtweise und Lebenspraxis der betroffenen handelnden Personen darstellen. Wie der folgende Abschnitt zu den Perspektiven der von uns Befragten zeigt, zeigen sich in den Interviews mit Interviewpartnerinnen und Interviewpartnern in Deutschland und Frankreich auf dieser Ebene auch viele Gemeinsamkeiten. Ich referiere dazu exemplarisch ausgewählte deutsche Forschungsergebnisse, die sich auch auf unsere in Frankreich erhobenen Interviews beziehen lassen. Das gilt z.B. für die Kritik von Apitzsch (2009), die dem deutschen Migrationsdiskurs zu Recht eine Verkürzung von Migrationsproblemen auf ‚Eingliederungsprobleme‘ (Apitzsch, 2009, S. 83) vorwirft. In Bezug auf junge Menschen mit Migrationshintergrund in der zweiten oder dritten Generation gilt ihre Kritik auch dem Umstand, dass bei der Analyse von Erfolgs- oder Misserfolgsgeschichten individueller Lebensläufe deren Bedingungen häufig nicht ausreichend differenziert betrachtet werden. Notwendig sei vor allem auch ein genauer Blick auf den jeweiligen familialen Kontext, welcher nach Apitzsch „als die eigentlich handelnde Agentur bzw. als die leitende Menschengruppe erscheint, auf die sich alle in der Migration erfahrenen ökonomischen und kulturellen Veränderungsprozesse abbilden“ (ebd.; in ähnliche Richtung weisen die Studien von King & Koller, 2006, King u.a., 2011). Entgegen der verbreiteten Sicht ‚Traditionalität der Migrantionsfamilie‘ primär als Integrationshindernis zu interpretieren, zeige der Blick auf die Auseinandersetzungen der Generationen in den Familien, dass „zwei polare, auseinanderdriftende Entwicklungen stattfinden: zum einen die Entwicklung familienorientierter biographischer Diskursivität, die fast immer mit einem Bildungsaufstieg verknüpft ist; zum andern die Entstehung biographischer De-Faszinations- und Misserfolgserfahrung [...] oft verbunden mit Peer-Group-Orientierung und Re-Ethnisierungsprozessen" (Apitzsch, 2009, S. 84), Beide Entwicklungen sind in starkem Maße geschlechtsspezifisch geprägt und beide sind in sich ambivalent. Die manifest stärker erscheinende Familienbindung der Mädchen kann Autonomiegewinn bedeuten, wenn sie sich, wie auch in unseren Interviews aus beiden Nationen zu beobachten, „häufig in eine verstärkte individuelle Bildungsorientierung verwandelt" (ebd., S. 85). Wobei die Identifikation mit den Werten und Rollenschicksalen der Eltern gerade in Deutschland schnell in eine Falle führen kann. Denn die durch Bildung und Beruf errungene Autonomie wird durch die bleibende Identifikation mit traditionellen Vorstellungen von Familie und Mutterrolle spätestens mit der eigenen Familiengründung zugleich überall dort bedroht, wo die Vereinbarkeit von Familie und Beruf keine Lösung findet (vgl. Apitzsch, 2009, S. 92f) – ein Problem, das in Deutschland erst neuerdings auf der politischen Agenda steht, während Frankreich hier früher weitsichtig gehandelt hat.

Anders die Konstellation bei den jungen Männern: Sie erscheinen in ihrer Lebensplanung mitunter weniger stark durch explizite Familienorientierung geprägt, was allerdings nicht zugleich größere Chancen für erfolgreich selbst gestaltete Integration bedeutet. Z.B. können sich die im Peergruppenkontext inszenierten Autonomieansprüche, die im familiären Binnenraum zugleich verleugnet werden, an der im Migrationsprozess erfahrenen sozialen Degradierung des familialen Kontextes brechen. Wenn sie die familiäre Auseinandersetzung darüber meiden und ihre Autonomiebestrebungen wie ihre Aggression nach außen wenden, geraten sie schnell in die Falle jener zweiten Tendenz, zu De-Faszination oder Re-Ethnisierung, und setzen gerade durch ihre allzu leicht gewonnene Autonomie „für sich selbst negative Verläufe in Gang" (ebd., S. 89), die sie ihrer Chancen auf sozialen Aufstieg berauben, was dann wieder die familiäre Abhängigkeit ins Blickfeld rückt. In unseren Interviews wird diese Gefahr von mehreren der männlichen Interviewpartner entweder als selbst erfahren beschrieben (besonders ausführlich bei Ali) oder als überwundenes Risiko des eigenen Lebenslaufes dargestellt (z.B. von Karim).

1.3 Die Stimme der Interviewten: wie deutsche und französische Jugendliche und junge Erwachsene Integration wahrnehmen und erleben[12]

Anna Terzian und Anissa Ben Hamouda

Im Folgenden geht es nicht um Debatten und Kontexte der Integration, sondern um die zentrale Frage: Wie kann eine Gesellschaft kontinuierlich Neues und neue Mitglieder ‚integrieren', ohne ihren kulturellen und sozialen Zusammenhalt zu gefährden? Wie können Migrant(inn)en und Aufnahmegesellschaft gemeinsam zu diesem Akkulturationsprozess beitragen und dabei gleichzeitig ein Mindestmaß an kulturellen Besonderheiten bewahren (Clanet, 1990)? Integration wird an dieser Stelle als langsamer, nichtlinearer und zuweilen konfliktgeladener Prozess definiert, der darin besteht, sich als Jugendlicher mit Migrationshintergrund in die Gesellschaft zu integrieren. Unter Integration verstehen wir gleichzeitig kulturelle und soziale Integration und beharren darauf, dass der Begriff das genaue Gegenteil von Ausgrenzung, Absonderung und Diskriminierung bedeutet. Uns geht es um den Versuch, zu verstehen, welche Bedeutung die jungen Deutschen und Franzosen mit Migrationshintergrund ihrem eigenen Integrationsprozess zuschreiben. Wie nehmen sie ihre Eingliederung (im franz. Orig.: *installation*, Anm. d. Ü.) oder die ihrer Eltern wahr? Wir werden also im Folgenden die Aussagen über ihre Eingliederung oder die ihrer Eltern im Aufnahmeland analysieren.

Erleben diese Jugendlichen ihre doppelte kulturelle Zugehörigkeit als ‚Doppelbindung'[13], als eine Form von paradoxer Forderung des herrschenden Diskurses, welcher Menschen lähmt oder hemmt, wenn sie ihm ständig ausgesetzt sind? Oder erleben sie sie als eine Bereicherung, die sie besser auf die Gesellschaft von morgen vorbereitet als die *à priori* aus einer einzigen Kultur stammenden Altersgenossen? Nämlich auf eine Gesellschaft, in der wir alle „zum Interkulturellen verdammt" sind?[14] Wie äußern sich die Jugendlichen über die aktuelle Integrationspolitik in Frankreich und Deutschland? Waren sie als Jugendliche mit Migrationshintergrund aufgrund ihres sichtbaren oder hörbaren Anders-Seins Äußerungen von Rassismus im Alltagsleben ausgesetzt? Fühlen sie sich anerkannt, in ihrer kulturellen Verschiedenheit akzeptiert, kurz gesagt: Sind sie in ihren jeweiligen Ländern integriert?

---

12 Die Interpretation der Äußerungen der Jugendlichen in diesem Teil basiert im Wesentlichen auf der französischen Perspektive. Dies hindert uns nicht daran, Beispiele aus dem gesamten Korpus zu verwenden, sofern diese Wahl von der Notwendigkeit eines Vergleichs von identischen Phänomenen gerechtfertigt wird, wie beispielsweise dem Gefühl des Nicht-Dazugehörens zur Mehrheitsgesellschaft oder der Ambivalenz der kulturellen Identität.

13 Das Konzept des *double bind*, zu Deutsch ‚Doppelbindung', geht auf den englischen Anthropologen Gregory Bateson zurück. Es wurde später von den Forschern der Palo-Alto-Gruppe weiterentwickelt (vgl. Watzlawick et al., 1969: *Menschliche Kommunikation: Formen, Störungen, Paradoxien*). Leicht abgeändert verstehen wir das Konzept als eine psychologisch pathogene Situation, in welcher sich eine Person eingesperrt fühlt und an die eine Diskursform widersprüchlicher oder sogar paradoxer Art gerichtet wird (Terzian, 2007, S. 5).

14 Der Ausdruck stammt von Yasmina, die in Frankreich interviewt wurde.

Integration und Einwanderung: „ich lieb' dich … ich lieb' dich nicht"

„Was bedeutet es, Franzose zu sein?", fragt sich Bruno (F), während er über „die gegenwärtige Macht in Frankreich" nachdenkt. Diese Frage steht auch im Mittelpunkt von aktuellen Debatten über die französische Nationalität. Für Karl, der sehr jung nach Frankreich kam, erscheint die Frage komplex, sogar paradox: „Ich fühle mich eher französisch als kamerunisch […], aber nicht, was die nationale Identität anbelangt." Karl (F) sagt, dass er Frankreich liebt, Frankreich ihn aber nicht liebe: „Was ich auch mache, ich werde niemals als Franzose akzeptiert werden. Frankreich ist mein Adoptionsland. Ich liebe Frankreich." Und doch hat ihn Frankreich gut ‚adoptiert', wie es auch jährlich 110.000 Ausländer durch Einbürgerung adoptiert,[15] vor allem Staatsbürger aus Gebieten, die unter französischer Herrschaft standen, oder von Staaten, in denen das Französische die oder eine der Amtssprachen ist. Diese Zahl macht Frankreich zum Einbürgerungsland Nummer Eins in Europa (Weil, 2002; Schnapper, 2007; Wihtol de Wenden, 2009). Der Minister für Einwanderung spricht allerdings bei der Debatte über das Projekt zur Reform des Integrationsgesetzes von der Pflicht Frankreichs, „gute Franzosen zu erzeugen". Einige Jugendliche mit Migrationshintergrund erleben diesen Diskurs als persönliche Ablehnung durch die Gesellschaft, deren Wortführer sich zweideutig ausdrücken. Einerseits verlangt man von ihnen, sich zu integrieren, andererseits stigmatisiert man sie, indem man einen Zusammenhang zwischen Einwanderung und Kriminalität konstruiert.[16] Da sie mit der französischen Kolonialgeschichte zusammenhängt, scheint die Integration für die Staatsangehörigen ehemaliger Kolonien ein besonders schwieriges Unterfangen zu sein. Die koloniale Vergangenheit ist nicht ausreichend aufgearbeitet worden: „Frankreich ist das Land und die Sprache der Kolonialisierung", sagt Tatiana (D), und Karl (F) spricht über „die schmerzhafte Vergangenheit in Bezug auf Sklaverei, Kolonialisierung und […] den Kampf gegen den weißen Mann". Zu einer Unzufriedenheit mit der Einwanderungspolitik und der Definition der Begriffe ‚nationale Identität' und ‚Integration' kommt also noch die ‚zwiespältige' Vergangenheit hinzu.

Ohne die Bedeutung der Schule für den Integrationsprozess (vor allem durch den Spracherwerb) in Abrede stellen zu wollen, haben unsere Interviews ergeben, dass der Schulbesuch für einen Teil der Jugendlichen keine positive Erfahrung war. Folglich müssen sich die Schulen darum bemühen, die schulische Integration zu erleichtern. Dies geht deutlich aus dem Bericht des „Hohen Rates für Integration" in Frankreich[17] hervor, der feststellt, dass die Institution Schule bei der Integration ausländischer Kinder in einigen Vorstädten, in denen der Prozentsatz von Schülern ausländischer Herkunft zwischen 60 und 100% beträgt, gescheitert ist. Zwar kann die Schule natürlich nicht allein für Integration Sorge tragen und die Ghettoisierung

---

15 Angabe des französischen Außenministeriums, Oktober 2010.
16 Vgl. die Rede von Grenoble vom 25.07.2010, in der Präsident Nicolas Sarkozy sich „darum kümmern will […] 50 Jahre schlecht geregelter Einwanderung in den Griff zu bekommen".
17 Bericht von November 2010.

der Einwanderer bildet zusammen mit der Möglichkeit der freien Schulauswahl der Eltern den Hauptgrund für dieses Scheitern, doch müssen die Schulen auch mehr Verantwortung übernehmen und einen Aufnahmeplan für ‚Neueinwanderer' entwickeln, indem sie verstärkt auf deren Bedürfnisse angelegte Strukturen entwickeln, z.B. Förderklassen anbieten, die von – in interkultureller Pädagogik speziell geschulten – Lehrern geleitet werden (vgl. Goumiri, 2009): So, wie wir es auch auf einem Plakat der Kampagne ‚Der Nationale Integrationsplan' auf den Wänden einer Berliner S-Bahn im April 2008 gelesen haben, das ein hellhäutiges Mädchen und einen dunkelhäutigen Jungen dabei abbildet, wie sie gemeinsam einen Text in einem Buch entziffern: „Lernen ist keine Frage der Herkunft".[18]

Integration in die Gesellschaft

„Nun weiß ich nicht, wie das heutzutage funktioniert, aber diejenigen, die etwas gemacht haben, studieren jetzt alle oder haben gute Abschlusszeugnisse – die meisten haben schon einen Abschluss und sind fleißig, also kann man sich schon integrieren, wenn man... äh, auch etwas dafür tut" (Anna (D)).

Anna, eine junge Aussiedlerin, die mit ihren Eltern nach Deutschland zurückgekehrt ist, bestätigt hier das, was Durkheim die *Autonomie des Willens* nennt, als Bedingung einer sozialen Integration, die zugleich durch persönliche Bemühungen, einen Schulabschluss zu erhalten, und durch den Anschluss an die soziale Gruppe erfolgt (Durkheim, 1902, 1977). Muss man folglich daraus schließen, dass eine Integration, die wie im Fall von Karl, der nach England gegangen ist, negativ erlebt wurde, das Fehlen von Autonomie und individuellem Willen widerspiegelt? „Es fällt uns schwer, uns zu integrieren [...] liegt es an beiden Seiten?", fragt Karl. Von den interviewten Jugendlichen, die sich zwar in Herkunft, Alter und Geschlecht unterscheiden, gehört eine Mehrheit der unteren Mittelschicht an, aber ihre Werdegänge unterscheiden sich alle und weisen ein äußerst unterschiedliches Maß an gesellschaftlichem Zugehörigkeitsgefühl und Anschluss an soziale Gruppen auf.

Aus den Interviews geht hervor, dass der wichtigste Faktor einer erfolgreichen (schulischen und sozialen) Integration der sprachliche ist, was bestätigt, dass die Sprache einer der vier Grundpfeiler der Nationalität, ein Instrument kultureller Vereinheitlichung und die wichtigste Bedingung für nationalen Zusammenhalt ist. Untersuchungen aus jüngerer Zeit zeigen, dass sich die Sprache der Schule nach und nach als Kommunikationssprache im Elternhaus durchsetzt und für die zweite Generation zur meist gesprochenen Sprache in der Familie wird (Schnapper, 2007).[19] Anna, die über ihre in Russland gebliebene Großmutter spricht, fühlt sich „nicht hundertprozentig integriert [...]" und erklärt sich ihre Schwierigkeiten vor allem durch ihren Akzent im Deutschen. Und doch gehört gerade sie zu den Jugendlichen, die die Schule mit einem Abschluss verlassen, da sie dies für notwendig für

---

18 Im Original deutsch (Anm. d. Ü.).
19 Dieser Aspekt wird im zweiten Kapitel weiter ausgeführt.

die soziale Integration hält. Mehrere unter ihnen teilen das Gefühl einer hybriden Zugehörigkeit, das Gefühl, integriert zu sein, aber doch nicht wirklich. Sie erleben offenbar eher eine gewisse Widersprüchlichkeit in Bezug auf ihre kulturelle Integration: „Ich habe es nicht geschafft, mich ganz zu integrieren […]", sagt Sandra (D), eine junge deutsche Frau afrikanischer Herkunft, und fügt hinzu: „Ich bleibe mir selbst treu."

Um sich in einem Land zu integrieren, hält es Mahmut (F) für entscheidend, „das Gesetz zu kennen". Die Tatsache, dass er die Gesetze des Landes seiner Eltern (der Türkei) nicht kennt, schließt *de facto* jeden Gedanken an eine Rückkehr in das Herkunftsland aus. Diese Betrachtung trägt auch dazu bei, den ‚Mythos von der Rückkehr' zu beenden, der lange Zeit in Frankreich und vor allem in Deutschland das Verhältnis zum Einwanderer prägte. Der Einwanderer wurde als Gastarbeiter bezeichnet, und man hielt es für selbstverständlich, dass sein Aufenthalt von befristeter Dauer wäre (solange der Vertrag mit dem Arbeitgeber dauerte) und dass er sich nicht endgültig in Deutschland niederlassen würde. Genau wie die Eltern von Mahmut sind jedoch nicht nur viele von ihnen geblieben, sondern ihre Nachfahren betrachten sich durchaus als Deutsche: „Mein Land ist da, wo ich geboren bin", sagt Mahmut und erklärt: „Man muss sich den Gegebenheiten anpassen, um in Deutschland bleiben zu können." Das Sich-Anpassen oder Sich-Assimilieren – auf die Gefahr hin, seine kulturelle Eigenart zu verlieren – scheint folglich die wesentliche Komponente der in beiden Ländern geltenden Integrationsmodelle zu bilden. Allerdings äußern sich einige Jugendliche der zweiten Generation uns gegenüber vollkommen anders über ihre Situation. Für sie kommt es nicht mehr in Frage, sich ohne Weiteres zu assimilieren, wie ihre Eltern dies noch versuchten. Das sind bedeutende Veränderungen zwischen den Generationen, die sich besonders bei jungen Frauen, die ihre Schullaufbahn erfolgreich absolviert haben, auswirken.

Generationsübergreifende Integration

In Frankreich zeigen sich seit dem Marsch für die Gleichberechtigung 1983 bei den Jugendlichen mit Migrationshintergrund der zweiten oder sogar dritten Generation, besonders bei den Nachfahren der Staatsangehörigen ehemaliger Kolonien oder der Gebiete unter französischer Herrschaft, neue Verhaltensweisen. Diese Jugendlichen betonen ihre Differenz und erheben gleichzeitig den Anspruch, Franzosen mit allen Rechten und Pflichten zu sein. Schnapper spricht daher von einer Generationsverschiebung zwischen sozialer und kultureller Integration (Schnapper, 2007). Ob in Deutschland oder Frankreich, die erste Generation von Einwanderern hat sich durch die Arbeit sozial integriert, aber im Gegensatz zu ihren Kindern wurde sie nicht unbedingt kulturell integriert und spricht oft noch nicht einmal die Sprache des Aufnahmelandes. Kadia (D) erzählt uns von ihrem Vater, der nunmehr seit 30 Jahren in Deutschland lebt, arbeitet und sich sehr gut sozial integriert hat, aber sich nicht zusammen mit seinen Kindern hat einbürgern lassen. Auch Yasminas (F)

Vater hat die Einbürgerung in Frankreich nicht gleichzeitig mit seinen Kindern be-
antragt: „Er hat die Unterlagen mit nach Hause gebracht, alle Papiere, die zu er-
ledigen waren. Er hat uns mitgenommen … und so mussten wir mit ihm hinge-
hen. Du weißt ja, z.B. die Geburtsurkunde im Rathaus der Gemeinde abholen, in
der man geboren wurde. Na ja, alle Gänge mussten wir mit ihm zusammen machen. Ganz einfach für die Rente. Das war wirklich aus strategischen Gründen, aber
gleichzeitig lag darin eine französische Identität." Wie Yasmina finden sich zahlreiche Kinder in der Rolle eines Vermittlers zwischen Eltern und Institutionen wieder:
Die Väter haben sich durch die Arbeit integriert, die Mütter, die durch die Möglichkeit der Familienzusammenführung später nachgekommen sind, sind teilweise
zu Hause geblieben, ohne einer Arbeit außerhalb nachzugehen und ohne die Sprache des Aufnahmelandes zu beherrschen, und sind weder sozial noch kulturell integriert worden. Einige Frauen haben sich durch Heirat einbürgern lassen, wie im
Fall von Sonjas Mutter, was die Integrationsfrage noch schwieriger und komplexer
macht. Ihre Kinder sind durch den unausweichlichen Akkulturationsprozesses und
durch die frühe Einschulung, wie sie vor allem in Frankreich praktiziert wird, aber
auch durch den Alltag, die Medien, die Altersgenossen und die Nachbarn integriert.
Diese Ebenen der Integration schließen aber nicht unbedingt eine umfassende soziale Integration ein. Die Jugendarbeitslosigkeit in Frankreich, ein chronisches Problem, das gegenwärtig 23% eines Jahrgangs in Frankreich betrifft, trifft fast doppelt
so häufig Jugendliche mit Migrationshintergrund, wobei es je nach Herkunft große
Unterschiede gibt. Wenn sie hingegen einmal in den Arbeitsmarkt integriert sind,
machen sie ähnliche Karrieren wie andere Jugendliche ihrer Generation. Diskriminiert wird beim Einstellungsprozess (Schnapper, 2007).

Die jungen Deutschen mit unterschiedlichen kulturellen Hintergründen scheinen sich beruflich leichter zu integrieren als die jungen Franzosen. Sie sind weniger
von Arbeitslosigkeit betroffen als ihre französischen Altersgenossen; das hat wirtschaftliche Gründe, liegt aber auch an fundamentalen Unterschieden der Bildungs-
systeme. Ali (D), 26 Jahre, türkischer Herkunft, zwingt uns allerdings, auch andere Seiten zu betrachten: „Der Staat schert sich nicht um mich, deshalb kann er mir
auch scheißegal sein", sagt er und lässt dabei ein Bedürfnis nach *Bestätigung*[20] erkennen. Seine Äußerungen lassen sich auch als Ausdruck einer Funktionsstörung
der Gesellschaft interpretieren, die die Jugendlichen für ihren Fortbestand benötigt,
sich aber gleichzeitig schwertut, sie in ihre sozialen Strukturen zu integrieren. Wir
denken, dass dieses Phänomen einer Form von paradoxer Anomie ähnelt, die heutzutage von vielen Jugendlichen verspürt wird. Gleichzeitig erinnern wir daran, dass
sich nach Durkheim die Anomie der Gegenwart häufig zum Normalfall für die Zukunft entwickelt.

Zwar erkennen so gut wie alle Jugendlichen, einschließlich der Teilnehmer dieser Untersuchung (Sonja, Violette, Dany, Kadia u.a.), den Wert der Arbeit und die
Wichtigkeit einer längeren Schul- und Ausbildungsphase als Grundbedingung für

---

20 Im Original deutsch (Anm. d. Ü.). Ein Schlüsselbegriff, der im vierten Kapitel weiter ausgeführt
    wird.

die Integration an, doch entdecken wir auch Zeichen des Überdrusses, eine Art ‚ich hab' die Schnauze voll' vonseiten der Jugendlichen. Dies geht mit einem starken Bedürfnis nach einer anderen Art von Anerkennung einher. Sport, Kino, Theater, Tanz und Musik werden zu Mitteln, sich nicht nur in den Augen der Gesellschaft oder innerhalb des Staates, dem man ‚wurscht ist', zu beweisen, sondern auch vor den Altersgenossen und vor sich selbst. Das Bedürfnis nach kreativer Selbstbestimmung (Babette (F)) und nach Selbstbestätigung (Ali, Karl, Violette) wird nicht unbedingt durch die Arbeit, sondern durch eine künstlerische oder sportliche Ausdrucksform befriedigt.

Die Ungewissheit einer beruflichen Eingliederung und die Schwierigkeiten, eine interessante Arbeit zu finden, zwingen beispielsweise Jugendliche, die ein Hochschuldiplom oder sogar promoviert haben, ‚Gelegenheitsjobs' anzunehmen, um ihren Lebensunterhalt zu bestreiten.[21] Zugleich zeigen die neuesten Zahlen des Statistikinstituts INSEE deutlich, dass ein Abschlussdiplom den Zugang zum Arbeitsmarkt erleichtert. 2009 lag die Arbeitslosenquote unter Jugendlichen mit Hochschuldiplom bei 9,6%. Bei den Jugendlichen ohne Diplom waren es 49,2%.[22] Untersuchungen über Jugendliche mit doppelter kultureller Zugehörigkeit zeigen auch, dass der Anteil junger Frauen mit Migrationshintergrund im Besitz eines Hochschuldiploms genau so hoch ist wie unter anderen jungen Leuten in Frankreich. Dies scheint in Deutschland nicht der Fall zu sein und unterscheidet diese Generation auch von der Generation der Eltern. Der Zugang zu Wissen und universitärer Bildung hat die Gesamtlage verändert.

Diskriminierung, Rassismus und Stereotypen: Stigmatisierung und Sichtbarkeit der Differenz

„Einige Lehrer waren Rassisten", erzählen Mostafa, Dany, Tatiana und Babette. Auch andere berichten von ihren Begegnungen mit Rassismus. Untersuchungen und Statistiken zeigen: Alltäglicher Rassismus existiert in Frankreich[23] genauso wie in Deutschland[24]. Die Jugendlichen können dies bezeugen und zeigen, dass sich Rassismus zwar in verschiedenen Formen äußern kann, aber auf allen Ebenen der

---

21 Vgl. den Artikel *L'explosion du chômage des jeunes fragilise-t-elle nos sociétés?* (dt.: Schwächt die erhöhte Jugendarbeitslosigkeit unsere Gesellschaft?): Diesem Artikel zufolge, der auf einer OECD-Studie vom 14. April 2010 beruht, „kann das Scheitern auf dem Arbeitsmarkt nur schwierig wettgemacht werden und die Jugendlichen somit einer langfristigen Stigmatisierung aussetzen." Der Bericht schätzt die Jugendlichen als Hauptopfer der Finanzkrise von 2008–2009 ein und bezeichnet ihre Generation sogar als ‚verlorene Generation'. Der Arbeitslosenanteil unter 15- bis 24-Jährigen entspricht 2010 13% der aktiven Weltbevölkerung, das bedeutet 81 Millionen Jugendliche. Quelle: Internationale Arbeitsorganisation, 2010 im Artikel von Rémi Barroux in: *Le Monde* vom 24. August 2010.

22 INSEE, 2010.

23 Die jüngsten Abschiebungen von Roma im Sommer 2010 sind unserer Meinung nach eines der zahlreichen Beispiele für Fremdenfeindlichkeit im heutigen Frankreich.

24 Vgl. die fremdenfeindlichen Thesen von Thilo Sarrazin in seinem Pamphlet *Deutschland schafft sich ab*, in dem er die Islamisierung des Landes anprangert.

Gesellschaft existiert – sowohl in den Mikro- als auch den Makrostrukturen. Diese leider nicht unüblichen Fälle spiegeln den alltäglichen Rassismus wider, die kleinen, manchmal hinterhältigen Diskriminierungen, die einzig aufgrund der unterschiedlichen Hautfarbe oder anderer sichtbarer Zeichen der Zugehörigkeit zu Minderheiten (einschließlich verschiedener Merkmale wie Fettleibigkeit etc.), ob in der Familie, in der Schule, am Arbeitsplatz, auf der Straße oder in öffentlichen Verkehrsmitteln, erfahren werden. Diese Beispiele zeigen uns nichts wirklich Neues. So gut wie keiner der Befragten führt diesen keineswegs belanglosen Aspekt ihres Integrationsprozesses weiter aus, doch geben einige von ihnen kleine, aber aussagekräftige Anekdoten preis. Wie z.B. Violette (F), die sich einmal nicht getraut habe, zu sagen, dass sie armenischer Herkunft sei (während einer Reise in die Türkei), und ein anderes Mal für eine ‚dreckige Araberin‘ gehalten wurde, mit der die anderen Mädchen aus der Klasse nicht spielen durften. Interessant ist auch Brunos späte Entdeckung seiner *Négritude*, die er durch den Blick eines Anderen erfährt, der ihn mit seinem schwarzen Hund vergleicht. Oder Yasmina (F), die erst im Erwachsenenalter bei Vorstellungsgesprächen mit Erstaunen die Diskriminierung in Bezug auf ihre Herkunft entdeckt hat. Karl (F) liefert uns hingegen eine zwiespältige Geschichte. Der junge Mann, der wegen des erfahrenen Rassismus, vor allem in der Arbeitswelt, von Frankreich nach England gezogen ist, erklärt seine Vorliebe für die Engländer mit deren größerer Toleranz gegenüber Ausländern im Allgemeinen und insbesondere gegenüber sichtbaren Minderheiten. Diese Aufgeschlossenheit dem Anderen gegenüber drückt sich z.B. durch das Ausbleiben von Diskriminierungen auf dem Arbeitsmarkt aus: „Man verurteilt die Leute nicht aufgrund ihres Aussehens, ihrer Herkunft oder ihres Akzents […] Man stellt die Leute wegen ihrer Kompetenzen ein", so seine Wahrnehmung. Bis zur Wirtschaftskrise 2008–2009 hatte England im Vergleich mit anderen europäischen Ländern, besonders Frankreich, in der Tat eine etwas flexiblere und weniger restriktive Einwanderungspolitik betrieben. Allerdings ist nicht sicher, dass das angelsächsische Integrationsmodell mit seiner größeren Sichtbarkeit von Minderheiten – auch in den Medien[25] – in Bezug auf die tatsächliche interkulturelle Situation in allen Hinsichten wirklich besser funktioniert hat. Die großen Aufstände von Jugendlichen mit indischem und pakistanischem Migrationshintergrund um Birmingham und Leeds vor einigen Jahren haben das Modell erheblich infragegestellt.

Auch das Thema des Rassismus zwischen unterschiedlichen Gemeinschaften in Frankreich und in Deutschland sprechen die interviewten Jugendlichen an, aber sie fassen sich kurz. Karim spricht über Araber und Schwarze, die keine Weißen mögen. Yasmina erzählt von ihren Eltern tunesischer Herkunft, die es nur schwer akzeptieren, dass sie mit einem *black* zusammenlebt. Sonja (D) weist auf den Rassismus gegen Behinderte hin und Ali auf jenen gegen dicke Menschen. Auch Karl, der sich als ‚Weltbürger‘ betrachtet, sagt: „Ich bin kein Rassist, aber ich schaue mir nur Filme von Schwarzen an." Kadia (D) berichtet vom Hass zwischen den

---

25 Vgl. Anna Terzian, 2007, über die BBC und Journalisten mit einem multikulturellen Hintergrund.

unterschiedlichen ethnischen Gruppen, der vom deutschen Fernsehen vermittelt wird. Was das französische Fernsehen angeht, öffentliche und private Kanäle zusammengenommen, so können wir bestätigen, dass die Darstellungen der Vorstädte meistens karikierende Bilder sind, die nicht nur die Unterschiede in der Zusammensetzung der französischen Bevölkerung ausklammern, sondern die Wirklichkeit verzerren. Ob Fernsehserien, Dokumentarfilme[26] oder Reportagen, viele vermitteln Bilder, die Stereotypen und vorgefertigte Meinungen über den Anderen verfestigen. Meist nehmen sie Standpunkte ein, hinter denen ein extremes politisches Engagement steht, und die entsprechenden Bevölkerungsgruppen entweder als Opfer oder aber als Täter darstellen. Vor allem die Jugendlichen werden in Sendungen, die die Vorstädte als von Sexismus, radikalem Islamismus, Kriminalität, Drogen etc. beherrscht darstellen, stigmatisiert und instrumentalisiert. Wir möchten nicht leugnen, dass es dies alles gibt, trotzdem aber betonen, wie wichtig es ist, die vielfältigen Realitäten durch differenziertere und genauere Bilder widerzuspiegeln, die nicht ausschließlich der Suche nach journalistischen Sensationsmeldungen, Skandalen und als Argumente für populistische Wahlkampagnen dienen sollen.

Anstelle einer Schlussfolgerung: integriert, ja aber …

Wir haben bei den Jugendlichen ein weites Spektrum unterschiedlicher Integrationsstufen erkennen können. Die Schilderungen ihrer Werdegänge zeigen bei den einen ein Gefühl der Ablehnung und der Nichtzugehörigkeit mit dem eher negativen Bild einer verfehlten Integration wie beispielsweise in Karls Bericht. Andere, wie Babette (F), äußern ein zwiespältiges Identitätsgefühl: „Wir wissen gar nicht mehr, wohin wir gehören." Diese Äußerungen vermitteln Aspekte der Doppelzugehörigkeit oder des ‚Dazwischen', die eher negativ erlebt wurden. Aus anderen Interviews hingegen gehen Berichte über Werdegänge ohne größere Probleme oder auch über erfolgreiche Werdegänge hervor, die gleichzeitig einen gewissen Bruch in Bezug auf die familiären Erwartungen oder sogar Zeichen der Revolte, die Forderung nach Anerkennung der kulturellen Singularität widerspiegeln. Einige Werdegänge zeugen auch vom Mut und der Kühnheit, die eigene Differenz zu betonen.

Auch wenn die Doppelzugehörigkeit für einige einer ‚Doppelbindung' ähnelt (Karl und Violette), scheint sie kein wirkliches Hindernis für die kulturelle Integration darzustellen. Sie fühlen sich integriert, auch wenn es sich nicht um eine hundertprozentige Integration handelt (Anna (D)). Auch Karl fühlt sich als Franzose und ist nur aus Frankreich weggezogen, weil er dort keine Arbeit fand. Bei einigen Jugendlichen lässt sich vor allem ein Verdruss über den widersprüchlichen offiziellen Diskurs in Bezug auf ihre soziale Integration erkennen. Auf der politischen Ebene haben wir eine Verschärfung des Integrationsdiskurses festgestellt – sowohl auf

---

26 Es gibt hierfür zahlreiche Beispiele, aber die Ausstrahlung von Cathy Sanchez' Dokumentarfilm *Schläger in der Vorstadt* über den zunehmenden Chauvinismus der Jugendlichen in der Pariser Banlieue auf ARTE am 29.09.2010 hat die Debatte über dieses Problem wieder aufleben lassen.

nationaler Ebene in Frankreich (neues Staatsbürgerschaftsrecht in Ausarbeitung) als auch auf Europaebene (Harmonisierung der Einbürgerungsprinzipien mit einer Mischung aus Boden- und Abstammungsprinzip und eine Entwicklung in Richtung selektiver Einwanderung) und internationaler Ebene. Zur gleichen Zeit erschien auf internationaler Ebene ein starkes Symbol für gelungene Integration, eine große Hoffnung für alle Einwanderer und vor allem für Schwarze, nämlich die Wahl von Barack Obama zum Präsidenten der Vereinigten Staaten.

Was zahlreiche Jugendliche heutzutage kennzeichnet, ist vor allem diese Spannung zwischen Verschlossenheit und Offenheit im Verhältnis zum Anderen und im Verhältnis zu einer lokalen und globalen Zugehörigkeit. Zum einen gibt es die Abgeschlossenheit in sich selbst, jene der Gruppe oder der „Bande aus dem Viertel", die das Risiko einer zunehmenden Abschottung in Parallelgesellschaften birgt, und andererseits die mit der Globalisierung verbundene Weltoffenheit. McLuhans berühmtes ‚globales Dorf' hat auch seine positiven Aspekte: das Interesse an humanitärer Arbeit, an der Ökologie und an einer gerechteren und faireren Welt. Dank der Technologien fühlen sich die Jugendlichen als „Weltbürger", wie Karl (F) sagt. Sobald die kulturelle Doppelzugehörigkeit kein Mittel zur Diskriminierung oder kein Hindernis für die soziale Integration mehr darstellt, wird sie nicht mehr als Handicap erfahren. Handicap oder Vorteil? Diese Frage stellt sich insofern nicht mehr, als die Gesellschaft von morgen zwangsläufig interkulturell sein wird. Allerdings müssen die universellen Werte des Gleichberechtigungsprinzips auch respektiert werden, und die kulturelle Vielfalt, die bereits eine soziale Tatsache ist, muss auf allen Ebenen der Gesellschaft anerkannt werden. Mehr als um eine doppelte Zugehörigkeit handelt es sich um eine neue Art von Zugehörigkeit, die auf einem Kontext der Identitätskonstruktion aufbaut und sich täglich mit der kulturellen Vielfalt auseinandersetzt. Gemäß Umberto Ecos Formel des verzweifelten Optimisten wollen wir hier in dem Glauben verbleiben, dass die Integration aller Jugendlichen eine Frage der Bildung und eben keine Frage der Herkunft sei. Sie hängt zum größten Teil von politischen, sozialen und ökonomischen Entscheidungen ab. Der Anteil erfolgreicher Studienabschlüsse junger Frauen ausländischer Herkunft in Frankreich ist eine bedeutsame und optimistisch stimmende Tendenz.

Kapitel II

Lernen in der Schule und andernorts – Chancen und Herausforderungen

Lucette Colin, Delphine Leroy und Joël Xavier

2.1 „Das kommt alles durch die Schule" – eine Täuschung

Lucette Colin

School, sweet school!

In allen gesammelten Biographien hat uns der Stellenwert überrascht, der dem Thema der schulischen Institution eingeräumt wurde, die die lebensgeschichtlichen Erzählungen über das Schulleben hinaus in ihrer zeitlichen Reihenfolge strukturiert: die Zeit der Grund- und Sekundarstufe, das Abitur, dann die Zeit des Studiums sowie die verschiedenen Stufen und gegebenenfalls die erste oder zweite *troisieme* (= 9. Klasse, Anm. d. Ü.): „Ja, es war in der *seconde* (= 10. Klasse, Anm. d. Ü.), als ich mit dem Kung-Fu begonnen habe", wissend, dass es sich um eine Tätigkeit handelt, die außerhalb der Schulzeit stattfindet. Die schulische Sozialisierung setzt sich als organisatorisches Prinzip und soziale Form durch und erlaubt es dem Subjekt, sich als ‚ich' zu erzählen: „Ich bin am 16.11.1990 geboren. Ja, also, in Deutschland. Meine Eltern, na ja, mein Vater ist 1972 hier angekommen. Er ist zuerst hier hergekommen und dann hat er in einem Stahlwerk gearbeitet. Und nach einiger Zeit hat er seine Frau mitgebracht, also meine Mutter und die Kinder. Meine beiden älteren Brüder und meine Schwester. Und dann kam ich hier an. Ja, also, und dann bin ich hier zur Schule gegangen, in die Grundschule ..." (Mahmut (D)); „Ich bin Tabet Karim (F), bin 19 Jahre alt und ich studiere Elektrotechnik im Abschlussjahr ..."

Die Vorteile der schulischen Chronologie für die Selbstdarstellung sind nicht zu unterschätzen; sie erlaubt es, alles, was im Rahmen des Privaten und des Gefühls- und Sexuallebens liegt, im Ungewissen zu lassen oder nur kurz zu streifen. Die Schulgeschichte ist eine offizielle, in gewisser Hinsicht bereits eine öffentliche Geschichte, deren Begleitereignisse schon verarbeitet und konstruiert sind und die somit die Selbstdarstellung anderen gegenüber erleichtert. Gleichzeitig bemerkt Yasmina (F): „Ich bin bis zur Promotion gekommen, gerade weil ich große Angst habe, nicht mehr zur Schule zu gehen." In diesem Zusammenhang kann dies auch eine Art von Engagement, ein Spiel der Affekte oder eine bestimmte Verhaltensweise dem Anderen gegenüber erlauben und dadurch – in Analogie zu dem, was Anna Querrien in einer Ausgabe der *Recherches* mit dem Titel *L'Ensaignement* (1976) über ihre Identität als gute Schülerin schreibt – denjenigen, die sich stets unterordnen, ein Gefühl der Sicherheit verleihen. Solche Individuen, die nur die Schularbeit lieben, jeglicher affektiver Schwierigkeit und jeglicher Konfrontation mit der Außenwelt aus dem Weg gehen und die jeglichen Konflikt mit einer Steigerung der Arbeit für die Schule lösen, kompensieren dadurch „einen Mangel an affektiver Reife" (Querrien, 1976, S. 14). Von daher rührt auch die scheinbar seltsame Verbindung, die laut Dany (F) zwischen dem ‚Sitzenbleiben' und dem ‚Auswärtsschlafen' hergestellt werden kann:

> „Ich habe gewöhnlich immer gute Noten erhalten und war in allen Fächern ausgezeichnet und so. Ich habe nie eine Klasse wiederholt. Ich bin nie, niemals sitzengeblieben. Und ich habe auch nie auswärts geschlafen, klar, das bedeutet dasselbe: Ich habe niemals auswärts geschlafen. Ich habe immer gute Noten bekommen, vor allem in der Schule, in der Sekundarstufe, und vor allem im Gymnasium."

Genauso – und noch grundlegender – gibt der Schulbesuch den Jugendlichen, die mit dem Eintritt ins Erwachsenenalter mit all seinen Normen von Heirat und Arbeit (Normen, die sich als verpflichtendes Lebensprojekt sowie *ihr* Lebensprojekt etablieren) konfrontiert sind, eine Inszenierung von Identität, die sich selbst, ihnen selbst und dem Anderen gegenüber genügt. Mehr noch: Sie rechtfertigt die Tatsache, bei den Eltern zu leben, sich nicht der Frage nach Heirat oder Arbeit zu stellen, sondern diese auf einen späteren Zeitpunkt, auf die Zeit nach dem Studium zu verschieben. „Ich gehe immer noch zur Schule, das ist alles, Schluss, aus!", erzählt uns Sandra (D) und erklärt, dass, solange man das sagen kann, es keine Sorgen gibt, wie „Was soll ich jetzt machen?"

Dieser im Vordergrund stehende schulische Einsatz bringt eine Reihe von geregelten Praktiken mit sich, die eine Art Zuflucht in eine brave und ernsthafte Kindheit ermöglichen: „Tja, für meine Freunde habe ich in der Regel eigentlich nicht mehr viel Zeit übrig. Weil, na ja, wie gesagt, die Schule sehr wichtig für mich ist [...]. Und, naja, sonntags bleibe ich ehrlich gesagt den ganzen Tag zu Hause, weil ich mich um die Schule kümmern muss" (Kadia (D)). Das berufliche Ziel, der eigentliche Sinn des Studiums, bleibt im Unklaren, zugunsten eines scheinbar unreflektierten Festklammerns an einem abstrakten, sozialen Nutzen des Studiums. Dabei geht es nur darum, seinen Werdegang so lange wie möglich hinauszuzögern:

> „Für mich ist es schon etwas, mein *BTS* (= fach- oder berufsorientierter Abschluss, Anm. d. Ü.) zu haben und dann sehen wir weiter. Ich dachte mir, wenn ich mein *BTS* im ersten Anlauf schaffe, dass ich dann, na ja, noch ein Jahr mache, meine *licence pro* (= berufsorientiertes Aufbaustudium, Anm. d. Ü.). Falls ich es nicht schaffe, na ja, dann hör' ich auf, oder ich wiederhole es extern, oder wir werden sehen."

Man fragt sich, was diesen schulischen Ausbildungsweg unterbrechen wird und kann. Diese Unterbrechung bzw. Beendigung bedeutet schließlich den Moment des Urteils über den schulischen Erfolg bzw. Misserfolg. Und dieser Erfolg wird an der erfolgreichen Suche nach einem Arbeitsplatz, der Berufswahl und den sogenannten ‚erwachsenen' Entscheidungen gemessen. Die Vorrangigkeit des schulischen Lebenslaufs hängt mit der wichtigen Rolle zusammen, die unsere Befragten, ob in Deutschland oder Frankreich, der Schule zuschreiben: „Seit ich klein war, hat man mir … ging es nur um Schule, Schule, Schule, so dass für mich die Schule jetzt unbedingt notwendig ist", erzählt uns Audrey (F), die außerdem hinzufügt, dass die Erfahrung des Wechsels ins Berufsleben sie „gebremst hat". Für Kadia (D), die davon träumt, Grundschullehrerin zu werden, ist „die Schule das Beste, was einem passieren kann. Deshalb hab' ich gar keine Lust, die Schule zu verlassen (*lacht*), sozusagen …"

Wir erinnern an die Kriterien dieser Stichprobenauswahl. Wir haben es zumindest in den französischen Biographien fast ausschließlich mit Jugendlichen zu tun, die ihr Abitur gemacht haben und nun studieren. Es gibt zwei Ausnahmen: Bruno (F), der ein *brevet* (≈ mittlere Reife, Anm. d. Ü.) besitzt, die Schule nach seinem Scheitern beim Abitur (mit Schwerpunkt Literatur) abgebrochen hat und zurzeit als Musiker arbeitet; und Karim (F), der noch sein *bac pro* (≈ Fachabitur, Anm. d. Ü.) macht. Auf deutscher Seite hat nur die Hälfte der befragten Jugendlichen Abitur oder studiert. Die andere Hälfte hat den Real- oder Hauptschul-Abschluss. Angesichts der Herkunft der Jugendlichen hätten wir es also im Allgemeinen – vom Standpunkt der Reproduktionstheorien aus gesehen – mit atypischen Jugendlichen zu tun, zumindest, wenn man wie Agnès Van Zanten (2001) davon ausgeht, dass innerhalb des französischen Schulsystems Kinder aus unteren Gesellschaftsschichten nur selten technische oder technologische Ausbildungszweige wählen und diese auch abschließen. Wir verweisen auf das dritte Kapitel über die Unterschiede in Bezug auf die Universitätsabschlüsse von Jugendlichen mit Migrationshintergrund in Frankreich und Deutschland: In Deutschland ist der Anteil geringer als in Frankreich und unterscheidet sich massiv von der Erfolgsquote der Jugendlichen ohne Migrationshintergrund.

Der schulische Lebenslauf: „Bist du auf dem Gymnasium oder auf der Hauptschule?"

Egal um welche Schulstufe es sich handelt, der schulische Lebenslauf ist kein langer ruhiger Fluss. Er wird als Hindernisrennen beschrieben und gilt als Barometer des Erfolgs, der Bestätigung, der Anerkennung und des Misserfolgs. Erfolg zu haben bedeutet, gute Noten zu bekommen und in die nächsthöhere Klasse aufzusteigen. Es heißt auch, in den Schlüsselmomenten der Entscheidung für eine Ausbildungsrichtung einem möglichen Ausscheiden zu entgehen, oder dem, was im Bildungssystem als Abstieg in einen minderwertigen Studiengang wahrgenommen wird: „Weil es stimmt ja, dass man[1] uns, am Ende der *troisième* (= 9. Klasse, Anm. d. Ü.), nicht immer gut berät", bestätigt Karim (F). Die „schlechte Ausbildungswahl in meiner Schulzeit", ein *BEP* (= Berufsfachschulabschluss, Anm. d. Ü.) zu machen, wird sogar zu einer ‚lebenslangen Reue', weil er sich in einer Situation befindet, wo er „etwas macht, was [er] überhaupt nicht mag", und wo seine einzige Motivation für das Abitur darin besteht, „nicht vier Jahre umsonst gemacht zu haben". Paradoxerweise behauptet er auch, dass ihm gerade diese zwei Jahre des *BEP* gefallen haben, im Gegensatz zu den zwei Jahren, um das Abitur zu erreichen, die ihm zu theoretisch und nicht ausreichend praxisorientiert waren. Gleichzeitig konfrontiert ihn die Professionalisierung, die er über Praktika erfährt, mit Arbeitsbedingungen, die in seinen Augen minderwertig sind, weil sie „echt hart" seien, vor allem im Winter: „Ich war gezwungen mit drei Pullis zu arbeiten, meine Finger sahen gar nicht mehr wie Finger aus …" Wohin also mit seinen gegenwärtigen Träumen? „Im Süden wohnen, eine Frau, Kinder, einen schönen Beruf haben, den ich mag, und das ist alles …"

Daher rührt auch seine Angst vor der Zeit nach dem Abitur, weil er sich nicht im Klaren darüber ist, was er im kommenden Jahr machen soll. Er steckt in der Zwickmühle zwischen dem Wunsch, die Schule zu beenden, für die er keine Motivation mehr hat und die er nicht mehr erträgt, und dem Einstieg in die Arbeitswelt, der normalerweise angebracht wäre, von dem er aber nichts wissen will – trotz seines Wunsches, sofort Geld zu verdienen. Karim (F) spricht vage von einer möglichen Ausbildung zum Fahrstuhltechniker – ein Projekt, das ihm in seinen Augen noch Aufstiegsmöglichkeiten bieten würde: problemlos in „einer großen Firma" zu arbeiten und sich in den Süden versetzen zu lassen, wo er seine schönsten Ferien, abgesehen von denen in Algerien, verbracht hat.

Unsere Befragten sind weit davon entfernt, sich ohne Widerstand „von jenen Illusionen der Chancengleichheit" irreführen zu lassen, „die ihnen eine beschränkte schulische Zukunftsaussicht aufzwingen" (Bourdieu & Passeron, 1971).[2] Wie Sandra (D), die bereits ihr Abitur hat, sagt: „Wenn wir beispielsweise schlechte Noten im Gymnasium haben, na ja, dann hat man schlechte Noten, das ist alles, (aber) man bleibt ein Gymnasiast." Diese Bemerkung geht mit der Gleichstellung „Ausländerschule = Hauptschule[3] = zu vermeidende Schule" einher, so wie sie in den Medien oft vermittelt wird, auch wenn Sandra (D) sagt, dass sie diese Verbindung aus der Perspektive ihrer eigenen Erfahrung ablehnt. Kadia (D), die ein Gymnasium besucht, assoziiert einige Studiengänge mit einer zweitklassigen Ausbildung, die sich direkt auf das zukünftige Einkommen auswirkt:

---

1   Vom Interviewten hervorgehoben.
2   Was die französischen Forscher angesichts des Stellenwerts der technischen und beruflichen Kultur im deutschen Bildungssystem erstaunt.
3   Im Original deutsch (Anm. d. Ü.)

„Sie haben nichts gelernt, würd' ich sagen. Na gut, wenn ich sage nichts gelernt, dann meine ich die, die einen Hauptschulabschluss oder die Mittlere Reife haben. Und die den ganzen Tag lang arbeiten müssen, um ihre 1200 Euro zu verdienen [...]. Ehrlich gesagt, hab' ich darauf keine Lust." – „Und worauf hast du denn Lust? Oder besser gesagt, wie stellst du dir deine Zukunft vor?" – „Ich möchte Grundschullehrerin werden."

Es gibt sogar ein ausgeprägtes Bewusstsein dieser schulischen Ungleichheit. Allerdings wird sie im Allgemeinen nicht wie bei Bourdieu als Weiterführung sozialer Ungleichheiten analysiert, auch wenn, allerdings selten, die finanzielle Frage als hauptsächliches Hindernis angeführt wird. Sie wird häufig als Konsequenz rein ethnischer Kriterien betrachtet. Da gibt es zunächst die Wahl der Schule, denn, wie Sandra (D) in Erinnerung bringt:

„Auf dem Arbeitsmarkt, da muss man gar nicht über Politik sprechen, aber, na ja, wie nimmt man *de facto* einen Hauptschüler wahr? Nur so, auf den ersten Blick, ohne ihn zu kennen. Oder mit einem Realschüler, wie verhält es sich da? Und mit einem Gesamtschüler? Und einem Gymnasiasten?"

Und sie fragt sich – auch wenn sie die Antwort bereits kennt –, wo sich diese Jugendlichen mit Migrationshintergrund befinden, „denn, als ich da war (auf dem Gymnasium), gab es da nicht viele Afrikaner." Karim (F) dagegen hebt die Tatsache hervor, dass ihm das *BEP* als einzige Möglichkeit dargestellt wurde, auch wenn er vielleicht auch einen anderen Ausbildungszweig erfolgreich absolviert hätte, wie er hinzufügt. Zwar weisen seine Äußerungen darauf hin, dass er damals das Urteil seiner Lehrer, dass das Gymnasium nichts für ihn sei und dass er dort nur scheitern würde, hingenommen hat, doch bedauert er im Nachhinein, dass er ihnen vertraut hat. So beschuldigt er nun seine Lehrer, dass sie ihn getäuscht hätten, indem sie ihm eingeredet hätten, dass „Elektrotechnik gut sei, dass es eine Zukunft dafür gäbe und dass Elektriker ein schöner Beruf sei!" Neben dieser Frage der Ausbildungsrichtung – ein neuralgischer Punkt, der auf eine gesellschaftliche Funktion der Schule verweist – wird auch die mangelnde Beherrschung der in der Schule gesprochenen Sprache als zentrales Problem hervorgehoben. Wir werden darauf noch zurückkommen. Aber es sind auch Kleinigkeiten: wenn man ganz einfach – auch auf höfliche Weise – nach seiner Herkunft gefragt wird, sobald die Arbeit nicht gut gemacht wurde. Oder wenn man in der Schule fehlt, um bei der Hochzeit seiner Schwestern dabei zu sein und die für Kadia (D) ‚kränkende' Frage beantworten muss: „Konnten sie sich da selbst dafür entscheiden?"

Es wird auch festgestellt, dass es in der Schule, die man besucht hat, „nur Personen aus sozialen Brennpunkten gab", wodurch eine „Schule der Peripherie" entstand (Van Zanten, 2001) – eine Folge der räumlichen Verteilung sozialer Gruppen im Stadtraum, die in bestimmten Vierteln zu einer überdurchschnittlichen Präsenz von eingewanderter Bevölkerung geführt hat. Oder wenn man trotz seiner

Integration in das Schulsystem feststellt, dass die Absage beim Praktikum, oder sogar beim *BTS*, nicht am Mangel an Arbeits- bzw. Studienplätzen liegt (offizielle Version), sondern ganz einfach am fremden Klang des eigenen Namens. Diese Realität räumt mit der Behauptung einer egalitären, demokratischen Ideologie und der Idee, schulischer Erfolg sei nur von der Fähigkeit bzw. Unfähigkeit der Jugendlichen abhängig, auf. Sie betrifft nicht nur die Schulwahl, sondern auch die Möglichkeit, eine Ausbildung wie alle anderen zu erhalten. Diese Tatsache führt zwangsläufig zu einer Krise der schulischen Institution, wo man nicht mehr so tun kann, als ließe sich der pädagogische Aspekt vom sozialen trennen.

Schließlich wird auch offen über den Rassismus mancher Lehrer oder die Stigmatisierung bestimmter Bevölkerungsschichten gesprochen. Sicherlich hängt diese Stigmatisierung häufig mit aggressivem Verhalten zusammen, wie bei Mahmut (D), der dies auch ganz genau beschreibt. Sein Verhalten macht ihn ständig zum Schuldigen, egal welche Schule er besucht, denn seine Akte wird weitergeführt; und sein Status als Ausländer vergrößert dieses Stigma:

> „Wenn dein Name ein einziges Mal schlecht wegkommt, dann ist es für immer, egal an welche Schule ich später gegangen bin. Sie denken, ok, wenn etwas passiert […] dann ist das deine Schuld. Du bist Ausländer und so. Das ist dann total schlimm."

Mustafa (F), der sich im Vorbereitungsstudium für die höhere Bildungslaufbahn befindet, nachdem er sein Abitur in Marokko gemacht hat, erzählt von den „Vorurteilen der Internatsangestellten, des Küchenpersonals", die sich schwer vorstellen konnten, dass ein kleiner 18-jähriger Araber in die Vorbereitungsklasse eines derart wichtigen Instituts aufgenommen wurde, und die „unsere Anwesenheit inmitten der Elite nicht ertragen konnten". Diese Vorurteile, sagt Mustafa (F), kommen auch vonseiten der Lehrer: Sie unterschätzen seine Fähigkeiten und halten ihn von vornherein für dumm, was ihm zufolge jedoch lediglich an seinen anfänglichen Anpassungsschwierigkeiten liege, die nicht verstanden wurden. Doch bezeichnet Mustafa (F) auch einige Lehrer als Rassisten: „Ich wusste, dass der Mathelehrer ein bisschen rassistisch war, und der Physiklehrer war wirklich ein Rassist."

Die jungen befragten Franzosen rücken den Vorstadtslang als ein Kennzeichen in den Vordergrund, das für die Anpassung in der peripheren Schule obligatorisch ist, denn „man muss sich behaupten. Ich muss doch sagen, ey, ich komm' aus der *cité* [aus der Hochhaussiedlung; oft auch im Sinn von sozialer Brennpunkt gebraucht. Anm. d. Ü.], was ist los, ich hab' vor keinem Angst." Justines (F) aufrichtige Klage darüber, dass sie es nicht schafft, diese Art zu sprechen abzulegen, obwohl sie im letzten Jahr ihres *BTS* ist, hängt mit der mehr oder weniger unbewussten Einschätzung ihrer Anpassung am *collège* (= 4-klassiger Schultyp im Sekundarbereich I, Anm. d. Ü.) zusammen. „Das bleibt n' bisschen. Ich weiß, ich schlucke immer noch viel von meinen Wörtern runter, wenn ich spreche. Ich versuche, mehr schlecht als recht, n' bisschen besser zu sprechen, aber, na ja, das kommt halt ganz schnell wieder." Für sie liegt darin subjektiv auch ein Umgang mit dem Verhältnis zu Sexualität und Geschlechterrollen („Ich habe mich lange Zeit wie ein Junge aufgeführt") in einem pubertären und post-pubertären Kontext. Während für die jungen Deutschen die fremde Sprache eine tatsächliche Trennung darstellt, haben wir es hier hingegen oft mit der ‚gleichen' Sprache zu tun. Justines (F) Klage erinnert an Annie Ernaux' Gedanken über die Verwendung der Sprache, die ihre Schulzeit von der Zeit in der Familie trennt:

> „Die Lehrerin spricht langsam, verwendet lange Wörter, sie versucht nie, sich zu beeilen, sie spricht gerne, nicht so wie meine Mutter. [...] Zwischen den beiden liegen Welten. [...] Zwar verstehe ich beinahe alles, was die Lehrerin sagt, aber ich wäre nicht von selbst darauf gekommen, auch meine Eltern nicht. Ich habe Vergleichbares nie bei ihnen gehört" (Ernaux, 1974, S. 50).

Nicht nur bei Justine dringen diese zwei Varianten des Sprachgebrauchs in die Schulwelt ein. So wird die etablierte Hierarchisierung von Sprachregistern und -gebrauchsformen nicht nur durch das Bedürfnis nach Anerkennung unter den Altersgenossen durcheinandergebracht, sondern auch durch den subjektiven Anspruch des sozialen Individuums, Teil einer Generation zu sein, die eine gemeinsame Geschichte und folglich eine Sprache miteinander teilt. Hierbei darf auch nicht vergessen werden, dass die französische Sprache für die meisten Befragten auch eine zu Hause gesprochene Sprache ist, nämlich die Sprache der Kolonialmacht, die bereits im Herkunftsland der Eltern weitergegeben wurde. Die Tatsache, dass es für die jungen Deutschen einen *Widerstreit* (Lyotard, 1989) zwischen der türkischen und der deutschen Sprache gibt, schließt indes ein Bemühen um Hybridisierung keineswegs aus.[4] Sandra (D) betont auch, dass diese verschiedenen Sprachregister sogar innerhalb der Schulsprache existieren und zur Diskriminierung innerhalb der Schule beitragen, sie materialisieren und somit darüber hinaus Identitätskonstruktionen abspalten. Sie kann sagen: „Ah, du bist auf dem Gymnasium, oder?", weil sie selbst ihrer Meinung nach gerade nicht wie jemand aus der Hauptschule spricht.

Kulturerwerb oder Kapitalerwerb?

Die Frage der Aneignung von Wissen und einer Kultur der Wertschätzung von Wissen und Kenntnissen, die ganz einfache Tatsache, sich zu bilden, wird in den Interviews kaum angesprochen, vielleicht weil, wenn wir der Aussage von Sandra (D) Glauben schenken, „das Wissen die Macht und deshalb der einzige Weg zu einer besseren Zukunft ist". Es ginge demnach eher darum, zu ‚überleben', und es im Sinne von Peter Woods, „so gut wie möglich mit der Schulordnung hinzukriegen" (Woods, 1990, S. 35), um *in fine* abzuschließen, einen guten Lebensstandard und Beruf zu haben und somit den elterlichen Erwartungen zu entsprechen. So

---

4   Delphine Leroy wird dies weiter ausführen.

beschreibt Boubacar (F) seine Schulwahl seiner Einschätzung nach als unverständlich, seinem schulischen Niveau überhaupt nicht entsprechend. „Nun ja, als ich aus dem *collège* kam, hätte ich meiner Meinung nach in die *seconde* kommen müssen, aber ich bin zum *BEP* gekommen."

Wir finden an dieser Stelle sehr deutlich die Schlussfolgerungen der Untersuchungen im Rahmen des ‚Projekt Escol' über den Sinn und die Werte, die dem Wissen beigemessen werden, wieder. Wir schließen uns hiermit Jean-Yves Rochex' Bemerkungen zum dem Wissen zugeschriebenen Differenzierungsprozess an:

> „Der Verweis auf den Beruf und auf die Zukunft bleibt […] undifferenziert, im Rahmen des Imaginären. Er kann nicht dazu beitragen, Lerntätigkeiten und Lerninhalten einen kognitiven und kulturellen Wert und Sinn zu verleihen oder zurückzugeben, die kaum eine eigenständige Bedeutung oder Legitimität besitzen: Sie sind bloß das, was man gelernt haben muss, um die Schulpflichten zu erfüllen, und entsprechen keiner kognitiven Notwendigkeit" (Rochex, 1995, S. 132).

Auch wenn dieser Prozess selbstverständlich in den peripheren Werdegängen offensichtlicher ist, tritt er doch gleichermaßen bei unseren Post-Abiturient(inn)en zutage. So wird verständlich, warum beispielsweise Yasmina (F), eine ‚gute Schülerin', die gerade promoviert und als Sonderschullehrerin arbeitet, während des Interviews rückblickend sagt, dass sie „die Schule bis zum Abitur gehasst" hätte. Man sollte an dieser Stelle präzisieren, dass ihre Wahl der Studienzweige Psychologie und bildende Kunst aus Mangel an Alternativen erfolgte: „weil ich arm war." Für die Studiengebühren der Schule für Innenarchitektur, für die sie zur Aufnahmeprüfung zugelassen wurde, hätte sie sich verschulden müssen, wovor sie sich fürchtete. Nachdem sie diese Angst durch ihre damalige Jugend erklärt hat, fügt sie hinzu:

> „Wenn ich es gewollt hätte, hätte ich alle in die Scheiße geritten, es ging nicht nur um mich, ich hätte auch meine Eltern mit hineingezogen. Du weißt ja, wenn man einen Studienkredit aufnimmt, dann bürgen die Eltern für dich. Somit hätte ich meine Eltern in den Schlamassel mit reingezogen. Das kam nicht in Frage. Sie hatten gerade einen Immobilienkredit aufgenommen; das war der Kredit ihres Lebens, ich wollte nicht noch einen hinzufügen! Deshalb …"

Die Universität stellt für sie einen Bruch dar, da sie dort im Gegensatz zur Schule oder dem Gymnasium einem ‚sinnvollem' Wissen begegnet, einer Art ‚intellektueller Wiedergeburt': nicht aufgrund besonderer universitätsspezifischer Eigenschaften, sondern aufgrund einer Begegnung mit einem symbolischen Dritten. Im Fall von Yasmina (F) war es die Entdeckung eines Werks – außerhalb der Bibliografien der von ihr verfolgten Kurse –, dessen Autor an ihrer Universität unterrichtete:

> „Als ich mein *DEUG* [≈ zweijähriges allgemeines Universitätsstudium, Anm. d. Ü.] in Psychologie machte, habe ich ein Buch von Jean Duprey gelesen und bin total auf diesen Prof abgefahren, ich mochte sehr, was er

sagte. Ich hatte den Eindruck, dass er verstand … alles was mich interessierte, was er machte … na ja, das war wirklich eine Begegnung, ohne
ihn je gesehen zu haben, und ich habe erfahren, dass dieser Typ Prof an
der Fakultät für Erziehungswissenschaften in St. Denis war. Deshalb habe
ich mein *DEUG* in Psychologie absolviert und bin zu den Erziehungswissenschaften gegangen, nur um die Kurse mit Jean Duprey zu machen. Ich
bin ihm gefolgt, bis er in Rente ging."

Eine solche Begegnung ist auch wegen ihrer identitätsstiftenden Wirkung von großer Bedeutung, da sie das Subjekt veranlasst, seinen scheinbar angestammten Platz
aufzugeben und es dazu zwingt, neue identitätsstiftende Definitionen von sich selbst
zu entwickeln. Weil für Yasmina das Buch von ihr selbst spricht und Antworten auf
ihre eigenen Fragen gibt, erlaubt es ihr nicht, außerhalb der erzählten Geschichte zu verbleiben. Das ist der Preis dieser Identifizierung. Es kann keine Identifikation geben, unterstreicht Piera Aulagnier (1986), die nicht Veränderung und Fort-
bestehen, Bruch und Kontinuität vereint. Somit wird auch klar, warum dagegen
identitätsstiftende Imperative (mit denen sie während ihres Studiums der Psychologie und der bildenden Künste konfrontiert wird) nicht nur unerträglich, sondern
auch besonders brutal und verheerend sein können – ein Schlüsselproblem in Sachen Erziehung. Wenn das Lernen eine Veränderung und Überarbeitung des Selbst-
bildes erfordert, muss es eine Identifikationsmöglichkeit zur Verfügung stellen, die
den Unterschied von Selbst und Anderem unterstützend betont. In diesem Prozess
kann sich das Subjekt selbst erkennen, und so gelingt es ihm, die Veränderung zu
akzeptieren und zu leben. Und auch wenn es bei diesem Vorgang manchmal darum
geht, der elterlichen Vorstellung zu entsprechen, hängt das Selbstbild dennoch nicht
mehr ausschließlich von einem auf die Eltern gerichteten Liebesbedürfnis ab. Dies
erlaubt es dem Subjekt, bis dahin unbekannte Identifikationssymbole zu erproben.

Dieser ganz bestimmte Sinn, der dem Schulwissen zugeschrieben wird (denn
es handelt sich schließlich nicht um etwas Sinnloses, wie man manchmal glauben
könnte), oder zumindest ,diese Perspektive' (im Sinne der Interaktionismus-The-
orie) der Jugendlichen auf die Schule scheint uns auch den Widerspruch in den
Schulbiographien einiger unserer Interviewpartner(innen) zwischen den Resultaten und den Schulerfolgen sowie dem schulischen Werdegang deutlich zu machen.
Auch wenn man annehmen könnte, dass es sich hier um einen narzisstischen Umgang mit den mehr oder weniger guten eigenen Leistungen oder um eine imaginäre
Selbstdarstellung, die dem Blick des Anderen gerecht werden soll, handelt, so gehen
wir davon aus, dass die Befragten Schwierigkeiten haben, sich die Bedeutung des
Schulwissens und des schulischen Erfolgs im etablierten Bildungssystem bewusst zu
machen. Das bedeutet außerdem, dass die Arbeitsanforderungen vonseiten der Lehrer und, mehr noch, die vorhandenen Ausbildungsrichtungen als rätselhaft erscheinen, da sie unmöglich umzusetzen sind und dadurch die Schulerfahrung zu einer
traumatischen Erfahrung machen. Dies bedeutet auch einen Automatismus in der
Vorstellung: gute Schulergebnisse und erfolgreicher Abschluss = bestimmter Beruf

– ein Automatismus, der bei bestimmten Ausbildungen, in denen der Studiengang weniger einen Beruf als vielmehr bestimmte Kompetenzen[5] vermittelt, nicht eintritt. Auch wenn Sandra (D) einen „Bachelor in Kommunikations- und Kulturmanagement" absolviert hat und nun, wie sie selbst sagt, „Akademikerin" ist, „der man Respekt schuldet", so heben ihre Äußerungen vor allem eine Unfähigkeit hervor, sich nach dem Erfolg zu positionieren und eine berufliche Zukunft zu planen. „Die nächste Sorge ist es, dass du das Studium abschließt, und dann, na ja, zu arbeiten oder nicht zu arbeiten, das ist scheinbar auch nicht mehr so leicht zurzeit." Diese Arbeit wird niemals genau bezeichnet; sie wird lediglich mit einer wirtschaftlichen Unabhängigkeit in Verbindung gesetzt, eben der Unabhängigkeit, auf die sie für ihr Studium verzichtet hat – genauso wie „auf das Kind, das es noch nicht gibt, und auf den Ehemann, den es noch nicht gibt" –, um eine „auf mich zugeschnittene Arbeit zu finden". Sie äußert gleichzeitig auch den Wunsch, einen Master in England oder den USA zu machen – „etwas Multikulturelleres" nach ihrer Studienerfahrung in Süddeutschland, wo „sich wohl niemand vorgestellt hätte, dass die Schwarze es schaffen würde". Sie möchte also eine traumatische Erfahrung durch Mobilität kompensieren. Dieser Plan einer Weiterführung des Studiums ist vage – abgesehen von der Frage der Gebühren, die mit der Einschreibung für derartige Studiengänge anfallen würden. Immer wieder kommt sie auf den Faktor zu sprechen, der für ihre erste Studienwahl nach dem Abitur ausschlaggebend war: „Ein etwas international orientierter Studiengang würde es auch ermöglichen, im Ausland zu arbeiten [...] aber weil ich noch nicht genau voraussehen konnte, was ich mal beruflich machen möchte, habe ich mir gesagt: okay, das sieht interessant aus ..."

Gleichzeitig ist diese Instrumentalisierung der Schule untrennbar mit den Vorstellungen von sozialer und beruflicher Zukunft, die sich die Jugendlichen gemacht und sehr stark verinnerlicht haben, verbunden: Dass alles schwieriger sei, wenn man im Fall von Arbeitslosigkeit als jemand, der von anderswo kommt, betrachtet wird – durch den Klang des Namens, die Hautfarbe ... Diese Sorge müsste uns veranlassen, die Berufsvorstellung als einen Wunsch, „noch ein wenig die kleine Verrückte von nebenan zu sein" (Justine (F)), bevor man sich der Realität der sozialen Integration stellen muss, zu hinterfragen, uns also auf einen fehlenden Realismus verweisen. Es scheint auch, dass die Institution Schule an dieser Konstruktion der Vorstellungen und dessen, was als Konsumdenken verurteilt wird, teilhat. Schließlich stellt sie ihre Nützlichkeit (für das Erlernen eines Berufs) in den Vordergrund, um die betroffenen Jugendlichen zu motivieren. Aber hat sie dies nicht schon immer bei jeder Generation aufs Neue getan? Schließlich erwähnen auch die Eltern ‚unaufhörlich', dass man an der Schule nicht vorbeikommt, „um ein besseres Leben zu haben", denn, wie Kadia (D) uns erklärt: „Er [ihr Vater] sagt das, ja weil er ... für ihn war das anders. Er ist in den Bergen geboren und ist dort aufgewachsen, und er musste fast drei Stunden lang laufen, um zur Schule zu kommen (*lacht*),

---

5 Ein weiteres Problem ist die offenkundige Diskriminierung der Bevölkerung ausländischer Herkunft auf dem Arbeitsmarkt. Dies geht auch aus den Interviews, beispielsweise mit Karl (F), hervor.

wirklich! [...] Und ja, er hat nie wirklich von dem profitiert, wovon ich profitiere, oder vielmehr: wovon ich profitieren kann."

Die Last der elterlichen Erwartungen

Die Biographien unterstreichen besonders die Bedeutung, die die Eltern dem schulischen Erfolg beimessen. Der Bildungserfolg wird als eine elterliche Anforderung, die auf der vorherrschenden Meinung basiert, dass der Zugang zu einer Position mit gesellschaftlichem Prestige vom Schulniveau abhängig sei, wahrgenommen. Auf deutscher Seite kommt neben dieser Erwartung noch die Forderung hinzu, die deutsche Sprache – die in den Interviews manchmal mehr betont wird als der schulische Erfolg selbst – zu erlernen.

Der Wunsch der Eltern, erfolgreiche Kinder zu haben, erscheint nicht wirklich ungewöhnlich. Welches Kind spürt denn nicht, dass seine Eltern zumindest unbewusst einen solchen Wunsch haben, auch wenn dieser manchmal ambivalent ist? Diese Erwartung verstärkt sich durch die Problematik des Pflichtgefühls, das mit der Migrationsfrage zusammenhängt. Einzig der schulische Erfolg der Kinder – weil dieser einen sozialen Erfolg ermöglicht – könnte die Opfer und das Leiden des Exils wieder gutmachen oder ganz einfach die Tatsache rechtfertigen, dass man weggegangen ist und seine Familie und sein Land verlassen hat. Wenn die Zielsetzung, ‚seine Eltern nicht zu enttäuschen' und ‚ihnen zu erlauben, stolz auf ihre Kinder zu sein', „sie glücklich zu machen ... weil fast alles, was wir machen, dieser Absicht entspricht", bedeutet, dass man die Schule schaffen muss, geschieht dies auch, wie es Boubacar (F) exemplarisch zusammenfasst, „weil sie sich aufgeopfert haben, ihre Familie und ihr Herkunftsland verlassen haben, um nach Frankreich zu kommen und wiederum ihre eigene Familie zu gründen" und „weil sie so gelitten haben."

Die Psychoanalyse hat gezeigt, dass sich das Subjekt der Denkweise der elterlichen Instanzen unterwirft, um sich ihre Liebe und ihren Schutz zu erhalten. Somit passt es sich den Verboten in Bezug auf das Denkbare an und eignet sich durch Identifikation die Gedanken eines Anderen, den es zu seinem Ideal macht, an. Es strebt also aktiv nach der Entfremdung von sich selbst. Diese Liebe zu bewahren, sagt Freud, kann zu einem Bedürfnis werden, neben dem alle anderen Bedürfnisse nebensächlich werden (Freud, 1914, 1915). Diese Problematik der Pflicht erschwert jedes Bemühen um Autonomie und jeglichen Versuch, die Unterwerfung abzuschütteln. Nicht zu vernachlässigen ist auch das Schuldgefühl, wenn man dem Opfer seiner Eltern nicht gerecht werden kann, obwohl man Klassenbester ist, was als, wenn überhaupt, einzig möglicher Weg gilt. So kommt es zu einer ständigen Fortsetzung dieses Prozesses, bis es dem Subjekt schließlich gelingt, selbst aktiv zu werden.

Das Erfüllen dieser Pflicht den Eltern gegenüber, die man für sich übernommen hat, erlaubt es, die noch bestehenden Zweifel über eine Entscheidung, die mit Opfern oder Enttäuschungen verbunden war, auszuräumen. Manchmal dient sie auch dazu, sich denen gegenüber, die in der Heimat geblieben sind, zu rechtfertigen, oder um sich selbst den Wert der Entscheidung zur Auswanderung anzuerkennen. Denn, wie Karim (F) sich in Erinnerung ruft: Die im Land Gebliebenen „lieben uns. Wir sind ihre Brüder und Schwestern, aber wir sind die Auswanderer. Ihnen zufolge haben <u>wir</u>[6] Algerien im Stich gelassen.“

Dieses Gefühl einer auferlegten Verantwortung ist umso frappierender, weil die Wörter und Bezeichnungen, mit denen die Subjekte dieses Exil für sich und für den anderen äußern und darstellen können, in den von uns gesammelten Berichten in der Regel äußerst rudimentär sind. Diese Lücke in der Signifikantenkette zeigt das wortlose Leiden in Bezug auf das elterliche Andere. Um dieses Leiden nicht zu wiederholen, muss das Subjekt in der Lage sein, es zu heilen.

Durch das Pflichtgefühl bekommt die schulische Geschichte eine Vorgeschichte. Im Gegensatz zu den Kindern unterer Klassen, die über eine elterliche ‚Schulgeschichte‘, Geschichten über die Schüler und somit über bestimmte Kenntnisse innerhalb der Bildungsinstitution verfügen, löscht das Exil hier jede identitätsstiftende und/oder identitätsauflösende Erzählung oder sogar jede Möglichkeit einer beiderseitigen Projektion aus.

François Dubet (1991) hat in seiner Forschungsarbeit Folgendes festgestellt: Zwar befinden sich diese Jugendlichen im Vergleich zu ihren Eltern in einer aufsteigenden sozialen Position, die den elterlichen Druck eindämmt, indem sie ihn auf den ersten Blick befriedigt, doch bauen sie sich auch schrittweise ein Wissen über die schulischen Abläufe auf, die sie mehr oder weniger bewusst wahrnehmen und welche die Eltern ‚nicht kennen‘ – ein Unwissen, das es sicherlich auch erlaubt, nicht mit einer schmerzhaften Realität konfrontiert zu werden. Doch letztendlich entwertet und relativiert dieses Wissen über die inneren Abläufe diese soziale Mobilität, die angesichts der Weiterführung des elterlichen Traumas nur als Pseudomobilität erscheint.

Daher rührt der unechte Klang dieser Aussagen, die Unklarheit in Sachen Berufsziel und die Unzufriedenheit über bestimmte Entscheidungen bei der Wahl der Ausbildungsrichtung, wenn die Enttäuschung der Eltern über die Entscheidung für ein *BEP* schwerer zu wiegen scheint als die eigene Enttäuschung. Denn schließlich hat das Subjekt die schulischen Werte längst in sich aufgenommen. Daher kommt auch die Unstimmigkeit zwischen dem Wunschberuf und der eigentlichen Ausbildungswahl, die von der Hoffnung zeugt, nicht endgültig auf ein berufliches Schicksal festgelegt zu sein. Wie auch bei Mahmut (D), der eine Ausbildung als technischer Zeichner verfolgt, aber sich vorstellt „im Bereich der *security*[7]“ zu arbeiten, weil „man da immer woanders ist, immer eine neue Mission hat. Dann kommt man auch in andere Länder und Städte“, kurzum: eine „vali-va-… variable Arbeit“ und nicht ein Beruf wie jener des „Metallarbeiters, (weil) man bearbeitet täglich

---

6 Vom Interviewten hervorgehoben. Karim wurde in Frankreich geboren.
7 Der englische Begriff, wie er vom Befragten verwendet wird, stammt wahrscheinlich aus der Vorstellungswelt amerikanischer Serien (eine Problematik, die am Ende des Kapitels behandelt wird).

Metall oder so 'was in der Art"; „Maurer und Mechaniker – na, solche Berufe will ich nicht."

Die Jugendlichen stellen ihre Eltern als äußerst engagierte Eltern dar, die im Gegensatz zu anderen geläufigen Vorstellungen über Eltern von Kindern mit Migrationshintergrund auch eine fürsorgliche Schulbetreuung ausüben. Doch stellt diese Betreuung die Resultate, den Aufstieg in höhere Klassen und die Studienwahl in den Mittelpunkt. Dies ist in Bezug auf die Zukunftsplanung sinnvoll und beeinflusst sicherlich auch die Definition der Schule vonseiten der Jugendlichen und gilt sogar, wenn der Vater weit weg ist; denn wenn „er bei Semesterbeginn die Möbel bezahlt, muss man ihm zu Semesterende auch das Zeugnis zeigen", erzählt Karl (F). Auch Anna (D) wäre gerne in ihrem Schulleben unterstützt worden, doch stellt sie fest, dass ihre Mutter „diese Sachen gar nicht hören wollte; meistens wollte sie nur Ergebnisse sehen".

Der von der Schulwelt ausgelöste Akkulturationsversuch und seine Konsequenzen scheinen den Eltern nicht bewusst zu sein oder können es auch gar nicht. Vielleicht versuchen sogar die Jugendlichen selbst, sie davor zu schützen, um ihre Träume nicht zu zerstören. Es ist schwierig, die Gründe dafür genau zu erfassen. Es mag daran liegen, dass die Eltern einer leistungsorientierten Ideologie anhängen, für die die Schule ein Symbol ist. Vielleicht geht es auch nur um die Erwägung, dass die Jugendlichen (aus einer geografischen Mobilität resultierende) Möglichkeiten und Chancen haben, die sich ihren Eltern nicht boten – weswegen diese ausgewandert sind. Dies haben wir im Fall von Kadia (D) gesehen. Die Notwendigkeit einer guten Bildung scheint eine Verknüpfung zwischen der Suche der Jugendlichen nach Anerkennung durch die Gesellschaft, in der sie sich bewegen, und der Dankbarkeit, die sie ihren Eltern schulden, herzustellen. Diese Verknüpfung birgt ein Konfliktpotenzial, da der Jugendliche in Bezug auf die Sozialisierung und das Verhältnis zur Welt neue Wege beschreitet, was wiederum die Verpflichtung verstärkt, den Eltern zumindest den gewünschten schulischen Erfolg bieten zu können.

Zugleich verlangt dieser Erfolgsanspruch auch eine Transgression. Man kann sie als Verrat verstehen, da sich das Subjekt nicht auf den schulischen Erfolg beschränken konnte, ohne ‚Kollateralschäden' in Sachen Identitätsfindung hinzunehmen: Es muss nämlich über seine Eltern ‚hinauswachsen' und gleichzeitig das Verhältnis zur Welt und zu sich selbst beibehalten, was irgendwann unmöglich wird: „Ich wäre gerne das, was sie für mich vorgesehen haben! Aber meine Laufbahn macht es unmöglich. Sie macht es wegen meiner Uni[8] unmöglich, wegen meiner persönlichen Erfahrungen, ich kann nicht mehr in das Schema zurück, das sie für mich vorgesehen haben, das geht gar nicht", betont Yasmina. Aber der schulische Erfolg erlaubt es eben auch – und das steht nicht miteinander im Widerspruch –, sich außerhalb der Schemata zu bewegen, die für das Sozialleben vorgesehen sind, und den elterlichen Wunschvorstellungen zu entkommen:

---

8   Von der Interviewten hervorgehoben.

„Na ja, ich erinnere mich, dass ich einmal einen riesigen Streit mit meinen Eltern hatte und zu ihnen gesagt habe: ‚Ihr kriegt das gar nicht mit, an der Uni mach' ich das dauernd. Ich setze mich mit dieser Hybridisierung, der kulturellen Hybridisierung, auseinander und ihr wollt, dass ich mich an euch anpasse und einen kleinen Tunesier heirate.‘ Na ja, weißt du, das war echt … für mich war es, äh … super heftig von mir zu verlangen, etwas anderes zu machen als das, was ich an der Uni machte, weil letztlich bin ich wohl nur an der Uni ich selbst. Bei dem, was ich studiere, wo ich mich am besten auskenne und so. Und plötzlich verlangt man von mir, jemand anders zu sein …“

Der Weg zu einer erfolgreichen schulischen Integration bedeutet auch, mit Situationen konfrontiert zu sein, die die Jugendlichen als Zustand der Einsamkeit und der akuten Nichtanerkennung erleben, ob nun durch die Lehrer oder die Eltern: „Ich klingelte irgendwo und fragte: Guten Tag, könnten Sie mir vielleicht bei meinen Hausaufgaben helfen?“ (Sandra (D)). Die Hilfestellungen, die die Jugendlichen bekommen können, sind alles andere als zahlreich; und diejenigen, die sich auskennen und Halt, Antworten und Problemlösungen bieten können, werden für sie unentbehrlich. Deshalb sind es für die einen die Nachbarn, für die anderen ein großer Bruder, der gerade eine Ausbildung oder ein Studium erfolgreich abgeschlossen hat, oder auch ein Tutor oder Lehrer, der das Leben prägt. Auch Altersgenossen dienen als Vorbilder oder als Gegenmodell, genauso wie Freunde. Allerdings ist es schwierig, außerhalb der Institutionen nicht bloß ideologische, sondern auch persönliche Rückmeldungen zu erhalten. Dabei können die Eltern nur auf dieser ersten, der ideologischen, Ebene antworten, wie es Nicole Calevoi und Romano Sacandariato (1998) unterstreichen. Sie fügen hinzu, „dass es unter diesen Bedingungen kaum überrascht, dass die immigrierten Jugendlichen sich zu abgekapselten Gruppen zusammenschließen, als ob die anderen Jugendlichen die einzig möglichen Stützen ihrer Identität wären“ (ebd., S. 85). So kann diese Spannung zwischen Veränderung und Fortbestand ein subjektives Dilemma und sogar eine Doppelbindung im Sinne Batesons entstehen lassen, d.h. eine schizogene Problematik, wenn sich nicht ein System der Brüche im Sinne von Bastide entwickelt; Lapassade würde diesbezüglich von der Dissoziation als Ressource sprechen. Im Umkehrschluss ringen die Jugendlichen mit subjektiven Konflikten, die Aggressionen oder zumindest ein unerträgliches Zwiespältigkeitsgefühl, das auch aus dem labilen Gleichgewicht zwischen Arbeit und Arbeitslosigkeit resultiert, hervorrufen. Andere rücken Strategien in den Vordergrund, die sich allerdings nur entwickeln können, wenn das Identifikationsprojekt ausgearbeitet werden konnte und in seiner Komponente als ‚Subjekt von‘ und ‚Subjekt zu‘ ins Bewusstsein aufgenommen wurde: „Alles wurde mir immer extrem von meinen Eltern diktiert, denn grundsätzlich, auch wenn ich in meiner Persönlichkeit sehr unabhängig war, folgte das Studium dennoch total der Wunschvorstellung von dem […] was mein Vater wollte, dass ich es mache“ (Violette (F)). Dies erinnert an Piera Aulagniers (1975) Puzzlemetapher sowie an jenes „labile und nicht vorhersehbare Gleichgewicht der Zusammenstellung" des ersten Puzzles mit den anderen möglichen identitätsstiftenden Puzzles (Giust-Desprairies, 2003, S. 196).

Der Schulalltag

Auch wenn wir es eigentlich wissen, lohnt es sich dennoch, hier daran zu erinnern, dass „die Schulerfahrung nicht nur streng schulischer Art ist" (Dubet, 1991, S. 17). Diese Erfahrung lässt bedeutsame Lernprozesse zusammenlaufen, die in den Bereich des Informellen fallen, da sie sich im Schatten der geplanten Lernprozesse bilden. Sie können innerhalb des Unterrichts selbst stattfinden und verweisen somit auf das, was man auch als ‚heimlichen Lehrplan' bezeichnet. Schließlich taucht in den Biographien all unserer Probanden immer wieder der Erwerb nichtschulischer Kenntnisse innerhalb der Schulerfahrung auf. Eine solche Entdeckung und Erprobung der Schulwelt knüpft an Erfahrungen, die in anderen ‚Welten' erworben wurden (und umgekehrt), an – oder transformiert sie, wie beispielsweise im Fall von Yasmina (F) –, weil das Subjekt sich in und zwischen einer Vielzahl von Lebens- sowie Tätigkeits-, Institutions- und Arbeitsbereichen bewegt. Die psychologischen Funktionen wandeln sich und haben dadurch selbst an den Veränderungen von Kenntnissen und ihrer Unfertigkeit teil, wie es Meyerson (1948, S. 190) formuliert.

„In der Schule habe ich das Rauchen gelernt", erzählt Mahmut (D). Dort macht er auch „seine Erfahrung mit Punks und Satanisten", die sich als „wirklich völlig normal" erweisen, „als völlig korrekt eben, besser als man glaubt." „Während dieser Zeit (der Grundschule)", erzählt Violette (F),

> „habe ich natürlich verstanden, dass es den Weihnachtsmann und die kleine Maus nicht gab, und dann habe ich auch verstanden, dass […] es Sex gibt, weil ich damals abends heimlich unter meiner Bettdecke unabhängige Radiosender hörte, da war ich so in der 5. Klasse [CM2] … das war ein Trauma. So war's, ich war immer in den gleichen Jungen verliebt."

Dieser Junge – den sie aus der Zeit der Vorschule kannte und der „der Star" der Schule war, weil er der Schönste war, und der sich nie in sie, sondern in ihre beste Freundin verlieben würde – spielt in der Tat eine wesentliche Rolle für Babette (F) schulischen Lebenslauf. Außerdem erzählt sie, dass „meine Eltern zwei Tage lang weinten, als ich geboren wurde, so hässlich war ich", und beschreibt sich in der Folge als ein Mädchen, das den Jungs nicht gefällt. Wie wir bereits im Fall von Justine (F) gesehen haben, verdeutlichen die Jugendlichen, dass die gemischte Schule auch ein Ort der Konstruktion der Geschlechterrollen ist. Sandra (D) behält den für sie unerwarteten Umgang mit den Geschlechtern als einzig wesentlichen Aspekt einer neuen Schule im Gedächtnis, die, wie sie uns erzählt, nach einem Integrationsmodell arbeitet: „Anfangs war es etwas komisch, man musste sich neben die Jungs setzen (hm) und das musste ich vorher nie machen (*lacht*)." Indem sie einen Jungen aus ihrer Klasse küsste, versuchte Violette (F) als *collégienne* (= Schülerin der Sekundarstufe I, Anm. d. Ü.), die außerdem eine gute Schülerin war, in ihren eigenen Worten „sich als junges Mädchen zu behaupten", nachdem ihre damalige Freundin ihr erklärt hatte, dass sie sie im Stich lassen müsse, um in *die* Clique eintreten zu können, da es nun einmal erforderlich für sie war, auch in der Schule ‚erwachsen zu werden'.

In der Tat geht es im Großen und Ganzen vor allem um die Freude daran, erwachsen und jemand anderes zu werden und sich neue Fähigkeiten anzueignen. Die Schule ist gleichzeitig ein Ort der generationellen und der intergenerationellen Begegnungen, da sie nicht nur einen Wissensaustausch unter Gleichaltrigen ermöglicht, sondern auch zu ganz neuen Tätigkeiten wie Praktika antreibt, die es ermöglichen, mit anderen zu arbeiten, von anderen geführt zu werden und sich durch einen lateralen Transfer andere Möglichkeiten zu eröffnen, die eben nicht linear vorherbestimmt sind. Boubacar (F) stellt durch ein Praktikum und die Begegnung mit einem Tutor „eine Veränderung in seiner Einstellung, in seinem Leben" fest: eine Verwandlung seiner selbst. Tatiana (F) verbindet die Überwindung ihrer Schüchternheit und die Fähigkeit, mit anderen kommunizieren zu können, mit ihrer Erfahrung als Gymnasiastin.

Dieser versteckte Lehrplan wirkt auch bei der ‚Zugehörigkeit' im Sinne von Alain Coulon mit, d.h. einer institutionellen wie auch intellektuellen Zugehörigkeit, die der Beruf des Studenten, aber auch der des Schülers, verlangt – mit all seinen Kennzeichen. „Das heißt alle verborgenen Codes, die nicht in den expliziten Signalen der Lehrer zu sehen sind und die von den Studenten dennoch ausfindig gemacht und sofort interpretiert werden müssen, um deren Aufgaben erfolgreich zu erfüllen" (Coulon, 1997–2005, S. 213). Anders gesagt: Es geht darum, die Institution und ihre Routinen zu verstehen. So betont Anna (D), dass sie „nicht verstand, was der Lehrer von ihr wollte", als ihr Abschlussdiplom, das sie an einer anderen Schule erhalten hatte, nicht anerkannt wurde, weshalb sie wie andere Jugendliche auch „drei Klassen zurückversetzt" wurde. Die Altersgenossen, und noch genauer diejenigen, die „in demselben Schlamassel sitzen und aufsteigen wollen", sind die Einzigen, die folglich unmittelbar die nötige Unterstützung anbieten, um diese Situation zu überstehen. Als Mustafa (F) anfing, übernahm Fouad, der einzige Marokkaner, der mit ihm die Vorbereitungsklasse auf dem Gymnasium besuchte und bereits im zweiten Jahr war, diese Rolle für ihn.

In diesem Alltag ist die Gruppe der Altersgenossen wegen des Sozialisierungsprozesses, den die Tatsache auslöst, dass man an der Schule lebt und dort einen Platz einnimmt, offensichtlich von beachtlicher Bedeutung. In Bezug auf dieses Zusammenleben wird manchmal ebenso von schlechtem Einfluss wie auch von Identifikationsmodellen oder der Entwicklung sozialer Bindungen gesprochen. „Wenn du mit guten Leuten abhängst, dann wirst auch du ein guter Mensch, wenn du mit schlechten Leuten abhängst, dann wirst auch du ein schlechter Mensch", sagt uns

Tito (D), auch wenn dieser Allgemeinplatz auf einen erzieherischen Grundsatz zu verweisen scheint, den er wahrscheinlich irgendwo aufgegriffen hat.

Auch das Lehrpersonal kann dabei helfen, erwachsen zu werden und verschiedene Lebens- und Tätigkeitsbereiche jenseits des Lehrplans zu erforschen. „Super-Lehrer" sind die Lehrer, die in Problemfällen verfügbar und für einen da sind, die zuhören und Halt bieten. Bruno (F) begegnet dank eines Französischlehrers einer neuen Welt, dem Theater, wo er „sich total reinhängt, auch während der Ferien"; „Er hatte eine Art zu unterrichten, eine Art mit den Schülern umzugehen, echt menschlich [...] das hat mir wirklich gut getan." Man kann daraus auch schließen, dass sein beruflicher Einstieg in das künstlerische Milieu auf dieser Begegnung basiert. Auch Mahmut (D) spricht von der Begegnung mit einem Lehrer als „dem Glücksfall seiner Schulzeit und seines Lebens"; er ist der einzige Lehrer, von dem er sagt, dass er „keinen Unterschied zwischen Deutschen und Ausländern" gemacht hätte, „der nichts gegen Ausländer hatte" und „der einzige Deutsche, den ich auch später noch mochte". Mahmut hebt die Qualitäten seines Lehrers, der ihn „verstanden", ihm „geholfen", ihn „unterstützt" und „an ihn geglaubt" habe, hervor. Gleichzeitig wird deutlich, dass Mahmuts Übertragung auf eine Person mit Lehrfunktion hier ihren Empfänger ‚gefunden' hat. Denn es gibt einen Lehrer, der sich präsent zeigt, sowie einen Lerntransfer, der bedeutet, dass man berücksichtigt und entsprechend ‚behandelt' wird, und es gibt eine Sprache, die einen Austausch ermöglicht; es gibt eine Begegnung, die es Mahmut erlaubt, sich nicht mehr im Kreis zu drehen. Dies entspannt sogar die schulische Situation, ebenso für ihn wie auch für die Lehrer, und beendet das jahrelange Kräftemessen, das eine Gewaltbereitschaft auf beiden Seiten mit sich brachte, wie in jener Episode seines Schullebens, die er uns erzählt:

> „[...] Der Lehrer hat für einen Moment die Beherrschung verloren, hat mich am Kopf gepackt und ihn gegen die Wand geschlagen [...] Ich hatte auch Zeugen dort, alle haben es gesehen. Und wegen dieser Sache bin ich total aggressiv geworden und so hab' ich ihm das Handgelenk gebrochen. Und dann kam ein Lehrer an und hat mich in einen Raum gesperrt. Und da hab ich wieder die Kontrolle über mich verloren. Ich habe alles kaputtgeschlagen. Alles zerstört."

Diesbezüglich haben Elisabeth Bautier und Jean-Yves Rochex „diese Verwirrung zwischen den verschiedenen Vermittlern von Lernprozessen (Familienmitglieder, Freizeitbetreuer, Freunde, Lehrer)" aufgezeigt, „die nicht nur dazu führt, dass die pädagogische Beziehung nur in ihrer affektiven Dimension wirklich wahrgenommen wird, sondern dies auch als eine Bedingung der Lernprozesse versteht" (Bautier & Rochex, 1998, S. 38). Diese ‚Affektisierung' der pädagogischen Beziehung kann nur im Rahmen einer Theorie der Lernübertragung verstanden werden, die es nicht erlaubt, die auf den Lehrer gerichteten Affekte als eine Angelegenheit ‚schlechter' Schüler abzutun, weil sie nämlich alle betrifft, zumindest wenn man davon ausgeht, dass es kein Lernen ohne Lernübertragung gibt und geben kann. Die Tatsache, dass einige diese Bedingung in den Vordergrund rücken, scheint mit den Schwierigkeiten, im Unterricht einen Sinn zu finden, zusammenzuhängen. Dies erinnert uns daran, dass Wissen nicht natürlich, sondern kulturell bestimmt ist und somit der Sinn und der Wert, den man diesem Wissen zuschreibt, durch andere festgelegt werden. Es ist also kein Zufall, sondern eine bloße Konsequenz, dass sich die imaginäre Lehrer-Schüler-Beziehung in einem solchen Fall unausweichlich verhärtet und sich in ein *Gegenüber ohne Vermittlung* verwandelt (Imbert, 1985, S. 177). Vor allem wenn der Lehrer mit diesem Wissen identifiziert wird oder auch die Phänomene der Lernübertragung abwehrt und gerade dadurch die vorhandene Beziehung mit Affekten nährt. Dieser Wunsch nach Unterstützung (der auf die „Super Profs" verweist, von denen die Befragten sprechen), den man im Sinne der institutionellen Psychotherapie und Pädagogik[9] als eine Suche nach Vermittlungen und Institutionen verstehen kann, hat eine Übergangsfunktion und ist mehr als nur ein Liebesbedürfnis. Er stellt nämlich einen Wunsch nach Halt anderer Art dar, um sich nicht im Kreis zu drehen, sondern sich der Welt und ihren Wissensgegenständen zu öffnen. Weit entfernt von einer ‚Verwirrung' zwischen den Vermittlern von Lernprozessen erinnern uns diese Jugendlichen daran, dass sie ihre Lernprozesse auch außerhalb des Klassenraums verwirklichen und dort ihren ‚Lernmoment', im Sinne von Remi Hess (zitiert von Charlot, 1997, S. 79), erreichen, in dem sie Antworten auf ihre Fragen finden, die ihnen dabei helfen können, dem, was sich in der Schule abspielt, einen Sinn zu verleihen.

Daniel Schugurensky erinnert daran, dass wenn „die Schüler durch den heimlichen Lehrplan viele Sachen (die positiv oder negativ sein können) über Macht, Autorität, Rassen, Klassen, Geschlechter, wie auch aus anderen Themenbereichen erlernen" (2007, S. 15), diese Kenntnisse auch die offiziellen Diskurse infragestellen können. Er nennt als Beispiel einen Kurs über die Demokratie, der im Ergebnis – im Hinblick auf die verwendete Lehrmethode, die Interaktion zwischen Lehrer und Schüler oder ganz einfach die Stimmung in der Klasse – zu einer Lektion über Autoritarismus oder Diskriminierung werden kann. So beschreibt Mahmut (D) den von ihm besuchten Unterricht als ein Beispiel, welches das auf der Straße Erlebte verstärkt (Deutsche, die Ausländer darauf hinweisen, dass sie nicht ‚zu Hause' seien und Ausländer, die die Deutschen nicht akzeptieren). Hier ist das schulische Umfeld eben nicht in der Lage, soziale Unterschiede aufzulösen:

> „Auch an der Schule sagt man uns, setz' dich hin, alle Ausländer zusammen, und alle Deutschen sind dort (*macht eine große Geste*), sie sind keine Gruppe. Und darum kann man sich gar nicht mehr wirklich kennenlernen. An meiner Schule war es auch so, […] links die türkischen Mädchen und ganz rechts die Deutschen. Das war die Sitzordnung in der Klasse … man bemerkt, na gut, die linke Seite, außer in meiner neuen

---

9   Eine der deutschen Psychoanalytischen Pädagogik nahestehende Konzeption und Reformbewegung. Zur Bedeutung von Übertragungen im Schüler-Lehrer-Verhältnis seien deutsche Leser auch an die in Anschluss an Oevermann (1996) geführte Diskussion über die handlungsstrukturellen Voraussetzungen pädagogischer Arbeitsbündnisse erinnert (Anmerkungen der Herausgeber).

Schule, rechts die ganzen Russen mit den Deutschen und links alles nur Ausländer. Das hat sich nie vermischt."

Die Schulmauern schützen die Kinder und Jugendlichen keineswegs vor gesellschaftlicher Gewalt, wie wir es beispielsweise bei Mustafa (F) gesehen haben. Sie ist alltäglich und verbirgt sich in den Gängen und auf dem Pausenhof; sie entzieht sich den verklärten Blicken ihrer Akteure und wirft die Frage nach der erzieherischen Vision der Bildungsinstitution auf, die sich nicht mehr in einen bloßen Auftrag zur Weitergabe von Schulwissen flüchten kann. So erfährt man nämlich schon in der Vorschule, „dass du ein Mädchen bist, mit dem man nicht spricht, weil du schwarz bist" (Tatiana (F)); Violette (F) fing erst mit sechs Jahren an, sich in der Schule wohl zu fühlen, weil eine „junge *Beure*" (an deren Vornamen sie sich noch erinnert; Violette steht nun am Ende ihres Politikwissenschaftsstudiums) an ihre Schule kam und sie, „die klarerweise arabisch, also dreckig war, (endlich) eine Freundin haben konnte". Auch wenn die Kindheit von anderen im Gegensatz dazu als eine Zeit beschrieben wird, in der man sich derartige Fragen über Unterschiede und die damit einhergehenden Ausgrenzungen noch nicht stellen musste (Boubacar (F), Justine (F)), und als ein ‚Leben in einem Kokon' bezüglich der Sozialisierung, denn „da habe ich nie gefühlt, dass ich schwarz war […] auch wenn ich die Weißen sah", so sieht dies in den Jahren am Gymnasium – und noch deutlicher während des *collège* – ganz anders aus. (Allerdings, stellen diese Jahre in Bezug auf die soziale Durchmischung einen Bruch mit den Einrichtungen dar, die man zuvor besucht hat.) Genau in dieser Zeit hat Bruno (F) – der in Frankreich geboren wurde – die folgenden Fragen zu hören bekommen: „Woher kommst du? Was machst du? Bist du schon lange in Frankreich? Ich sage mir selbst: Ah ja, ich bin ja schwarz. Ich hab immerhin eine schwarze Haut und was heißt das, Afrikaner zu sein, das frage ich mich deshalb auch selbst …"

In jenen Jahren ereignet sich auch, dem schönen Ausdruck von Babette (F) zufolge, „die Diktatur des *Wie man erwachsen werden muss*":

> „[…] der Look, die Gemeinschaft, zu der du gehören willst […], manchmal schwierige Entscheidungen. Dabei zu sein, auf Dinge zu verzichten, die vielleicht eher zu dir passen könnten als die Gruppe, zu der du unbedingt gehören willst. Und gleichzeitig sagst du dir: Ist doch scheiße, wenn du zu keiner Gruppe gehörst. […] Man musste auch seine Ausbildungsrichtung wählen […] beides auf einmal."

Diese Wechselwirkung, die durch das Problem einer als endgültig wahrgenommenen Entscheidung zwischen der Orientierung auf Schule oder auf Gruppenzugehörigkeit entsteht, muss unterstrichen werden. Wir werden in Kapitel V darauf zurückkommen, aber Babettes (F) Hervorhebung eines „*entscheidenden Moments*", der mit einer Orientierung zu tun hat, die zugleich psychologisch und sozial ist, verweist in der Tat auf die vielzitierte Pubertätskrise, die, wie Octave Mannoni sagt, „mit der Unklarheit der identitätsstiftenden Phänomene" verbunden ist, auch wenn „der Begriff *Krisis* Urteil bedeutet". So war die Krise in der klassischen Medizin der Moment, in dem sich die Krankheit zwischen der Heilung und dem Tod entschied, und deshalb der Moment, in dem man sie beurteilen konnte (Mannoni, 1984, S. 23–35). „Mit der Masse zu verschmelzen" kann zur Strategie werden, wie uns Boubacar (F) erklärt, der sich selbst verurteilt, „immer nur das Allernötigste zu machen [...], damit man genauso wenig meine guten Seiten wie meine schlechten bemerkt, damit man nicht sagt, dass ich der böse Junge oder der Klassenbeste sei". Hier geht es weniger um die Unfähigkeit, Position zu beziehen, als vielmehr darum, andere Möglichkeiten ,abzuwarten' und eine vorgeschriebene Entscheidung abzulehnen. Sie bedeutete eine riskante und entfremdende Identitätsinszenierung, die tiefer als die Bemerkung von Ali (D) greift: „weil ein guter Schüler der Streber ist."

Diese Äußerungen machen es jedoch notwendig, zu prüfen, ob die Jugendlichen von ihren Lernprozessen außerhalb des Schulsystems erzählen, wie sie diese einschätzen und was sie in punkto affektives Engagement und Subjektkonstruktion bedeuten. Wir werden uns in diesem Kapitel auf die Medien konzentrieren, da diese einen Bezug zu den Handlungen, den Kenntnissen und dem Wissen entstehen lassen, die von den Jugendlichen positiv besetzt werden (und die für gewöhnlich dem Bezug zu den Kenntnissen, die die Schule mit sich bringt, entgegengesetzt werden). Dies veranlasst uns, wie bereits angekündigt, auf die Frage der Sprache und der Fremdsprachigkeit zurückzukommen: Ihre Bedeutung zeigt sich deutlich bei den jungen Deutschen ausländischer Herkunft, denn durch ihren sozialen und familiären Werdegang sind ihnen manche sprachlichen Praktiken, die die Bildungsinstitution fordert, fremd. Bernard Lahire (1993) geht beispielsweise davon aus, dass das Verhältnis zur Sprache schon von der Grundschule an die Grundlage für Erfolg in der Gesamtheit der schulischen Aufgaben ist. Wie kommen Jugendliche dann mit nichtschulischen Aufgaben zurecht, die ebenfalls gewisse sprachliche Praktiken erfordern, selbst wenn sie ihnen als solche nicht bewusst sind?

2.2   Lernen und Sprache

Delphine Leroy

> „Es bringt gar nichts, wenn du etwas lernst und es
> dann sein lässt, dann wächst es nicht."
> (Marcella (D))

Mit seinem Umfeld sprechen zu lernen, setzt gleichzeitig eine tägliche Praxis sowie ihre Strukturierung voraus. So geht das Kleinkind vom Plappern zur Hervorbringung identifizierbarer syllabischer Laute in seiner Sprache über, einerseits weil es sie um sich herum hört und die nötigen phonologischen Fähigkeiten besitzt, aber auch weil sie ihm von den Familienmitgliedern wiederholt und betont vorgesprochen werden. Dieser Lernprozess setzt sich in den unterschiedlichen Lebensbereichen fort, die man durchwandert und die alle ihren eigenen, etwas unterschiedlichen Code besitzen. So werden bestimmte Begriffe in der Familie anerkannt, andere unter Gleichaltrigen und wiederum andere an verschiedenen sozialen Orten (Schule, verschiedene Institutionen …). Sprechen zu lernen – und obendrein in mehreren Sprachen – hängt von der Komplexität des Einzelnen ab, und von der Interaktion, die er mit seinem Umfeld pflegt.

Egal, ob es sich um die Muttersprache, die Zweitsprache oder eine Fremdsprache handelt: Die Beschreibungen der Sprachen vermischen meistens zwei Ebenen; eine soziale Ebene des Lernens und der Anwendung und eine persönliche Ebene der eigenen Positionierung gegenüber der jeweiligen Sprache. Durch ständige Interaktion dieser beiden Ebenen ergibt sich das, was wir als ,Sprachgefühl' bezeichnen könnten. Seine Erwerbsmodalitäten zu schildern (zu Hause, in der Schule, bei der Arbeit oder anderswo) heißt, die Lernsituationen und die damit verbundenen Wunsch- und Forderungsverhältnisse zu schildern. So gesehen ist es äußerst heikel, den Spracherwerb von anderen Facetten dieser Beziehung zu den Idiomen und zu den spezifischen Situationen, in deren Rahmen sie geschehen, zu lösen. „Die Sprache dient dazu, sich auszudrücken, etwas vom anderen zu bekommen, die Wahrheit zu sagen, sie zu verheimlichen, andere zu belügen, sich selbst zu belügen, zu protestieren, eine Tatsache auszusprechen, zu überzeugen, eine Verbindung zwischen zwei Wirklichkeiten einzuschätzen, die Einsamkeit zu überwinden, ein soziales Netz zu knüpfen, sich in einem Kräfteverhältnis mit anderen zu messen; die Sprache dient allem. Zwar verleiht diese Überzeugung keinen direkten Aufschluss über die Grammatik oder den Wortschatz einer Sprache, doch hat sie den Vorteil, dass sie begreiflich macht, dass der Wunsch eines Ausländers, Französisch zu lernen, nicht auf ein bestimmtes Ziel pädagogischer, humanitärer, beruflicher, politischer Art, usw. beschränkt sein muss". Dies betonen Allain-Dupré, Catini, Desgoutte und Doneux (1977) in einer Arbeit über das Französisch Lernen erwachsener Immigrant(inn)en die die Komplexität der Sprache und ihre vielfachen Interferenzen (soziale, affektive etc.) beschreibt. Gleichermaßen werden das Sprechen und die Sprachen für die befragten Jugendlichen von vornherein in ein System unterschiedlicher erzieherischer – elterlicher, schulischer, staatlicher und sogar europäischer – Zielsetzungen eingegliedert (Castelotti et al., 2004). Wie nehmen die befragten Jugendlichen diese unterschiedlichen sprachlichen Forderungen oder Ziele, die andere für sie formulieren oder nahelegen, auf? Wie verändern sie diese und wie lösen sie sie auf? An welchen Orten aktualisieren sich diese Lernprozesse?

Ein Gefühl von Ungerechtigkeit

Als erster Ort des Sprachlernprozesses wird selbstverständlich die Schule erwähnt. Dabei bestehen deutlich ausgeprägte Gegensätze zwischen den Jugendlichen, die schulisch gut integriert sind und für die die Sprachen einen Faktor der Auslese und des Erfolgs darstellen, und den Jugendlichen, die daran scheitern. Im Mittelpunkt dieser Fragen nach Scheitern und Erfolg (im Schulsystem), für die die Sprache einen sehr feinen Indikator darstellt, stehen die Fragen nach der Selbstachtung und der Art, mit den sprachlichen Schwierigkeiten, die durch Migration entstehen, umzugehen:

> „Ja, in meiner Berufslaufbahn und während meiner Schulzeit war ich bereits durch meine Herkunft benachteiligt. Na ja, mein Deutsch war damals nicht so gut wie jetzt. Es ist auch heute noch nicht perfekt, aber damals war es noch etwas schlechter, und man wurde auch von den Lehrern schlechter verstanden. Und ich finde einfach, dass die deutschen Kinder von … mit Deutsch als Muttersprache, für die war es viel einfacher als für uns mit Migrationshintergrund. Sie kommen irgendwo her … sie konnten besser lernen, sie haben die Kultur und die Mentalität besser verstanden, und es war für sie einfacher als für uns. Aber alles hängt davon ab, wie man sich anpasst. Manche Leute leben schon seit zwanzig Jahren hier und sprechen kein Wort Deutsch, und manche ausländischen Kinder lernen es in ein oder zwei Jahren, und lernen ein gutes Deutsch."

Zoran (D) präsentiert hier eine deutliche Beschreibung des Gefühls von Ungerechtigkeit, das von den befragten Jugendlichen mehrheitlich geteilt wird. Die Sprache wird meist als Hauptschwierigkeit wahrgenommen, die es vor allem in der Schularena zu überwinden gilt. Uneinigkeit herrscht dagegen über die Art und Weise, diese Schwierigkeit einzuschätzen und sich in ihr messen oder nicht messen zu wollen. So zeigen einige ein ständiges Bemühen um größtmögliche Genauigkeit, das an ein Über-sich-selbst-Hinauswachsen grenzt, wie bei Dany (F) oder Mostafa (F):

> „Ich musste beim Verfassen meiner Hausaufgaben perfekt sein, weil ich wusste, wenn ich sie schlecht schreibe, dann sieht es schlecht für mich aus. Dennoch habe ich die Arbeiten der anderen Schüler gesehen, die Franzosen sind und sprachliche Fehler machen […] nun ja, ich musste

auf die kleinen Details achtgeben, um weder den Lehrern noch meinen Mitschülern die Gelegenheit zu geben, ein schlechtes Bild von mir zu haben."

Man sieht hier sehr deutlich, dass die Lernmodalitäten gleichzeitig auf die Selbstwahrnehmung des Jugendlichen verweisen und auf das, was von den anderen ‚zurückkommt'. Kränkungen sind häufig und manchmal prägend. So erinnert sich Sonja (D) mit heftiger Aufregung an die Bemerkung eines Lehrers:

> „Herr R., er (*atmet ein*), äh, hat mich wegen meines Tests gefragt, ob ich denn einen Migrationshintergrund hätte, weil mein Test scheinbar eine solche Katastrophe war, was eigentlich seltsam ist, da normalerweise, wenn man in Deutsch eine Eins hat, müsste man eigentlich gut schreiben können, na ja, oder etwa nicht? [...] Sollte ich nicht ein wenig üben, auf Deutsch zu schreiben, und hätte ich im Allgemeinen Schwierigkeiten mit dem Deutschen? [...] Ich war ganz schön zornig. Weil ich finde es schließlich sehr wichtig, die deutsche Sprache gut zu beherrschen, weil, na ja, es ist meine Muttersprache (*atmet ein*), ja (*atmet stark und stoßweise*)."

Und wie alle, die den Anspruch haben, viel zu lernen, würde Sonja gerne ihre Muttersprache sprechen können, ohne sich anhören zu müssen, dass sie dazu nicht in der Lage sei. Die Sprachfähigkeiten verweisen zwangsläufig auf stark ausgeprägte Identitätsbezüge, deren Erwähnung Gefühlsregungen erzeugt. Die Aussagen zu Muttersprachen und Zweitsprachen weisen keine Distanz auf, sondern zeigen in ihrer Intimität die Wichtigkeit des Themas für die Jugendlichen. Die Sprachkenntnisse können auch eine ‚Aufwertung' des Einzelnen darstellen. Anna (D) schildert diese Erfahrung mit einer Mischung aus Vergnügen und Überraschung:

> „Das Abitur war auch eine schöne Zeit, wir haben auch das Wahlfach Russisch belegt, wo das Niveau vielleicht, [...] das war viel – vielleicht für uns etwas einfacher, aber wir hatten eine Lehrerin, die meinte, na gut, Sie sprechen ja alle schon russisch, dann hat sie wirklich Literatur und na gut, sagen wir mal, dass sie den Schwerpunkt nicht auf den Sprachunterricht gelegt hat, aber auf (*räuspert sich*) höhere Sachen; wir mussten Texte interpretieren und solche Sachen, aber alle haben trotzdem mit einer Eins abgeschlossen."

Dieser deutliche Aufwertungseffekt – Anna (D) spricht von „höheren Sachen" – verleiht der Herkunftssprache einen wichtigen Status, der, so könnte man vermuten, einen Erfolgsfaktor darstellt: „Alle haben trotzdem mit einer Eins abgeschlossen", betont sie. Dieses „trotzdem" könnte als „trotz des Vergnügens, das sie dabei hatten" verstanden werden, oder als „trotz der geringen Anstrengung, die sie bei diesem Lernprozess verspürt haben". Wie ein Bumerangeffekt wertet die Aufwertung der Muttersprache ihre Sprecher auf und erlaubt ihnen, mit wenig Anstrengung zu einer positiven oder sogar ausgezeichneten Bewertung zu gelangen und verleiht ihnen gleichzeitig ein anderes Selbstbild sowie ein anderes Bild der Lernsituation, die nun einem Vergnügen gleichkommt.

Louise Dabène und Jacqueline Billiez (1987) hatten bereits bei einer früheren Untersuchung bemerkt, dass „sich dank dieser Anerkennung von Seiten der Bildungsinstitution die Herkunftssprache in ihren Augen eben als eine Sprache und nicht als ein rein in der Familie verwendeter Jargon konstituiert. […] Man kann diese Kurse somit als eine Legitimierungsinstanz betrachten, deren Bedeutung gar nicht hoch genug eingeschätzt werden kann." Man sollte aber an dieser Stelle hinzufügen, dass es auch einen umgekehrten Bumerangeffekt gibt – wie für Sonja (D), die sich von den abwertenden Äußerungen ihres Deutschlehrers zutiefst verletzt fühlt, so dass deren Auswirkungen auch noch Jahre später präsent sind.

Die Sprache der Schule

Ein weiterer Aspekt, der in der Schule, aber auch außerhalb auftritt, ist die Frage des Sprachregisters, nämlich der identitätsbezogenen und kollektiven Aspekte von Sprache, sich auf verschiedene Register beziehen und die Beziehungen unter Gleichaltrigen im Verhältnis zum Wissen prägen. Zoran (D) beispielsweise, der aus einer eher ungebildeten Familie kommt, fühlt sich vom Wortschatz und Sprachgebrauch seiner Kameraden eingeschüchtert. Er sieht darin eine unmittelbare Folge ihres schulischen ‚Erfolgs': Sie drücken sich gut aus, denn sie glänzen in der Schule und lesen viel.

> „Aber während meiner Schulzeit gab es einige Schüler, mit denen ich mich überhaupt nicht verstand, weil sie auf einem anderen Niveau waren als ich, einen anderen Wortschatz hatten sie, mit meinem verglichen. Und sie haben immer Fremdwörter benutzt, die ich übrigens auch nicht verstanden habe, weil ich nicht so sprechen konnte. Ja (*lacht*)."

Der Interviewer: „Du hättest dich also besser mit ihnen verstehen können, wenn ihr auf dem gleichen Niveau gewesen wärt?" Zoran (D): „Ja, wenn sie mehr Kanakisch gesprochen hätten, würd' ich sagen, hätt' ich mich sicherlich besser mit ihnen verstanden."

Die Sprache verhindert hier also die Begegnung zwischen Gleichaltrigen und macht unterschiedliche Haltungen gegenüber dem schulischen Lernen erkennbar. Die Studenten sprechen anders, weil sie sich auf einem anderen Niveau als Zoran (D) befinden; ihre Sprache ist der Beweis für ihre Zugehörigkeit zu einem höheren Bildungsniveau. Es handelt sich hier nicht um einen Unterschied zwischen verschiedenen Nationalsprachen wie Türkisch oder Deutsch, sondern um eine Diskrepanz innerhalb des deutschen Wortschatzes, zwischen einer Form von Hochdeutsch[10]

---

10 Zoran gebraucht diese Terminologie nicht.

– die vielmehr die Zugehörigkeit zu einer sozialen Klasse bestimmt als zu einer Standardsprache – und der weniger gepflegten Sprache von Zoran (D), dem ‚Kanakischen‘, einer Mischung aus deutschen und türkischen Wörtern. Die ‚guten‘ Schüler aus Zorans Bericht schaffen es – aber vermutlich verwendet der Großteil diese Sprache bereits in der Familie –, sich dieses anerkannte sprachliche Modell anzueignen, wohingegen sie die abgewertete ‚kanakische‘ Sprache nicht lernen wollen. Zoran glaubt nicht, dass er imstande sei, Hochdeutsch zu verstehen oder Zugang dazu zu bekommen; er kennt es nicht, und niemand scheint es ihm beibringen zu wollen oder zu können: „Ich konnte nicht so sprechen.“ Zoran (D) spricht darüber wie über eine Vorbedingung, die ihn zwar in seiner Opferrolle als Schulversager bestärkt, ihn jedoch auch vom informellen Austausch mit denjenigen, die schulisch erfolgreich sind, ausschließt. Man kann deshalb davon ausgehen, dass es eine Hierarchie der Sprachen gibt (wie von Bourdieu und Passeron (1971) geschildert), die unter Gleichaltrigen verwendet werden, und dass dieses Verhältnis jeden in eine sprachliche Kaste einschließt, aus der man sich nur schwer befreien kann. Diese Annahme stellt die unterschiedlichen, meist existentialistischen Theorien infrage, die Bourdieus und Passerons Kritik am reinen sozialen (hier sprachlichen) Determinismus ablehnen. Es soll hier nicht darum gehen, zu behaupten, dass die schulische Integration der Jugendlichen einzig vom Status ihrer Sprache determiniert sei, sondern darum, deren Bedeutung und die nicht nur persönlichen, sondern auch sozialen Herausforderungen abzuschätzen. Der Begriff des Status bezieht sich darauf, dass die Schule das für gültig erklärt, was als ‚korrekte Sprache‘ mit angemessenem Wortschatz und Syntax gilt. Im erweiterten Sinne ließen sich die familiären Sprachgebräuche von Immigrantinnen und Immigranten, wie das ‚Kanakische‘, mit den regionalen Mundarten (den diversen *patois*) und denen der verschiedenen Berufsgemeinschaften vergleichen, die vor allem in Frankreich lange Zeit unterdrückt wurden und erst seit kurzem Gegenstand der Aufmerksamkeit und kulturellen und sozialen Aufwertung sind (zweisprachige Schulen: Französisch-Regionalsprache; Wörterbücher von Fachsprachen, Jargon etc.). Das Spracherbe von Zoran (D) und seinem Umfeld wird nicht als solches legitimiert, sondern als inkorrekt abgetan; dies veranlasst diejenigen, die den ‚akademischen‘ Code besitzen selbstverständlich nicht, sich für ein nichtkonformes Sprachverhalten zu interessieren. In diesem Zusammenhang lässt sich erneut, wie im vorhergehenden Teil, Annie Ernaux (1974) zitieren, die von der sprachlichen Kluft zwischen Schule und Zuhause erzählt: „Eine Welt liegt zwischen den beiden.“ Auch Zoran (D) wird diese Kluft Jahre später erfahren, doch scheint er nicht fähig zu sein, sie zu überschreiten, um sich mit Gleichaltrigen auszutauschen. Aus seinen Äußerungen scheint deutlich hervorzugehen, dass er das Nichtzustandekommen dieser Begegnung fast bereut, auch wenn er die Möglichkeit und den Ort für diesen Austausch nicht gefunden hat.

Die Frage des Interviewers ist hier entscheidend für die Feststellung, dass sich Zoran (D) trotz allem dieser Gruppe, mit der er „sich überhaupt nicht verstand“, gerne angeschlossen hätte. Um sich zu verstehen, muss man gemeinsame Begriffe finden und verwenden, d.h. sich hinsichtlich des Wortschatzes verständigen können. Im Übrigen kann sich Zoran (D) in keinem Moment vorstellen, dass er denselben Wortschatz wie diese Studenten erreichen könnte. Stattdessen stellt er die Hypothese auf, dass sie einander in einer spezifischen Sprache begegnen könnten, nämlich dem ‚Kanakischen'. Er setzt somit voraus, dass das Erlernen des ‚Kanakischen' einfacher wäre als das Erlernen des konformen Deutsch, und dass seine eigenen Schwierigkeiten beim Erwerb dieses neuen Sprachgebrauchs nicht jenen eines jungen Deutschen entsprechen, der mit der türkischen Sprache nicht vertraut ist und dennoch ein verständliches ‚Kanakisch' sprechen möchte. Er überträgt somit eine Wert- oder Bedeutungseinstufung auf die Sprachen und geht gleichzeitig davon aus, dass Sprachen leichter zu erlernen sind, wenn sie sich auf einer niedrigeren Stufe befinden. Die Schwierigkeit hängt also mit dem Prestige zusammen und könnte das Gefühl der sprachlichen Unzugänglichkeit erklären. Die symbolische Hierarchie der Sprachregister funktioniert genauso in der Vorstellung. Bernard Lahire (1992) zufolge ist eine der größten Schwierigkeiten in Bezug auf die Sprachfähigkeit der Kinder unterer Klassen die Selbstwahrnehmung, die diese erfordert und die nicht nur eine schulische, sondern eine soziale Kompetenz bedeutet. Was den Erwerb der schriftlichen Kompetenz betrifft, behauptet er, dass der Schreibende imstande sein muss, eine außenstehende Position einzunehmen, um sich seiner Sprache bewusst zu werden, um sie zu kontrollieren und „sich selbst als Gesetzgeber seiner eigenen Ideen sowie als organisatorisches Prinzip seiner Sprache zu setzen und sich somit der Sprache als solcher bewusst zu werden" (Lahire, 1992, S. 183).

Einer der Hauptunterschiede zwischen Frankreich und Deutschland ist somit der folgende: Während sich die Jugendlichen mit Migrationshintergrund in Deutschland der sprachlichen Kluft zwischen ihnen und den in Deutschland geborenen und von deutschsprachigen Eltern abstammenden Jugendlichen bewusst sind, haben dagegen ihre Altersgenossen in Frankreich Schwierigkeiten, diese Kluft im mündlichen Gebrauch abzuschätzen. Die französische Sprache wird nämlich von einigen Einwanderern afrikanischer Herkunft bereits seit der Kindheit verwendet. Es besteht also ein Gefühl der Sprachbeherrschung, das die Abweichungen des Sprachniveaus im Allgemeinen nicht erkennt, vor allem in Bezug auf das in der Schule praktizierte Sprachniveau. Die ‚guten' Schüler wären demnach diejenigen, die sich wie Mostafa (F) dessen bewusst werden: „Es war schwierig, ich stand neben mir, ich verstand nicht, was die Leute zu mir sagten, ich sah, dass die Leute mich nicht verstanden, zu Beginn habe ich den Unterricht nicht verstanden […]. Also musste ich mich anpassen." Paradoxerweise scheint also die Aneignung der Sprache des Aufenthaltslands für junge Migrantinnen und Migranten einfacher, wenn diese Sprache von jener des Herkunftslands völlig verschieden ist. Dabei könnte es sich dennoch auch nur um eine unbestätigte Vermutung handeln, da die jungen Einwanderer in Deutschland die Sprache des Aufenthaltslands tatsächlich nicht – zumindest nicht eindeutig – besser oder leichter erwerben als die Jugendlichen in Frankreich.

Das soziale, aktive und sprachliche Leben

Christine Barré de Miniac nimmt denselben Standpunkt ein, wenn sie sagt, dass „das Verhältnis zur Welt und das Verhältnis zur Sprache nicht voneinander trennbar sind, dass die Praktiken ein Bestandteil des Verhältnisses zur Welt sind, das von den Individuen entwickelt wird" (2000, S. 82). Man kann behaupten, dass es keinen spezifischen Ort für den sprachlichen Lernprozess gibt, sondern dass sich dieser durch alle Bereiche, in denen die Person lebt und spricht, entwickelt. So erweist sich für Marcella (D) der Arbeitsplatz als ein Ort der gleichzeitig formellen und informellen sprachlichen Bildung. Nach ihrer späten Ankunft[11] aus Südamerika in einem Land, von dessen Sprache sie nicht die geringsten Kenntnisse hatte, meldet sie sich für einen Deutschkurs an. „Deshalb habe ich nach den drei Monaten Deutschkurs sofort gesagt, dass ich eine Arbeit oder so etwas finden muss, weil es bringt gar nichts, wenn du etwas lernst und es dann sein lässt, dann wächst es nicht. Und das hab' ich gemacht, ja, und es war gut, in der ersten Zeit, auch hier im Kinder- und Jugendzentrum." Dort lernt sie die für ihre Stelle notwendigen sprachlichen Fähigkeiten und außerdem helfen ihr ihre Arbeitskollegen. Diese Hilfe verwandelt sich schnell in einen freundschaftlichen, externen Kontext.

> „Ich bin hierher gekommen. Ich habe anderthalb Jahre lang gearbeitet. Und ich, das hat mir sehr geholfen, weil, ich hatte nicht so viel Erfahrung mit der deutschen Sprache, ich konnte kaum Deutsch sprechen und ich habe viel gelernt. Sie haben mir hier mit der Sprache geholfen, mit dem Schreiben und so."

Diese ständigen und komplementären Bewegungen zwischen institutionellen, beruflichen und freundschaftlichen Formen der Weiterbildung, die man unter den Begriffen formell/informell/nicht informell analysieren könnte, vermitteln Marcella (D) gleichzeitig ein Gefühl des Halts (im Sinne einer kognitiven Absicherung) und der Aufwertung in ihrem sprachlichen Lernfortschritt. Sie nimmt ihre Fortschritte wahr und scheut sich nicht, andere um Hilfe zu bitten oder nach anderen Hilfsmitteln zu suchen (Wörterbücher). Die Hilfe anderer wird demnach sowohl als wohlwollend als auch als anregend wahrgenommen. Sie erlaubt es Marcella, sich beruflich zu behaupten sowie eine gewisse soziale Unabhängigkeit zu erreichen. In ihren Aussagen schildert Marcella ihren Lernprozess nicht als eine Anweisung von außen, sondern als persönliche Notwendigkeit, um imstande zu sein, sich weiterzuentwickeln. Die verschiedenen Strategien, die sie dazu anwendet, ergänzen einander (formeller/informeller Lernprozess) und decken gleichzeitig die öffentliche (Kurse, Arbeit) sowie die private Sphäre ab (Freundschaften, Liebesbeziehungen). Dieser Lernprozess scheint für Marcella eine tägliche Begleitung zu sein. Als Urheberin und Interpretin in einer Person setzt sie ihn ihr ganzes Leben lang fort. Das Erlernen der deutschen Sprache ist nicht mehr auf einen Zeitpunkt oder auf einen bestimmten Ort beschränkt, sondern nimmt in Abhängigkeit vom biographischen

---

11 Sie ist zum Zeitpunkt ihrer Einwanderung ungefähr 18 Jahre alt.

Parcours seiner Urheberin unterschiedliche Formen an. Man erkennt durch dieses Beispiel die Beweglichkeit des sprachlichen Lernprozesses, der sich aus einer Vielfalt von ‚Momenten' (Hess, 2009), Orten und den unterschiedlichsten Hilfsmitteln und Stützen zusammensetzt.

Familiäre Doppelbewegung: Sprachen, Integrationsfrage und der Wunsch nach kultureller Weitergabe

Paradoxerweise wird das familiäre Umfeld selten als Ort des Spracherwerbs erwähnt, obwohl dort die Herkunftssprache praktiziert wird. Häufig besteht in der Familie auch ein starkes Interesse daran, dass die Kinder die Sprache des Aufenthaltslandes korrekt sprechen können, und die Eltern wenden verschiedene Strategien an, um dies zu erreichen. Sandra (D) erzählt:

> „Für meine Mutter war es wichtig, dass ich fließend Deutsch sprechen kann. Und weil sie nicht in der Lage war, na gut, ihr Deutsch […] ist recht eigenartig, wollte sie schließlich, dass mein Deutsch sich etwas mehr an die Masse anpasst. Deshalb war ich ständig bei einer Kinderbetreuerin, die sprach sehr gut deutsch. (*lacht*) Nein, am Anfang war ich bei einer türkischen Kinderbetreuerin […] und als ich begonnen habe Türkisch zu sprechen, haben sie sich gesagt, dass das irgendwie nicht der Sinn der Sache war. Dann wurde ich ganz plötzlich zu einer deutschen Kinderbetreuerin geschickt, damit ich mein Deutsch perfektionieren konnte und damit ich nicht Dialekt spreche."

Der Erwerb der Zweitsprache spielt als Voraussetzung nicht nur für Integration, sondern auch für sozialen Aufstieg durch den Erfolg der Kinder eine Rolle für die ganze Familie. Dies ist sicherlich der Grund, warum in Bezug auf die Muttersprache niemals der Begriff ‚Lernen' fällt. Sie wird als kulturelle Prägung erwähnt, als ob ‚Lernen' eine zu formelle Bezeichnung für das wäre, was man zu Hause erlebt.

Dagegen ist der Wunsch nach der Weitergabe der eigenen Kultur an die zukünftigen Generationen sehr stark ausgeprägt, und an dieser Stelle wird der Begriff des Lernens auch häufiger erwähnt, nicht mehr für sich selbst, sondern auf die anderen gerichtet. Dieses Bemühen um Weitergabe lässt sich also als kulturelles Kapital verstehen. Weil die Eltern die Urheber dieses sprachlichen ‚Zusatzes' waren, müssen nun die Kinder dafür sorgen, dass er Früchte trägt, um ihn als Erbe hinterlassen zu können:

> „Wir haben zwangsläufig Werte der französischen Kultur in uns, gleichzeitig versuche ich zu behalten… ein wenig Musik von mir zu Hause zu hören, die Sprache ein wenig zu hören. Meine Eltern haben sie nicht immer mit mir gesprochen, deshalb kann ich sie noch nicht sprechen, aber ich verstehe sie. Ich versuche sie jetzt zu sprechen, um sie meinen Kindern beibringen zu können, ich glaub', das ist wichtig" (Tatiana (F)).

Sprachen lernen, um auszubrechen und sich wiederzufinden

Schließlich erscheinen Reisen und interkulturelle Erfahrungen als eine neue Art des Lernens, die zugleich überrascht und inspiriert, denn der rein sprachliche Aspekt wird durch die Kultur, die ihn trägt, überlagert. Dies hat Babette (F) bei einem längeren Aufenthalt (einige Monate) in den Vereinigten Staaten begriffen: „Du bist die Ausländerin in deinem Umfeld. Also das war sehr neu, und du lernst 'ne Menge, allein weil du schon mal lernst [...], deine Kultur zu erklären, was schon krass ist, wenn sie 20 Jahre lang selbstverständlich war, und wenn du sie auf einmal erklären musst." Die Sprachen haben in diesem Fall an einer positiven Projektion teil und an dem Versprechen einer Akzeptanz der Fremdheit. Die Reise verläuft wie ein Traum, und die Sprachen sind Teil dieses Traums, wie z.B. für Tatjana (F):

> „Ich glaube, das Studium geht noch weiter. Aber ansonsten plane ich, zum Beispiel nach England zu gehen, ein Jahr lang dort zu bleiben und weiter rumzureisen, um andere Sprachen zu lernen." Interviewende Person: „Wozu?" Tatjana (F): „Aus beruflichen Gründen. Persönlich, weil ich Sprachen mag. Und dann beruflich, weil ich glaube, dass es nützlich sein kann."

Das Erlernen anderer Sprachen an der Schule kann jedoch auch als innere Reise im Rahmen einer philosophischen Sinnsuche oder sogar aus philologischem Interesse erlebt werden. Dies erklärt Bruno (F) in Bezug auf seine Vorliebe für Latein: „Ich hatte in Latein eine gute Note, weil ich gelernt hatte und ich mochte Latein, weil ich die antiken Sprachen verstehen wollte, um die neuen Sprachen besser zu verstehen, darum, und um die Etymologie der Wörter besser zu kennen und zu wissen, woher das wirklich kommt. Ich interessierte mich wirklich dafür."

Bei Schülern, die sich in der Schule im sprachlichen Unterricht auszeichnen, kommen die freie Entscheidung und die persönliche Vorliebe (oder die Leichtigkeit) mit dem Lernen zusammen. Bruno (F) macht es Spaß, Latein zu lernen, Audrey (F) „mag Sprachen" und Dany (F) „hat es drauf". Ein solcher Sinn und eine solche Richtung des Lernprozesses erleichtert ihn, als ob er viel natürlicher sei, weil er freiwillig geschieht und erwünscht ist: „Warum ich beschlossen habe, Linguistik zu studieren? Weil ich die Sprachen drauf hatte. Englisch, Spanisch und Französisch gleichermaßen. Darum. Für mich ist das Linguistik. Das ist für mich ein einfaches Studium. Das Studium der Sprachen. Das wissenschaftliche Studium der Sprache, das ist es. Es ist immer irgendwie natürlich, manchmal unbewusst. Das ist immer da." Schließlich wird durch das Erlernen einer anderen lebenden Sprache das Konzept des kulturellen Relativismus mittels der Konfrontation mit anderen in Erfahrung gebracht, wie z.B. für Babette (F): „Ach ja, eine sehr, sehr große kulturelle Mischung und [...] es war wirklich cool zu verstehen, dass [...] sich alle Bezüge in Abhängigkeit von den Orten verändern."

An dieser Stelle kann man sich fragen, ob derartige Bemerkungen typisch für Jugendliche mit Migrationshintergrund sind, ob das multikulturelle ‚Bad', in dem sie schwimmen (vgl. das bei Kleinkindpädagogen beliebte ‚Sprachbad'), sie häufiger zu diesen Lernprozessen anregt oder hinführt, wenn sie einmal die erste Hürde der Aneignung der Aufenthaltssprache überwunden haben. Man muss dennoch hervorheben, dass solche Sprachkompetenzen nur von Jugendlichen mit hervorragenden Kenntnissen der Aufenthaltssprache in den Vordergrund gerückt werden. Für Zoran (D) beispielsweise sind die Fremdsprachen, und dazu zählt auch Deutsch, schuld daran, dass er bei seinem Abschluss versagt hat:

> „Leider haben mir zwei Noten in Deutsch und Englisch gefehlt. Na ja, meine Sprachkenntnisse sind nicht sehr gut, anstatt einer Drei, habe ich eine Vier bekommen. Wenn ich in beiden Fächern eine Drei gehabt hätte, hätt' ich meinen Abschluss gekriegt. Wegen dieser zwei Fächer hat es nicht geklappt, das heißt, dass ich meine Abschlussprüfung nicht bestanden habe. Ja, ich habe nicht wirklich ein Talent für Sprachen."

Auf dieser Ebene der Spracherwerbsmöglichkeiten scheint der Vergleich der Jugendlichen äußerst heikel und nur bedingt umsetzbar zu sein, da sowohl die durchquerten oder bewohnten Orte (Frankreich, Deutschland) als auch die unterschiedlichen Milieus und Familiengeschichten, in denen die Sprachen interagieren, wichtige Rollen spielen und berücksichtigt werden müssen. Wie Emilia Ferreiro schreibt, muss „man sich zunächst über die Begriffe verständigen, denn ‚Zweisprachigkeit' und ‚bikulturelle' oder ‚interkulturelle Erziehung' (oder irgendeiner dieser verwendeten Begriffe) bezeichnen recht unterschiedliche Wirklichkeiten" (Ferreiro, 2001, S. 179).

Ein Bereich, der in Bezug auf den Spracherwerb der befragten Jugendlichen nur wenig erforscht wurde, ist der umfangreiche und vielgestaltige Bereich der Medien. Radio zu hören, einen Film anzuschauen, sich über die verschiedenen Mitteilungsdienste und sozialen Netzwerke auszutauschen oder ein Buch zu lesen, kann den Spracherwerb auslösen, steigern und anregen. Denn Jugendliche verwenden diese sprachlichen Hilfsmittel häufig oder sogar ständig, ohne sie als Lernfaktor zu erwähnen. Welches sind also diese Lernprozesse, die man nicht explizit als solche aufführt, die aber zum Alltag gehören? Das diskutiert der folgende Abschnitt.

2.3 Von Büchern und Radiowellen: das Lernen außerhalb der Schule

Delphine Leroy und Joël Xavier

> „Ich habe [...] schon Bücher zur Frage der Aussiedler ausgeliehen.
> Ich finde es so interessant, Interviews mit jungen Aussiedlern zu lesen;
> die Leute stellen sich darin auch diese Frage."
>
> (Anna (D))

Auf der einen Seite: der Schulbereich; auf der anderen Seite: der Bereich außerhalb der Schule. Es sind zwei Seiten derselben Medaille, die einander regelmäßig gegenübergestellt werden. Die Zeit, in der man für sich liest, und vor allem jene Zeit, die man vor den Bildschirmen (Kino, Fernsehen, Computer, Spielkonsolen, Mobiltelefone) verbringt, nehmen heutzutage mehr Platz im Leben der Jugendlichen ein, als die Zeit, die man vor der Schultafel verbringt. Aus diesem Alltagsphänomen ergibt sich ein neues Verhältnis zum Wissen und zum Lernen. Auch wenn die Bildungsinstitution dieser Art von Erfahrung – trotz aller offiziellen Richtlinien – meist gleichgültig gegenübersteht, kommt man nicht umhin, festzustellen, dass unsere Jugend im Umgang mit diesen modernen Medien sehr erfahren ist, ohne deswegen den Besuch von Bibliotheken völlig aufgegeben zu haben.

Beim ersten Blick auf die Interviews schien es, dass die Frage der Medien hier bestenfalls am Rande berührt werden würde. Erst als wir die Interviews bewusst auf das Thema lenkten, begriffen wir, dass unsere jungen Gesprächspartnerinnen und Gesprächspartner es mehr oder weniger flüchtig, aber regelmäßig erwähnten. Die Ausgangsfrage und die Durchführung der Interviews haben das Verfolgen dieser Spur vermutlich nicht begünstigt. Multimediageräte sind inzwischen so sehr Teil des Alltags, dass wir dazu neigen, sie nicht mehr zu beachten. Dem muss man hinzufügen, dass das Buch häufig aus dieser Reihe von Medien ausgeschlossen wird. Im allgemeinen Verständnis wird der Begriff Medien oft mit den neueren Kommunikationstechnologien gleichgesetzt (Radio, Fernsehen, Internet, Mobiltelefon). Auch ,Wikipedia die freie Enzyklopädie', der Wissenschaftler mit Argwohn gegenüberstehen, betrachtet das Buch nicht als eines der wichtigen Medien. Im *Petit Larousse* (Ausgabe 2010) wird hingegen klargestellt, dass die Definition für „alle Gegenstände zur Verbreitung von Informationen" gilt, darunter auch das Buch. Dieses steht noch vor dem *web 2.0*, dem *smartphone* oder dem *i-pad*. Schließlich hat Marshall McLuhan, Medientheoretiker und -soziologe, sein Werk über das Medienepos nicht umsonst *Die Gutenberg-Galaxis* genannt (McLuhan, 1995). In diesem Buch entwickelt er die Theorie, dass einer der wichtigsten kulturellen Wendepunkte der Menschheitsgeschichte die Erfindung des Buchdrucks war, und somit die Entwicklung hin zu einer von den Medien bestimmten Welt.

Obwohl nicht alle Jugendlichen regelmäßig lesen, stellt das Buch das am meisten zitierte Medium dar. Ali (D) z.B. informiert sich durch Bücher über die beste

Ernährung für sein Sporttraining und über die Folgen der Verwendung bestimmter Produkte für seinen Körper. Er sagt, dass er sich größtenteils durch diese Bücher bestimmte Kenntnisse aneignet oder wenigstens ein Wissen, das sich für seine persönliche Selbstverwirklichung als notwendig erweist. Dies entspricht in gewisser Weise den Erfahrungen von Bruno (F), der anfing, Kung-Fu zu praktizieren – bevor er sich dem Zen zuwandte –, nachdem seine Mutter ihm ein Buch über das Thema geschenkt hatte. Im Gegensatz dazu zweifeln die Eltern von Zoran (D) an ihm, weil er nicht „die Art Junge [sei], der seine Zeit mit dem Lesen von Büchern verbringen möchte". In der Regel wird das Buch von den Befragten als eine Quelle des Wissens bezeichnet.

Das Medium ‚Buch' und seine Ambivalenzen

Die Jugendlichen, die am häufigsten von Büchern sprechen, sind diejenigen mit den besten Schulnoten. Ihre Äußerungen ordnen das Buch jedoch nicht unbedingt der Vorbereitung auf Schule und Studium zu, sondern einem privaten Kontext parallel zu ihrem Studium. Man könnte vermuten, dass die intensive Beziehung, die sie mit dem Objekt Buch oder mit dem Lesen verbinden, einer der Beweggründe ihres Studiums ist, ohne dass diese Aktivität jedoch direkt mit ihren Lerntätigkeiten zu tun hätte. In anderen Worten: Das Verlangen nach Büchern liegt im Bereich des Intimen, in einem Bei-Sich-Selbst-Sein, das es sich nicht zum Hauptziel macht, den schulischen Anforderungen nachzukommen, das aber indirekt zu ihnen beitragen und sie befriedigen kann. Als Sandra (D) noch nicht lesen konnte, lieh sie Bücher aus der Bibliothek aus und ließ sie sich von einer Freundin vorlesen.

Dany (F) sieht in ihnen (gerade weil er daran arbeitet, Teil einer Wissenselite zu werden) ein Kapital und ein prestigeträchtiges Vermögen, da in Haiti der Besitz einer Bibliothek eine Seltenheit ist: „Es gab keine Lesekultur [...] es gibt keine Bücher und es gibt auch keine Bibliothek." Er zieht außerdem einen interessanten Vergleich zwischen der Tatsache, dass er nicht gezwungen sei, Lebensmittel zu kaufen, da seine Eltern Landwirtschaft betreiben, und der Möglichkeit, ‚Kulturerzeugnisse' zu erwerben. Das Buch ist für ihn wie Nahrung. Die Person wird dadurch mit Kulturgütern ‚genährt' – wenn nicht für die schulische Bildung, so doch wenigstens für einen Referenzbereich, der erfolgreich in institutionelle Lernprozesse eingegliedert werden kann. Diese Grenze zwischen dem privaten und dem schulischen Bereich löst sich manchmal auf und bringt dann Entscheidungen hervor, die von diesen Lesern als wichtig oder sogar ausschlaggebend eingestuft werden. Sie sprechen von Begegnungen durch Bücher (Violette (F)), als ob es sich um leibhaftige Begegnungen handelte. Wie wir bereits erwähnt haben, schreibt sich beispielsweise Yasmina (F) für einen Studiengang ein, von dem sie weiß, dass dort ein ihr durch ein Buch ‚begegneter' Autor unterrichtet. Die entscheidende Begegnung existiert bereits durch das Buch und ermöglicht das tatsächliche Aufeinandertreffen mit der Person.

„Ich hatte den Eindruck, dass er verstand ... alles was mich interessierte, was er machte ... na ja, das war wirklich eine Begegnung, ohne ihn je gesehen zu haben und ich habe erfahren, dass dieser Typ Prof an der Fakultät für Erziehungswissenschaften in St. Denis war. Deshalb habe ich mein *DEUG* in Psychologie absolviert und bin zu den Erziehungswissenschaften gegangen, nur um die Kurse bei Jean Duprey zu machen."

Das Buch wird also zu einem wichtigen Übergangsort zwischen den intimen, fast mysteriösen Sehnsüchten der Jugendlichen und einer Projektion ihrer selbst auf die Wirklichkeit. Wenn es so verwendet wird, kann das Buch in einer konkreten Projektion als ‚Enthüller' oder als Mittel zur Enthüllung seiner selbst gekennzeichnet werden. Es kann als Vermittler zwischen einer unklaren fiktionalen narrativen Identität und einer ‚zukünftigen' realen Identität begriffen werden, die ein neues Möglichkeitsfeld eröffnet. Dieser Aspekt stimmt mit den Resultaten einer Studie überein (Baudelot et al., 1999, S. 63–64), die vier Jahre lang mit derselben Gruppe von Jugendlichen durchgeführt wurde und die aufzeigt, dass „die zunehmende Macht der Medien das Buch nicht aus dem kulturellen Universum der heutigen Jugendlichen verbannt hat. Einer von fünf Jugendlichen behauptet sogar, in der Literatur einen oder mehrere Charaktere zu finden, die ihn so sehr ansprechen, dass sie für ihn zu imaginären Helden würden." Dies ist im oben genannten Beispiel nicht wirklich der Fall, da es sich dort nicht um imaginäre Helden im engeren Sinne von Fiktion, sondern um lebende Personen und Erzähler handelt. Man könnte dennoch annehmen, dass sich die Rolle, die diesen Figuren aus Büchern zugeschrieben wird, durch ihre Wirkung auf die lesenden Subjekte mit jener des Helden, der bewundert, verehrt und als geistiges Vorbild auserwählt wird, überschneidet. Annas (D) Berufswahl wird von Büchern mitbestimmt: „Ich habe auch Bücher über dieses Thema gelesen und so bin ich zu dem Entschluss gekommen, dass ich Erziehungswissenschaften studieren werde." Auch wenn das Bedürfnis besteht, das Buch durch den Kontakt mit der Realität zu bestätigen und zu überprüfen (die tatsächliche Begegnung für Yasmina (F) und die Praktika im Kindergarten für Anna (D)), bleibt es dennoch der Auslöser für eine eingeschlagene Richtung.

Für diejenigen, deren Schullaufbahn weniger ‚glänzend' verläuft, bleibt das Buch als unterscheidendes Element wichtig. Es handelt sich um eine Diskrepanz zwischen denjenigen, die lesen, und denjenigen, die dies nicht tun. Sie wird auf ambivalente Weise vor allem von Zoran (D) erwähnt: Einerseits gibt es die Angst oder die Befürchtung, für weniger ‚intelligent' gehalten zu werden, weil man nicht liest. Auf der anderen Seite steht der Anspruch zu beweisen, dass man selbst denken könne oder eine größere Kritikfähigkeit besitze als diejenigen, die (Unterrichtsaufzeichnungen und Werke) lesen und einfach ‚nachplappern'. Diese Kluft wird auch durch den Gegensatz zwischen dem Schulleben (wo Bücher nützlich sein können) und dem „normalen" Leben betont, wo diejenigen, die lesen, nicht so erfolgreich sind wie im rein schulischen Bereich: „Ich glaube auch, dass ein Großteil der Studenten denkt, dass sie besser seien, aber, äh, im normalen Leben kommen die überhaupt nicht klar,

weil sie nur das Zeug aus den Büchern im Kopf haben [...] hm, und keine Persönlichkeit den anderen gegenüber entwickeln können" (Zoran (D)).

So wird das Buch als handlungshemmend dargestellt. Nichtlesen wird dann als
Möglichkeit einer besseren Anpassung an das soziale Leben verstanden. Als ob die
Zeit, die man lesend verbringt, letztendlich eine nicht wirklich gelebte Zeit wäre,
sondern Zeit, die der menschlichen Erfahrung verlorenginge. Zoran (D) versteht
sich überdies nicht mit denjenigen, die einen anderen Wortschatz haben als er –
„ja, wenn sie mehr Kanakisch gesprochen hätten, würd' ich sagen, hätt' ich mich
sicherlich besser mit ihnen verstanden" –, gibt aber zu, dass eine andere Art des
Sprachgebrauchs seine Beziehung zu diesen Personen vermutlich verändert hätte.
Das Buch nährt und beeinflusst auch die sozialen Beziehungen der Jugendlichen
durch seine, wenn auch geringe, ‚Vermündlichung' – durch sprachliche Gesten oder
Haltungen, die als solche identifiziert werden. Nach Frédérique Patureau (1992) gilt
die Lektüre jedoch nicht als Gegenstand der Sozialisierung zwischen Gleichaltrigen.
Dies zeigen auch Anne-Marie Chartier und Jean Hébrard:

> „Zuallererst ist die Lektüre nicht in dem enthalten, was die ‚Jugendkul-
> tur' ausmacht. [...] Der Austausch über Lektüren ist selten und wird aus
> den sozialen Beziehungen beinahe ausgeschlossen: Die sozialen Verhal-
> tenspraktiken von Jugendlichen verlagern die Lektüre ins Private und
> die Diskussionen über das, was man gelesen hat, auf duale Beziehun-
> gen. Schließlich glauben die Schüler kaum daran, dass das Lesen zum
> Erfolg im Unterricht verhilft, auch nicht im Französischunterricht. Tat-
> sächlich geben mehr als 20% der guten und sogar sehr guten Schüler zu,
> dass sie nicht gerne lesen und nur das lesen, ‚was man muss' (zumeist
> Jungen). Umgekehrt findet man auch ‚gescheiterte' Schüler, die viel le-
> sen (zumeist Mädchen). [...] Die von den Medien verbreitete Informa-
> tion besagt, dass man schulisch erfolgreich sein kann, ohne gerne oder
> viel zu lesen, und dass man dies ungeniert äußern kann" (Chartier & Hé-
> brard, 2000, S. 679).

Man könnte deshalb behaupten, dass es sich im Fall von Zoran (D) um eine vage
Nachahmung handelt, die sich gleichzeitig auf seine Vorstellungen von den anderen (‚die Studenten') stützt und auf das, was häufig von der Schule vermittelt wird:
nämlich eine Lektüre, die eine Verbesserung von Wortschatz, Rechtschreibung und
Allgemeinwissen ermöglichen würde, was aber noch durch weitere Untersuchungen überprüft werden muss. Andererseits beruht seine Perspektive jedoch auf einer
ambivalenten Darstellung des Lesens, die von vielen – oft unbewusst – geteilt wird.

> „Die Stellung der literarischen Lektüre in der Sekundarstufe wird äu-
> ßerst problematisch, da sie mit der Skepsis und der Gleichgültigkeit der
> besseren Schüler konfrontiert wird und als eher weibliche statt männ-
> liche Tätigkeit erscheint, eher nostalgisch als draufgängerisch, eher kon-
> servativ als innovativ; im Gegensatz dazu wird sie innerhalb des Bil-
> dungssystems nach wie vor als einziger ‚demokratischer' Weg angesehen

und bezeichnet, der den Schülern aus den unteren Bevölkerungsschichten zum Erfolg verhelfen und allen das Urteilen und Denken beibringen könnte" (Chartier & Hébrard, 2000, S. 673).

Zoran (D) zeigt in seinen Äußerungen also die Kontraste und Widersprüche auf, die das Lesen für ihn symbolisieren kann: nostalgisch, weiblich, konservativ, aber vom Bildungssystem wertgeschätzt. Weil er selbst kein Leser ist, mystifiziert er diese Tätigkeit und schreibt ihr (fälschlicher- oder richtigerweise) Tugenden einer sprachlichen Zugehörigkeit zu, von der er sich ausgeschlossen fühlt.

Ein weiterer und ebenso wichtiger Aspekt im Verhältnis zu Büchern ist die religiöse Verbindung oder sogar Konstruktion, die ihnen zugeschrieben wird. Für Yasmina (F) ist es die allabendliche Koranlektüre, die in ihrer Kindheit ein Teil des Zubettgehen-Rituals war. Bibel oder Koran – das Buch der Bücher repräsentiert die religiöse Zugehörigkeit. Für Tito (D) z.B., der zum Christentum konvertiert ist, bedeutet die Entscheidung für das Buch ein Risiko und eine bedeutende familiäre Spannung: „Vorgestern hat zum Beispiel mein Bruder zu mir gesagt: Wirf sie weg, deine Bibel, weil eine Bibel und ein Koran im gleichen Haus, das macht man nicht. Aber das tat weh, weil diese Bibel die Wahrheit enthält." Karl (F) findet in der Bibel einen Verhaltenskodex, eine Anleitung für sein Verhältnis anderen gegenüber: „Die Bibel ist für mich das beste Buch der Welt, und es gibt darin sehr schöne Geschichten. Aber die Bibel belehrt mich, sie ist vielmehr sowas wie ein Verhaltenskodex für mich. Sie lehrt mich, dass ich meinen Nächsten nicht töten soll, dass ich meine Eltern respektieren soll und die Leute, die mich umgeben. Die Zehn Gebote sind eigentlich ein Verhaltenskodex für mich." Es handelt sich also um eine Form von Verhaltenslehre und einer Lehre zur Unterscheidung von Gut und Böse.[12]

Der Bildschirm als Spiegel

Das Kino und das Fernsehen werden gleichermaßen erwähnt und trotzdem auf leicht unterschiedliche Weise. Das Kino wird als kultureller Bezugspunkt und als Instanz präsentiert, die die Emotionen steigert. Babette (F) beispielsweise bringt bestimmte Filme mit ihren eigenen Erfahrungen in Verbindung, z.B. den Film *The Hours*. Manchmal, wie z.B. für Karl (F), richtet sich das Bezugssystem auf die Kultur der eigenen Gemeinschaft:

„Ich schaue mir viele Spielfilme an. Der einzige ‚Schwarze', den es für mich gab, war *Kirikou*, den ich sehr geschätzt habe, aber ich möchte es genauso machen. Ich bin kein Rassist, aber ich schaue mir nur Filme von Schwarzen an, weil sie mich mehr ansprechen. Filme von Regisseuren wie Spike Lee und John Singleton. In meiner Sammlung habe ich nur afroamerikanische oder afrikanische Filme, das spricht mich mehr an. Ich

---

12 Die religiösen und spirituellen Fragen werden unter verschiedenen Gesichtspunkten auch in den Kapiteln III und V behandelt.

sehe mich nicht wirklich dabei, ins Kino zu gehen, um mir Filme über Schneewittchen oder diese Sachen von Walt Disney anzusehen, auch wenn ich die als kleines Kind angeschaut habe. Für die Weiterentwicklung meines Volkes möchte ich selbst Spielfilme machen, die eher von Schwarzen erzählen oder von afrikanisch stämmigen Leuten, schwarzen Leuten, den *resnois* (= *verlan*, Ausdruck für Schwarze, Anm. d. Ü.) wie Chaka Zoulou, von solchen Leuten.“

Bei Karl (F) lässt sich die Bedeutung des Fernsehens damit zusammenfassen, dass er oft als Begründung für eigene Sichtweisen den Hinweis verwendet: „Hab' ich im Fernsehen gesehen“. Auf diese Weise zeichnet er häufig ein Bild des Anderen und der Welt, das durch das Fernsehen produziert und als unbestreitbare Wirklichkeit angesehen wird. Es gibt jedoch ein Paradox: Dieser Anspruch auf Unbestreitbarkeit wird häufig hervorgehoben; zugleich jedoch grenzen sich diejenigen, die ihn in den Vordergrund rücken, gerade auch von denen ab, die als von den Fernsehbildern verdorben gelten. Viele scheinen sich selbst in die kleine Gruppe derjenigen einzuordnen, die dazu fähig sind, sich von den unbeständigen Inhalten dieses Objekts zu distanzieren. Zusätzlich und je nach Sendungsart nimmt die Verbreitung bestimmter Ideen durch das Fernsehen Abkürzungen, die jenen der ‚Teleportation‘ ähneln – d.h.: von der Idee an sich direkt zu der Bedeutung, auf die sie verweisen soll. Wie Anna (D) erzählt: „Weil, na ja, wenn wir uns die Nachrichten im Fernsehen anschauen, dann, hm, heißt es: ‚Ausländerschule, Hauptschule‘. Das bedeutet, dass das Fernsehen die Schulen für Aussiedler mit minderwertigen Schulen gleichsetzt, ohne dieses Klischees zu hinterfragen“. Justine (F) nennt das Beispiel ihrer Onkel, deren hauptsächlicher Bezugspunkt zum Leben in Frankreich das Fernsehen zu sein scheint, das durch Boulevardmeldungen ein erschreckendes Bild des Landes liefert: Vergewaltigungen und Kindesentführungen. Justines Onkel sind nicht die Einzigen, die die Welt, ihr Aufnahmeland oder ihr Viertel als Karikatur wahrnehmen. Sehen ist kein Synonym von Verstehen, wie Missika und Wolton (1983) schrieben. Das Fernsehen ist das Medium der ‚einfachen‘ Information, aber auch der fragmentierten, lückenhaften, unmittelbaren und distanzlosen Antworten. Man muss nicht mehr auf den anderen zugehen, um informiert zu sein.

Die Erwähnung des Fernsehens bezieht sich häufig auf die Beschreibung einer Tätigkeit zu einem bestimmten Zeitpunkt – wie bei Bruno (F), der in dem Manga *Dragon Ball Z* seine Vorbilder findet, oder wie bei Sandra (D), die zum Essen *Gilmore Girls* anschaut. Dies erinnert stark an das Problem der Tätigkeit des Fernsehzuschauers bei Proulx (Proulx, 1998), dessen Haltung das genaue Gegenteil der ‚allwahrnehmenden‘ Haltung des Kinozuschauers ist (Metz, 2000). Schließlich ist die Umgebung in einem Kinosaal ausschließlich dem Film gewidmet. Das Fernsehen wird regelmäßig sowohl als angsterregend als auch als angstlösend definiert. Yasmina (F) begegnet in ihm beispielsweise gleichzeitig einer Welt, die ihrer eigenen Welt sozial fremd ist, aber als Fluchtmöglichkeit aus ihr heraus erscheint, und einem Objekt, das „den Abstand zwischen den Gesellschaftsschichten vergrößert“.

Zoran (D) ist wahrscheinlich der Einzige, der das Fernsehen, genauso wie alle anderen Medien, als Wissensquelle anerkennt:

> „Das Wissen ist immerhin etwas Wichtiges und Aktuelles; es ist möglich, sein Wissen aus mehreren Bereichen zu holen, aus Büchern, dem Internet, dem Fernsehen, dem Radio und der Zeitung – ich lese sie fast täglich. Und die Themen, die mich interessieren, wie Geographie und Fauna zum Beispiel, da schaue ich mir im Fernsehen diese Art von Dokumentarfilmen drüber an. Nun ja, die sind interessant, sie betreffen die Erde, die Planeten und das Universum – das sind meine Interessensgebiete und ja […] wenn ich ein Interview im Fernsehen sehe, entdecke ich Leute, die meine Wahrnehmung bezüglich der Welt verändern können."

Dabei lässt sich beobachten, dass Zoran (D) einen Diskurs konstruiert, der dem Fernsehen eine wichtige erzieherische Rolle zuschreibt, während er sich im gleichen Interview dazu bekennt, nicht zu lesen. Diese Rehabilitierung des Fernsehens und seines Bildungspotenzials erlaubt ihm gleichzeitig, sein Verhältnis zum Wissen und zu den Kenntnissen zu rehabilitieren, indem er bestimmte Argumente hervorhebt (die Dokumentarfilme über die Fauna und Flora). Diese ‚Inszenierung‘ (Goffmann, 1969) seiner selbst als jemand, der eine große intellektuelle Neugierde besitzt und diese dank des Fernsehens befriedigen kann, könnte dazu dienen, eine Zugehörigkeit zu einem kultivierten Milieu zu behaupten, ohne dafür Bücher und die Berufung auf eine formelle Institution wie die Schule zu benötigen.

Schließlich sprechen Sandra (D) und Karim (F) auch über das Internet. Letzterer erwähnt die Diskussionsforen. Auf die Printmedien und das Radio wird ebenfalls eingegangen. In Bezug auf die Medien, zu denen die Jugendlichen Zugang haben, besteht kein Unterschied zwischen den franko-französischen und den deutsch-deutschen Jugendlichen. Die Vernetzung der modernen Welt demokratisiert mit hoher Geschwindigkeit den Zugang zu den neuen Technologien in Europa und der restlichen Welt. Vor einigen Jahren noch waren ein Kühlschrank und ein TV-Gerät die Zeichen von Sozialisierung. Heute kommen der Computer und der Internetzugang hinzu. Was das Buch betrifft, hängt es fast immer mit Wünschen, Affekten und Träumen zusammen und ist imstande, neue Definitionen von sich selbst zu erzeugen (berufliche, physiologische, soziale, symbolische etc.), die in verschiedene Tätigkeitsbereiche der Jugendlichen eingreifen und sie auf den Kopf stellen. Zusammenfassend gesagt müssen Lernprozesse, die außerhalb der Schule stattfinden – durch Medien, soziale Kontakte und persönliche Interessen –, in der wichtigen Rolle, die sie für die Integration von Jugendlichen mit Migrationshintergrund spielen, anerkannt und nicht abgelehnt oder vernachlässigt werden.

Kapitel III

Adoleszente Selbstpositionierung im Spannungsfeld einer doppelten Transformationsanforderung

Janina Zölch, Marga Günther und Michael Tressat

In diesem Kapitel werden adoleszente Entwicklungsprozesse zunächst unter dem Gesichtspunkt verdoppelter Transformationsanforderungen betrachtet. Wie verbinden sich adoleszente Umgestaltungen auf der einen Seite mit der Art der Verarbeitung der Migrationserfahrung in Biographie und Familie auf der anderen? Janina Zölch erläutert die Zusammenhänge zunächst aus einer übergreifenden theoretischen Perspektive, um sie dann anhand zweier Fälle zu exemplifizieren. Daran anschließend fokussiert Marga Günther – mit Bezug auf zwei weitere Fälle – die Wechselwirkungen dieser Prozesse mit den spezifischen politisch-kulturellen und rechtlichen Bedingungen in Deutschland und Frankreich. Im dritten Teil arbeitet Michael Tressat jene Potenziale der biographischen Bewältigung adoleszenter Transformationsanforderungen unter Migrationsbedingungen heraus, die mit der muslimischen Religiosität in Lebensgeschichten junger Migrantinnen und Migranten verbunden sein können.

3.1 Familiale Konstellationen und Bildungswege unter der verdoppelten Transformationsanforderung von Adoleszenz und Migration

Janina Zölch

Adoleszenz und Migration stellen spezifische Transformationsprozesse dar, deren produktive Bearbeitung jeweils von der Chancenstruktur des vorhandenen Möglichkeitsraumes abhängt (vgl. King, 2002). Dies führt für Heranwachsende mit Migrationshintergrund zu einer verdoppelten Transformationsanforderung, vor deren Bewältigung der Verlauf des Bildungsweges entscheidend bestimmt wird. In diesem Prozess kommt der Familie auf vielfältige Weise besondere Bedeutung zu.

Im Rahmen des Beitrags wird zunächst das Konzept der verdoppelten Transformationsanforderung theoretisch dargelegt und dann in seinen Auswirkungen auf den Bildungsweg hinterfragt. Anschließend wird die Verknüpfung dieser Prozesse anhand zweier kontrastierender Fälle rekonstruiert und präzisiert. Dabei wird zunächst nicht angestrebt, einen systematischen Vergleich zwischen Fällen aus

Frankreich und Deutschland vorzunehmen, sondern einige der strukturellen Herausforderungen, die für Adoleszente mit Migrationshintergrund bestehen, aufzuzeigen.

Transformationen der Adoleszenz

Unter Adoleszenz wird der Transformationsprozess eines Menschen von der Kindheit zum Erwachsensein verstanden, der durch den Wandel der körperlichen, kognitiven und psychischen Voraussetzungen im Zuge der Pubertät angestoßen wird. Zentraler Ausgangspunkt der adoleszenten Entwicklung ist die Familie, vor allem die in ihr gesammelten primären Beziehungserfahrungen sowie vorherrschenden Deutungs-, Handlungs- und Wahrnehmungsmuster, welche die Erfahrungs- und Orientierungsgrundlage des Aufwachsens darstellten. Durch die gewandelten Voraussetzungen und das in der Jugend steigende außerfamiliale Explorationsverhalten, besonders zur Gleichaltrigengruppe, wird eine auf veränderte Weise stattfindende Auseinandersetzung mit der Welt der Kindheit, den familialen Erfahrungen, den bisher selbstverständlichen Lebensbedingungen und dem eigenen Gewordensein möglich (vgl. King, 2007, S. 37f). In diesem Kontext gilt es, das bestehende Verhältnis zu den Eltern zu modifizieren und adoleszente Ablösungsprozesse zu vollziehen, die eigene Geschlechtlichkeit auszugestalten und vor allem einen ,individuierten Lebensentwurf' (King, 2000) herauszubilden.

Die Adoleszenz als ,Zeit des Umbruchs' (Streeck-Fischer, 1999, S. 13) bietet demnach Raum für Abschied und Neugestaltung, wobei dieser Prozess von besonderen Ressourcen und Risiken bestimmt wird. Wird sie durch eine kreativ-reflexive Auseinandersetzung mit den oben genannten Themen als ,zweite Chance' (Erdheim, 1982) wirksam, können lebensgeschichtliche Krisen und Mangelerfahrungen umgestaltet und bewältigt werden. In dieser positiven Konstellation kann durch das transformative und schöpferische Potenzial der Adoleszenz Neues entstehen (vgl. Koller, 2007). Ob und in welchem Maße dieses stattfindet, hängt von der Chancenstruktur des ,adoleszenten Möglichkeitsraumes' (King, 2002), die neben sozialstrukturellen Bedingungen ganz wesentlich von der generativen Haltung der Eltern sowie der Qualität der familialen Beziehungen bestimmt wird, ab (vgl. Reich, 2005, S. 136). Die Adoleszenz muss also als intergenerationaler Prozess gesehen werden, bei dem für eine produktive Gestaltung beide Seiten, die Heranwachsenden und ihre Eltern, Veränderungen in den Generationenbeziehungen zulassen müssen. Die Erwachsenengeneration muss den Individuationsprozess der Adoleszenten zulassen und fördern (vgl. Schubert, 2005). Von Bedeutung sind vor allem die Spiel- und Zeiträume, die den Adoleszenten „für die Erkundung der äußeren Welt wie für die ausgiebige Selbsterforschung" (King, 2002, S. 93) eingeräumt werden.

Migrationsspezifische Transformationen

Migration stellt einen Wandlungsprozess dar, in dem die Themen „Trennung und Umgestaltung" (King & Schwab, 2000, S. 211) dominieren. Migrant(inn)en wie auch deren Nachkommen müssen sich in einer für sie z.T. fremden Kultur neuorientieren und verankern und dabei eine Balance zwischen den unterschiedlichen kulturellen Wertesystemen finden (vgl. Apitzsch, 1999). In Bezug auf diese Herausforderungen kann analog davon gesprochen werden, dass das Gelingen von einer Chancenstruktur des migrationsspezifischen Möglichkeitsraums abhängt. Diese wird auf der einen Seite durch die gesellschaftlichen „Strukturen sozialer Ungleichheitsverhältnisse" (Riegel, 2004, S. 72), welche die Migrant(inn)en in der Aufnahmegesellschaft vorfinden, geprägt. Darunter fallen die aufenthaltsrechtlichen Bestimmungen, die Bildungschancen sowie Erfahrungen von Missachtung oder Anerkennung (vgl. z.B. Diefenbach, 2004; Hamburger et al., 2005). Auf der anderen Seite geschieht die Bewältigung der Migration in Abhängigkeit davon, welche Erfahrungen im Herkunftsland gemacht wurden, welche Motive es dafür gab, wie sich ihre Umsetzung gestaltet hat, welche Folgen sie mit sich gebracht hat – und der je individuellen Verarbeitung all dessen.

Auch hier bestehen bestimmte Potenziale und Risiken. Als Folge der vielfältigen durch die Migration angestoßenen Veränderungsprozesse, können die bestehenden Wahrnehmungs- und Handlungsmuster reflektiert und neugestaltet werden. Dies kann aber vor allem dann zur Überforderung werden und die individuelle Entwicklung hemmen, wenn das Umfeld nicht ausreichend unterstützend wirkt (vgl. Günther, 2009, S. 63). Dabei ist darauf hinzuweisen, dass Migration „sehr Unterschiedliches beinhalten kann – je nachdem, wer wann mit welchem Motiv aus welchem Land in welche Einwanderungsgesellschaft gewandert ist, und je nachdem, ob die Kinder der ‚ersten‘, ‚zweiten‘ oder folgenden Generation angehören. Auch bestehen erkennbare Differenzen zwischen Nachkommen unterschiedlicher Migrationsgruppen etwa in Bezug auf Bildungsbeteiligung" (King & Koller, 2009, S. 11).

Bei der überwiegenden Zahl unserer Interviewpartnerinnen und Interviewpartner handelt es sich um in Deutschland und Frankreich geborene Angehörige der ‚zweiten‘ oder auch ‚dritter‘ Generation, deren Eltern zumeist als Arbeitsmigrant(inn)en nach Deutschland und Frankreich eingewandert sind. Zwei der deutschen Interviewpartner(innen) sind zusammen mit ihrer Familie migriert, das Motiv war hier jeweils die Flucht vor Krieg. Bei zwei Fällen auf französischer Seite handelt es sich um Bildungsmigrant(inn)en, die allein und ohne ihre Familien ins Land gekommen sind. Selbst migrierte Heranwachsende sind von den o.g. Prozessen ganz konkret betroffen. Doch auch das Leben jener, die erst im Ankunftsland geboren wurden, wird auf vielfältige Weise durch ihren Migrationshintergrund bestimmt, etwa durch Erfahrungen von Diskriminierung oder sozialer Randständigkeit.

Die verdoppelte Transformationsanforderung von Adoleszenz und Migration

Wie gezeigt wurde, findet sowohl in der Adoleszenz als auch im Kontext von Migration ein Wandlungsprozess statt, in dem es um die Bewältigung der zentralen Herausforderungen Trennung und Umgestaltung geht, die durch die jeweiligen Möglichkeitsräume geprägt ist. Adoleszente Migrant(inn)en haben es in diesem Sinne mit einem verdoppelten Transformationsprozess zu tun. Gerade in der elternunabhängigen Migration während der Adoleszenz spitzen sich die in dieser Zeit stattfindenden adoleszenten Transformationen zu, „da gleichzeitig die Ablösung von der Herkunftskultur und die Neugestaltung der Beziehung zu ihr bewältigt werden muss' (Günther, 2009, S. 83). Aber auch die adoleszenten Auseinandersetzungen von Heranwachsenden, die nicht selbst ausgewandert sind – wie die Mehrheit der von uns Interviewten –, wird von den „Folgen der Migration für die Familie und die Art der Verarbeitung durch die Eltern" (King & Koller, 2009, S. 12) geprägt, die über die Generationenbeziehungen und Familiendynamiken zum Ausdruck kommen und spezifische Voraussetzungen für die adoleszenten Entwicklungen der Kinder hervorbringen.

Die Potenzierung der Transformationsprozesse wirkt auf die Chancen- und Risikolage des Möglichkeitsraums, wobei sowohl eine kreative als auch destruktive Ausgestaltung geschehen kann, „je nachdem, in welcher Weise Migrationserfahrungen in den adoleszenten Entwicklungsprozessen verarbeitet werden oder in welcher Weise adoleszente Entwicklungen durch die Migration gefördert oder gehemmt, verändert oder nicht verändert werden" (King & Schwab, 2000, S. 211). Der positive Verlauf der adoleszenten Ablösung im Migrationskontext wird ganz entscheidend von der Qualität der familialen Beziehungen bestimmt (vgl. z.B. Delcroix, 2001; King, 2006; Günther, 2009). Ressourcen der Familie und soziale Netzwerke können diesen Prozess ebenso fördern (vgl. Nauck et al., 1997) wie Gleichaltrige (vgl. Haug, 2003). Erfahrungen von Missachtung und Benachteiligung in der Aufnahmegesellschaft, etwa die noch den Angehörigen der ‚zweiten' und ‚dritten' Generation oftmals verwehrte volle gesellschaftliche Teilhabe, können sich erschwerend auswirken. Diese negativen Bedingungen können allerdings auch ein Aufbegehren wecken, das zur Entwicklung und Nutzung neuer Handlungsmuster führt (vgl. z.B. Sauter, 2000; Riegel, 2004).

Familiale Konstellationen und Bildungswege unter der verdoppelten Transformationsanforderung von Adoleszenz und Migration

Die erfolgreiche Bewältigung des Bildungswegs ist besonders für Heranwachsende mit Migrationshintergrund von herausragender Bedeutung, da eine gelingende schulische und berufliche Laufbahn die Chancen auf Partizipation am wirtschaftlichen und gesellschaftlichen Leben in der Aufnahmegesellschaft erhöht und den Aufbau einer gesicherten Zukunft erleichtert (vgl. Reich, 2005, S. 244). Sowohl in Frankreich als auch in Deutschland bestehen Unterschiede zwischen der Bildungsbeteiligung und dem Bildungserfolg von Schülerinnen und Schülern mit und ohne Migrationshintergrund, wobei sich diese in Deutschland extremer zeigen.[1] In Frankreich etwa erreichen 28% der autochthonen Schüler(innen) einen Hochschulabschluss und 22% derjenigen mit Migrationshintergrund. In Deutschland hingegen erreichen nur 7% – und damit weniger als halb so viele – mit Migrationshintergrund einen Hochschulabschluss (autochthone: 16%) (vgl. Tucci & Groh-Sambergmannn, 2008, S. 21).

Neben strukturellen Faktoren der Benachteiligung, wie den „Mechanismen institutioneller Diskriminierung" (Gomolla & Radtke, 2000) oder den mannigfaltigen Formen von sozialer Exklusion infolge der ‚Etablierten-Außenseiter-Figuration' (Elias & Scotson, 1990), stellt die Herkunftsfamilie eine Schlüsselinstanz für die Bildungschancen ihrer Kinder dar. Zum einen ganz direkt, da Familien mit Migrationshintergrund überproportional häufig unteren Gesellschaftsschichten angehören und dementsprechend über wenig ökonomisches, soziales und kulturelles Kapital verfügen, wodurch eine erfolgreiche Platzierung der Kinder im Bildungs- und Berufssystem erschwert wird (vgl. Juhasz & Mey, 2003, S. 88). Um dem „Prozess der intergenerationalen Transmission von Bildungschancen" (Becker & Lauterbach, 2004, S. 13) auf die Spur zu kommen, muss jedoch auch die weniger offensichtliche Verarbeitung der verdoppelten Transformationsanforderung von Adoleszenz und Migration Berücksichtigung finden (vgl. King, 2006; Günther, 2009; Pott, 2009; Zölch et al., 2009).

Fallrekonstruktionen

Ausgehend von den theoretischen Überlegungen stellen sich somit folgende Fragen: Welche adoleszenten und migrationsspezifischen Transformationsanforderungen zeigen sich? Welche Möglichkeitsräume der Bewältigung bieten sich den Heranwachsenden für diese? Welche Rolle spielen die Eltern auf diesem Weg? Welche Auswirkungen haben die Formen und/oder Grenzen der Bewältigung auf den Bildungsweg?

Dies möchte ich im Folgenden anhand zweier Fälle aus dem Sample des Projekts[2] exemplarisch rekonstruieren. Die Auswertung erfolgte – unter Rückgriff auf die Erkenntnisse aus dem deutsch-französischen Interpretationsprozess – mithilfe der Narrationsanalyse (vgl. Schütze, 1983).

---

[1] Allerdings zeigt sich in Frankreich wesentlich stärker als in Deutschland, dass die relativen Erfolge im Bildungssystem beim Eintritt in den Arbeitsmarkt jäh gestoppt werden (vgl. Tucci & Groh-Sambergmannn, 2008, S. 31)

[2] Das Interview mit Babette wurde von Anne-Sophie Cailliot geführt, das mit Tito von Michael Tressat.

Babette[3] (F), 22 Jahre

Babettes Großeltern stammen aus Armenien und Italien. Sie selbst ist in den Pariser *banlieues* aufgewachsen und lebt dort bis heute zusammen mit ihrem jüngeren Bruder bei ihren Eltern. Sie hat das wissenschaftliche Abitur abgelegt und nebenbei sehr erfolgreich Schauspielkurse besucht. Nach dem Abschluss folgt sie dem Wunsch der Eltern und besucht eine Eliteuniversität in Paris. Im Rahmen des Studiums hat sie einen Auslandsaufenthalt in den USA verbracht. Zurzeit des Interviews steht die 22-Jährige kurz vor ihrem Abschluss.

Babette beschreibt ihre Herkunftsfamilie als ,brutale' Mischung, womit sie die Auswirkungen der „laut[en]" und „temperamentvolle[n] Kulturen" ihrer Eltern meint. Dieses Milieu des Aufwachsens habe im deutlichen Kontrast zu dem der besuchten katholischen Privatschule gestanden (vgl. Grundmann et al., 2003). So schildert Babette, wie ihr dort zu Beginn ihrer Schulzeit der Mund mit Klebeband verschlossen worden sei – um das *Laute* und *Andere* in ihr zu drosseln. Ihre Eltern hätten speziell diese Schule ausgewählt, „um die kulturelle Schicht hinzuzufügen, die fehlte". Dies spricht für ihre hohen Bildungsaspirationen, für die ein Zusammenhang mit ihrem Migrationshintergrund, im Sinne eines erwünschten Aufstiegs ihrer Tochter, anzunehmen ist.

Es sei Babette mit der Zeit gelungen, sehr gute Leistungen zu erbringen. Indem sie die Schule aber wiederholt als uninteressant und langweilig charakterisiert, wird deutlich, dass sie die guten Noten (überwiegend) deshalb erbringt, um dem elterlichen Auftrag gerecht zu werden. Ihre eigene Leidenschaft gehört seit jeher dem Theater und liegt somit außerhalb der Institution Schule. Mit fünfzehn Jahren und dem anstehenden Wechsel auf ein Gymnasium wird von Babette zum ersten Mal eine Entscheidung gefordert:

> „um den Eindruck zu haben, sie [die Eltern] nicht zu enttäuschen und gleichzeitig sicher zu sein, mir nicht die Türen zu verschließen, habe ich mich entschieden das wissenschaftliche Abi zu machen, weil ich wusste, dass ich nach dem wissenschaftlichen Abi *trotzdem* auf jeden Fall machen konnte, was ich wollte (.) also war das eine Art, nicht zu entscheiden, (.) also habe ich mich entschieden, mich nicht zu entscheiden."[4]

Babette wählt die Strategie des Nichtentscheidens, die für sie einen „Sicherheitskomfort" bedeutet. Denn indem sie noch nicht konkret wählt und dadurch ausschließt, kann sie den Aspirationen der Eltern gerecht werden und ,parallel' in speziellen Kursen am Nachmittag ihrer eigenen Leidenschaft nachgehen.

---

3 Alle Namen und persönlichen Daten wurden anonymisiert.
4 Originalzitate werden hier und im Folgenden mit den Zeilenangaben der jeweiligen Transkripte belegt. Transkriptionsregeln: <u>unterstrichen</u> : betont; // : Hörersignal; oh=nee : Wortverschleifung; (lacht) : Anmerkungen; Punkt . = Stocken im Redefluss; (3) : Pause von drei Sek.

Während dies in der Schulzeit noch möglich war, muss sie sich nach dem Abitur endgültig entscheiden: entweder für die professionelle Schauspielausbildung, die sie sich erträumt, oder für das Studium an einer der *Grandes Écoles*, das ihre Eltern für sie vorgesehen haben. Babette habe „nicht die Kraft" gehabt, ihren Wunsch für das Theater den Eltern gegenüber zu verteidigen, stattdessen habe sie mit der Wahl für das Studium erneut eine „Nichtentscheidung" getroffen. Tatsächlich aber bedeutete dies das Ende ihrer schauspielerischen Ambitionen und intensiven Einsatz für den Bildungsweg auf dem renommierten *Institut d'Études Politiques*, das die Eltern favorisieren.

Die Strategie des Nichtentscheidens, die ihr zunächst noch Raum für Eigenes neben dem Erwarteten gelassen hat, dient später nur noch als latente Bezeichnung für die Übernahme der elterlichen Aspirationen. Babette ist es offenbar unmöglich, sich mit deren Erwartungen in befriedigender Weise auseinanderzusetzen und diese zurückzuweisen, sie wird dadurch zum „Abbild dessen […], was meine Eltern und besonders mein Vater wollte". Als Auslöser ist ein Geschehen anzunehmen, dass sie gleich zu Beginn ihrer Erzählung dramatisch inszeniert. Ihre Eltern hätten nach ihrer Geburt zwei Tage lang geweint, weil sie so „hässlich" gewesen sei. Dies habe sie zu jener Zeit erfahren, als ihre große Liebe sie in ihrer frühen Jugend aufgrund ihres Aussehens zurückgewiesen habe. Die Eltern hingegen waren es, die sie trotz dessen stark unterstützten. Diese Anerkennung der Hässlichen kann Babette nicht durch die Ablehnung des Auftrags gefährden.

Zudem spielt die Haltung ihrer Eltern im Sinne des intergenerationalen Prozesses eine entscheidende Rolle. Indem sie ihr klare Vorgaben aufoktroyieren und ihre eigenen Vorstellungen abweisen („nein, nein, das ist nicht ernsthaft, nanana, nanana [schneidet Grimassen] *Grandes Écoles*, großes Studium!"), schränken sie den adoleszenten Möglichkeitsraum und den Individuationsprozess der Tochter entscheidend ein. Babettes Vermeidung adoleszenter Auseinandersetzungen führt zu einem hohen Bildungserfolg, jedoch auf Kosten der Entwicklung eines elternunabhängigen, individuierten (beruflichen) Lebensentwurfs.

Im Kontext der migrationsspezifischen Transformationen gelingt es Babette jedoch, in der Adoleszenz Neues entstehen zu lassen. Aufgrund ihres Migrationshintergrunds hat Babette in Frankreich als ‚Fremde' ablehnende Erfahrungen gemacht. Ein Beispiel ist die o.g. Szene oder der Umstand, dass sie lange Zeit keine Schulfreunde gehabt habe, da sie, die Migrantin, als ‚schmutzig' betrachtet worden sei. Während des Studienjahres in den USA habe sie erstmals positive Fremdheitserfahrungen gesammelt. Sie berichtet, dort mit einer Vielzahl von Menschen unterschiedlicher Nationalitäten zusammengekommen zu sein, was sie – fernab von den Eltern – dazu angeregt habe, über ihre Herkunft und ihr Gewordensein zu reflektieren. Zuvor seien ihr von unterschiedlichen Seiten bestimmte Identitäten zugeschrieben worden, was bei ihr zu einer Art Konfusion geführt hat. Durch die Bewusstwerdung konnte es dann zu einer Transformation der Identitätszuschreibungen kommen, infolge derer Babette für sich eine Art ‚Mischidentität' figuriert (‚in Wirklichkeit machst du das, weil du an einem solchen Ort aufgewachsen bist, *mit Eltern, die von solchen Orten gekommen sind und die an einem solchen Ort groß geworden sind').*

Davon ausgehend gelingt es ihr, einen in ihrer Jugend stattgefundenen Türkeiaufenthalt retrospektiv kritisch zu betrachten. Ihre Mutter habe ihr aufgrund des Genozids verboten, ihren armenischen Hintergrund zu erwähnen. Dem sei sie gefolgt, auch wenn es vielfältige Komplikationen ausgelöst habe. Nun entlarvt Babette die Haltung der Mutter als „Überlegungen aus einer anderen Zeit", die Neues verhinderten. Sie löst sich von den Ideen der vorangegangenen Generation und entwickelt eigene Wahrnehmungs- und Handlungsmuster. Somit gelingt es Babette, ihren Migrationshintergrund produktiv zu nutzen, einen (ungefährlichen) Raum für die Abgrenzung von den Eltern zu finden und dadurch ihre adoleszenten Entwicklungsprozesse voranzutreiben.

Tito, 20 Jahre

Tito (D) ist in Serbien geboren und mit seiner Familie von dort aufgrund des Krieges im Alter von zwei Jahren nach Deutschland geflüchtet, wo er in einer Kleinstadt im Speckgürtel einer westdeutschen Großstadt aufgewachsen ist. Mit elf Jahren hat er seinen Vater verloren. Später hat er einen Hauptschulabschluss absolviert und eine Ausbildung zum Bäcker begonnen, aus der er aber nach einem Monat wieder entlassen wurde. Zur Zeit des Interviews ist der 20-Jährige auf der Suche nach einem neuen Ausbildungsplatz. Tito ist das älteste Kind, das von den insgesamt sechs Geschwistern zurzeit noch in der mütterlichen Wohnung lebt. Einen Monat vor dem Interview ist er zum Christentum konvertiert, seine Familie hingegen ist muslimisch.

Titos Leben ist durch einen starken Bruch gekennzeichnet, der sich auch in der Struktur des Interviews reproduziert. Dieser Wendepunkt ist der plötzliche Verlust seines Vaters, als er elf Jahre alt ist. Tito beginnt sowohl seine „Frauenstory", die die Einstiegserzählung markiert, als auch seine Narration zum Thema Familie an eben dieser Stelle, wodurch der Tod des Vaters zum Ausgangspunkt seiner Geschichte wird. Alles davor Geschehene wird auch auf mehrfache Nachfragen komplett ausgespart, was offenbar die nicht stattgefundene Auseinandersetzung mit der Welt der Kindheit und den familialen Erfahrungen, vor allem der problembelasteten Migration, widerspiegelt.

Obgleich dieses tragische Ereignis solitär betrachtet unabhängig von Adoleszenz und Migration ist, erfährt es in deren Kontext besondere Bedeutung. Der Tod des Vaters bedeutet für Tito das plötzliche Ende seiner Kindheit und den übergangslosen Beginn des Erwachsenenlebens. Es kann von einer plötzlichen und brutalen Initiation gesprochen werden, die den adoleszenten Möglichkeitsraum stark einschränkt und ein Moratorium verhindert.

Der tiefgreifende Verlust konnte in der Familie nicht verarbeitet oder aufgefangen werden und wird daher zum Motor für Titos ‚Suche nach der Liebe'. Diese versucht er durch Beziehungen zu Frauen – über weite Strecken des Interviews das dominierende Thema – zu kompensieren. Das ständige In-Beziehung-Sein mit Frauen steht dabei seiner Verlassenheit in der Familie gegenüber. Zugleich stellt die sehr frühe Übernahme einer sexuellen Erwachsenenrolle auch eine Überforderung dar.

Seine Mutter sei mit der Sorge um die sechs Kinder und Gewalterfahrungen durch den Onkel überfordert gewesen. In Titos Erzählung werden seine Gefühle der Ohnmacht und des Mitleids mit der Mutter spürbar. Diese stellen eine Wiederholung zur bisher unbearbeiteten Migrationsgeschichte dar. Während des Jugoslawienkriegs sei seine Mutter zweimal vergewaltigt worden und habe jeweils Abtreibungen vornehmen lassen müssen. Implizit tritt hervor, dass der Vater sie davor nicht bewahren und schließlich nur durch die Flucht nach Deutschland *retten* konnte. Dem Kleinkind Tito selbst war es unmöglich, die Mutter zu schützen, und auch dem erst Elfjährigen beim Tod des Vaters konnte dies nicht gelingen. Mit dem Älterwerden sei in ihm daher der Wunsch gereift, etwas zu ändern, besonders nachdem die beiden größeren Geschwister die Familie durch Heirat verlassen hatten. Neben den eigenen biographisch bedingten Ansprüchen berichtet Tito von den starren Vorgaben, wie er als Sohn einer traditionell geprägten serbischen Familie zu sein habe:

> „Weil ich wusste, was meine Eltern von mir erwarten werden, wollen. (.) Das war, die wollen, dass ich der Mann im Haus werde, (.) die wollen, dass ich (.) in Gottes Weg gehe (.) und die wollen, dass ich das tu, was sie sagen, […] indem ich den, für den da bin, dass, welcher Sohn ist das nicht für seine Familie, die wollen, dass::, wenn man sacht, okay mach das, dass man das macht. (.)"

Dieses Zitat verdeutlicht, dass an Tito widerstrebende Erwartungen gestellt werden. Auf der einen Seite solle er zum Familienoberhaupt werden und auf der anderen ausschließlich dem folgen, was die Eltern vorgeben, was ihn in der Rolle des abhängigen Kindes belassen würde. Tito deckt dies nicht auf, sondern versucht, diesen Auftrag in seiner Doppelseitigkeit zu erfüllen, indem er die Rolle eines *abhängigen Mannes* annimmt. Um diesem nachzukommen, habe er die ‚schönste' Phase seines Lebens, in der er viel Zeit mit den Peers verbracht habe, beenden müssen und sei nun „[f]ertig so mit der Welt". Die elterlichen Aspirationen schränken das adoleszente Explorationsverhalten und Probehandeln und dadurch seinen Möglichkeitsraum ein, was von Tito als sehr belastend empfunden wird. „[A]us eigener Kraft", so räumt er ein, würde er an diesem Auftrag „sehr kaputt gehen". Es gelingt ihm jedoch nicht, diesen abzulehnen. Aufgrund des dramatischen Verlusts des Vaters kann er sein Verhältnis zu diesem nicht modifizieren. Die Mutter erscheint durch ihr Leiden rund um die Migration fragil und unantastbar, wodurch Tito auch mit ihr nicht in konkrete Auseinandersetzungen treten kann. So gibt er etwa an, dass er seine aufgeladenen Gefühle nicht ihr gegenüber äußere, sondern Gott mitteile und sie mit dem Wunsch versehe, der Mutter zu vergeben. Dies bestätigt Adam (2009), der für Flüchtlingsjugendliche herausgearbeitet hat, dass „aggressive Gefühle gegenüber der Familie nicht geäußert werden können", um diese „nicht erneut zu belasten" (S. 151).

Es wird deutlich, dass in Titos Fall Adoleszenz und Migration auf vielfältige Weise verwoben sind. Zum einen wird sein adoleszenter Möglichkeitsraum durch die Geschehnisse im Kontext der Migration und der fehlenden Verarbeitung dessen eingeschränkt. Zum anderen hegen die Eltern verbunden mit ihrer Herkunft bestimmte Erwartungen an ihren Sohn, die (potenziert durch das Fehlen des Vaters) kein Moratorium vorsehen; eine generative Haltung wird verweigert. Tito übernimmt die widersprüchlichen Vorgaben der Eltern und so gelingt es ihm nicht, einen individuierten Lebensentwurf zu entwickeln.

Es gibt allerdings einen Punkt, der die Chance für Abgrenzung und Aufbegehren in sich trägt: sein Interesse für die christliche Religion, das wenige Wochen vor dem Interview die Konversion zur Folge hatte. Dieses Hinwendung führt zu Auseinandersetzungen mit seiner Familie und zur Möglichkeit der Loslösung, denn der Gott, zu dem er sich bekehrt, ist nicht der des Islam, dem seine Familie angehört, und so fordere diese: „schmeiß die Bibel weg". Durch sein Festhalten an der Religion der Mehrheitsgesellschaft brüskiert er sein Umfeld und weist zugleich einen Teil der Aspirationen zurück. Allerdings kann er dieses transformatorische Potenzial (bisher) nicht nutzen. Das Motiv für den Religionswechsel war die Suche nach Halt, um dem Auftrag der Familie gerecht werden zu können und weniger ein adoleszenter Abgrenzungsversuch. Die Überforderung und Einsamkeit mit der Initiation haben Tito in die Zuflucht einer Religion getrieben, bei der Gott in seiner Vorstellung väterliche Züge annimmt. Zudem habe Tito seiner Familie von dem finalen Schritt, der Konversion, noch nicht erzählt, denn:

> „wenn man (.) dagegen kommt und man will kämpfen dafür, da wird man gleich abgestoßen, wird man sagen, okay, wenn du das, äh, diesen, diesen Weg machst, musst du weg von uns. (.) Bei uns hast du nicht dein eigenen (.) Ziel zu erreichen, sondern alle gemeinsam den gleichen Ziel haben sollen."

Bei der beschriebenen Haltung handelt es sich nicht um ein „Anerkennungsvakuum" (King, 2007), das für die Ablösung von produktiver Bedeutung ist, sondern um die Annullierung der Beziehung. Dadurch kommt erneut zum Ausdruck, wie stark Titos adoleszenter Möglichkeitsraum eingeschränkt ist. Sobald er versucht, seine bisherigen Erfahrungen zu reflektieren und neue Denk- und Handlungsmuster auszuprobieren, läuft er Gefahr, destruktiv abgewiesen zu werden. Der Religionswechsel wird in diesem Zusammenhang zur weiteren Belastungsprobe für ihn.

Welche Folgen hat dies für den Bildungsweg? Vonseiten der Mutter sind im Interview keine Aspirationen zu erkennen. Für sie, so tritt hervor, stehen die normativen Erwartungen, wie er zu werden habe, im Mittelpunkt. Tito erzählt, dass er nach dem Tod des Vaters, abgelenkt durch seine ausgeprägte Suche nach Liebesbeziehungen und die Anforderungen zu Hause, die Schule vernachlässigt und daher nur einen Hauptschulabschluss erreicht habe. Die Analyse der biographischen Daten deckt auf, dass zwischen dem Ende der Schule und dem Beginn der Ausbildung als Bäcker drei ganze Jahre lagen, die Tito auf der Erzählebene verschweigt. Ebenso wirkt seine Erklärung für den Abbruch der Ausbildung nach nur einem Monat brüchig. Die Analyse des Interviews lässt folgende Deutung zu: Titos Erzählung ist so sehr von der Auseinandersetzung mit der verdoppelten Transformationsanforderung bestimmt, dass sein Bildungsweg in den Hintergrund gerät – und in dieser Weise charakterisiert er es auch für sein Leben. Die Übermächtigkeit der Verwobenheit von Adoleszenz und Migration ist es also, die keinen Raum für das engagierte Verfolgen eines schulischen und/oder beruflichen Plans lässt.

Zusammenfassung und Fallvergleich

Die beiden Fälle zeigen differierende Muster der Bewältigung der verdoppelten Transformationsanforderung. Babette vermeidet es in Bezug auf ihren Bildungsweg in Auseinandersetzung mit ihren Eltern zu treten, wodurch ihre adoleszenten Entwicklungsspielräume eingeschränkt werden, sie aber bildungserfolgreich sein kann. Durch die kreative Bearbeitung der migrationsspezifischen Transformationen gelingt es ihr, von den Eltern abweichende Wahrnehmungs- und Handlungsmuster zu entwickeln, denen die Chance innewohnt, auch die Herausbildung eines individuierten Lebensentwurfs voranzutreiben. Titos Fall zeichnet sich dagegen durch eine mehrfache Verwobenheit von Adoleszenz und Migration aus, die seinen Möglichkeitsraum entscheidend einschränkt. Dabei sind die Flucht als Migrationsanlass und deren Folgen für die familialen Konstellationen ganz zentral für die Ausgestaltung des Möglichkeitsraums. Auch die Konversion, als Folge der Verschränkung, kann (bisher) nicht produktiv für eine Ablösung genutzt werden. Titos Bildungsweg wird derart von den übermächtigen Herausforderungen in den Hintergrund gedrängt, dass ein Erfolg unmöglich wird.

In beiden Fällen wird der Möglichkeitsraum der Heranwachsenden eingeschränkt. Im Fall von Babette hegen die Eltern (vermutlich infolge des Migrationshintergrunds) hohe Bildungsaspirationen für die Tochter, bei Tito hingegen stehen aufgrund der Migration normative Erwartungen im Mittelpunkt. Babette gelingt es, die Auseinandersetzung mit ihrem Migrationshintergrund kreativ zu nutzen, was ihr die Möglichkeit eines individuierten Lebensentwurfs eröffnet. Bei Tito ist es gerade die unbewältigte Migrationsgeschichte der Familie, die adoleszente Auseinandersetzungen und somit sowohl die Entstehung von Neuem als auch einen erfolgreichen Bildungsweg verhindert.

Die beiden Fallbeispiele zeigen somit landesunspezifisch auf, dass der produktiven Bearbeitung der doppelten Transformationsanforderung in der Adoleszenz eine entscheidende Rolle für den Bildungsverlauf und die Individuation zukommt, die vor allem durch die familialen Beziehungen geprägt wird.

3.2 Unsichere Zeiten. Zugehörigkeitsdiskurse und Selbstpositionierung jugendlicher Migrantinnen und Migranten in Deutschland und Frankreich

Marga Günther

Migrationsbewegungen tragen in modernisierten Gesellschaften, neben den Dimensionen Geschlecht und Klasse, zur (Re-)Produktion sozialer Ungleichheiten bei. Dies wird besonders an dem Umstand sichtbar, dass nicht nur die selbst von einem Ort zum anderen Gewanderten (jedenfalls wenn es Flüchtlinge oder Arbeitsmigrantinnen und -migranten sind) in der Regel auf die gesellschaftlichen Außenseiterplätze verwiesen werden (Elias & Scotson, 1990), sondern auch deren Nachkommen häufig noch bis in die dritte Generation die volle gesellschaftliche Partizipation verwehrt wird. Ein verstärkendes Instrument hierfür stellen die gesellschaftlichen Debatten über die Kinder der Einwanderer dar, sofern sie überwiegend problemorientiert ausgerichtet sind und jene Kinder als *Andere* auf einen randständigen sozialen Status festschreiben (Geisen, 2007a; Ottersbach & Zitzmann, 2008). Dass diese Fremdzuschreibungen nicht einseitig einschränkend auf adoleszente Bildungs- und Sozialisationsprozesse Heranwachsender wirken, sondern auch kreative Potenziale wecken können, wurde anhand empirischer Untersuchungen aufgezeigt (Mecheril, 2003; Nökel, 2002; Pott, 2002; Riegel, 2004; Sauter, 2000; Günther, 2009). Aus einer international vergleichenden Perspektive stellt sich daran anschließend die Frage, ob und in welcher Weise national unterschiedliche Migrationsentwicklungen und daraus resultierende Debatten und Zuschreibungsprozesse sich jeweils unterschiedlich auf die Lebensentwürfe der jugendlichen Migrantinnen und Migranten auswirken. Zur Präzisierung dieser Fragestellung werden nachfolgend zunächst die Bilder skizziert, die in Deutschland und Frankreich in der Öffentlichkeit über Jugendliche aus Einwandererfamilien transportiert werden und mit denen sich die Betroffenen im Prozess ihres Aufwachsens konfrontiert sehen. Im Anschluss daran wird anhand zweier Fallbeispiele aus unserem Projekt analysiert, wie diese Diskurse Eingang in die adoleszenten Lebensentwürfe der jugendlichen Migrantinnen und Migranten finden, zugleich aber in sehr individueller Weise verarbeitet werden.

Jugendliche Migrantinnen und Migranten an unsicheren Orten

Hinsichtlich der rechtlichen Inklusion haben Jugendliche mit Migrationshintergrund in Deutschland und Frankreich unterschiedliche Ausgangsbedingungen. Das französische Staatsbürgerschaftsrecht orientiert sich – im Gegensatz zum deutschen – eher nach dem Geburtsortsprinzip (*ius soli*) als nach dem Abstammungsprinzip (*ius sanguis*), daher ist die Einbürgerung für Kinder von Einwanderern in Frankreich unproblematischer als in Deutschland.[5]

Diese formale rechtliche Gleichstellung garantiert indes noch keine gleichberechtigte gesellschaftliche Teilhabe, vielmehr befinden sich jugendliche Migrantinnen und Migranten in beiden Ländern in einer prekären Lebenssituation, die sich national unterschiedlich gestaltet. Grundsätzlich ist festzuhalten, dass die eingewanderten Jugendlichen in Frankreich deutlich höhere Bildungsabschlüsse aufweisen als in Deutschland. Dennoch war die Jugendarbeitslosigkeit in Deutschland in den vergangenen Jahrzehnten niedriger als in Frankreich und die Armut unter französischen Jugendlichen ist fast doppelt so groß wie unter deutschen. Zudem ist die Segregation am städtischen Rand in Frankreich größer als in Deutschland. Die *banlieues* sind viel größer als deutsche Großraumsiedlungen und *de facto* vom Rest der Stadt abgeschottet (Tucci, 2009).

In Deutschland wurden die Kinder der Arbeitsmigrant(inn)en aus Süd- und Osteuropa lange Zeit als ‚Gäste' wahrgenommen, die in absehbarer Zeit wieder heimkehren würden (Herbert, 2003). In dem lange verwendeten Terminus ‚Ausländer' für faktisch Eingewanderte zeigt sich die rechtliche und sozial-kulturelle Distanz, mit der ihnen begegnet wurde. Trotz der allmählichen Akzeptanz einer dauerhaften Anwesenheit verschiedener Migrationsgruppen verbleiben sie durch die öffentliche Problematisierung ihrer vermeintlich fehlenden Integration in die ‚deutsche' Gesellschaft weiterhin im Randgruppendasein. Als Gründe werden einseitig die Defizite oder der Unwillen der Migrantinnen und Migranten angeführt, die sich durch andere kulturelle Codes wie fehlende Deutschkenntnisse, Bildungsferne und die Orientierung an traditionellen und/oder religiösen Lebensmustern auszeichnen, denen mit pädagogischen Maßnahmen entgegenzuwirken sei (Geisen, 2007a). Jugendliche Einwanderer werden medial grundsätzlich als Bedrohung in Form von Kriminellen, sozialen Nutznießern oder als Überfremdungsgefahr, indem sie die ‚deutsche' Lebensart zurückdrängen (vgl. Leenen & Grosch, 2008) oder sich in Parallelgesellschaften einrichten, dargestellt. Besonders prominent sind die deutsche Kopftuchdebatte, in der junge Frauen als unmündig und rückständig dargestellt werden (vgl. Amir-Moazami, 2007), und die bildungspolitische Diskussion, in der Jugendliche mit Migrationshintergrund für das schlechte Abschneiden Deutschlands in der PISA-Studie verantwortlich gemacht werden (Klieme et al., 2008).

In Frankreich gab es aufgrund der Kolonialgeschichte wesentlich größere Einwanderungsbewegungen – aus dem Maghreb und den frankophonen schwarzafrikanischen Ländern – als in Deutschland. Das republikanische Integrationsmodell Frankreichs gründet sich auf dem Postulat der ‚*égalité*', der Gleichheit und Gleichbehandlung aller Bürger(innen), welche die strukturelle Ausklammerung ethnisch, kulturell und religiös definierter Differenzen aus allen staatsbezogenen Bereichen (z.B. Schulbildung) verfolgte (Schreiber-Barsch, 2008). Eine Betonung dieser Differenzen wird als Angriff auf die französische Verfassung verstanden, wie es z.B.

---

5 Die Gesetze zur Einbürgerung wurden seit 2000 in beiden Ländern im Sinne einer Angleichung reformiert, in ihrer Grundausrichtung unterscheiden sie sich jedoch weiterhin.

in der französischen Kopftuchdebatte zum Ausdruck kommt (Amir-Moazami, 2007). Die Politik der Trennung in staatsbezogene und als Privatsache definierte Lebensbereiche bewirkte jedoch faktisch keine Gleichbehandlung, sondern den institutionellen Ausschluss von Einwandererfamilien (Lapeyronnie, 2008). Waren die öffentlichen Diskurse über die Kinder der Einwanderer zunächst von einer Defizitperspektive auf Integration und schulischen Erfolg getragen, so richtet sich die Aufmerksamkeit seit den gewalttätigen Ausschreitungen in den Vorstädten von Paris auf die Bekämpfung von Gewalt und Kriminalität (Marlière, 2008). Jugendliche mit Migrationshintergrund stehen seither als Protagonisten städtischer Gewalt im medialen Rampenlicht (Sedel, 2007). Sie werden als gefährlich dargestellt, was sich in der Stilisierung einer ‚islamischen Gefahr‘ oder ‚terroristischen Bedrohung‘ zeigt (Marlière, 2008). Zugleich werden mit den Berichten über die jugendlichen Proteste auch die Segregation der eingewanderten Jugendlichen und ihre durch Rassismus und Arbeitslosigkeit geprägte Lebenssituation öffentlich thematisiert (Lapeyronnie, 2008).

Zusammengefasst wird das Bild Jugendlicher mit Migrationshintergrund als *defizitäre Andere* in der deutschen Debatte vorwiegend mit einer kulturellen Andersartigkeit, in Frankreich hingegen mit einem Gefahren- und Gewaltpotenzial begründet. Die öffentliche Thematisierung erfolgt in Deutschland auf eher subtile Weise, in Frankreich hingegen wird Differenz und Ablehnung gegenüber Einwanderern deutlicher formuliert. In beiden Ländern sehen sich Jugendliche mit Migrationshintergrund mit stigmatisierenden Zuschreibungen konfrontiert, mit denen sie sich im Prozess ihres Heranwachsens auseinandersetzen müssen. Gesellschaft ist für sie insofern ein unsicherer Ort, als sie sich einer beständigen Bedrohung ihrer Zugehörigkeit ausgesetzt sehen (Geisen, 2007b), was ihre adoleszenten Möglichkeitsräume erheblich einschränkt. Im Folgenden werden exemplarisch zwei Lebensentwürfe Jugendlicher mit Migrationshintergrund aus Deutschland und Frankreich hinsichtlich ihrer Auseinandersetzung mit den jeweiligen Zugehörigkeitsdiskursen untersucht.

Fallrekonstruktionen

Karl[6] (F), 26 Jahre

Karl ist der Sohn von nach Frankreich eingewanderten kamerunischen Eltern und wuchs die ersten Jahre in Frankreich auf, bis er mit seiner Mutter nach Kamerun übersiedelte, wo sie ca. zehn Jahre mit seinem Adoptivvater zusammenlebten. Im Alter von etwa 14 Jahren kehrte Karl mit seiner Mutter nach Paris zurück. Heute lebt er in London, wo er nach Beendigung einer zweijährigen Musikschule bleiben möchte.

---

6   Alle Namen und persönlichen Daten wurden anonymisiert. Transkription der Interviews wie S. 92, Anm. 4.

Dominierendes Thema des Gesprächs ist Karls Verhältnis zu Frankreich, mit dem er sich intensiv auseinandersetzt. Karl beschreibt sich als „Franzosen aus der Immigration". Er bezeichnet Frankreich als sein „Adoptionsland", worin ein Stück Dankbarkeit dafür mitschwingt, aufgenommen worden zu sein, zugleich aber auch auf eine Konflikthaftigkeit verwiesen wird, die diesem Verhältnis innewohnt. Den Versuchen seitens der Interviewerin, Karl auf eine nationale oder kulturelle Identität festzulegen, begegnet er mit der Selbstdefinition als „Weltbürger". Sein Verhältnis zu Kamerun ist eher reserviert, seine Verbindung dorthin scheint abgebrochen. Karl berichtet von der schwierigen Beziehung zu seinem Adoptivvater in Kamerun, welche bei ihm starke Hassgefühle ausgelöst habe. Das Leben im Hause seines Vaters sei zwar luxuriös gewesen, jedoch auch von gewalttätigen Ausbrüchen des Vaters gegen die Mutter geprägt. In seiner Erzählung dominiert seine Angst um die Mutter, die sich durch den Umstand verstärkt habe, dass sie „die einzige Familie" für ihn gewesen sei, bei der er sich sicher fühlte, weil er seinen Vater nicht als Teil der Familie empfand („[er] nicht unbedingt mein Erzeuger ist"). Die Mutter befreite sich schließlich aus dieser bedrückenden Situation, indem sie sich von ihrem Mann trennte und mit Karl nach Frankreich übersiedelte. Karl erlebt die Migration als gelungene Lösung einer konflikthaften Beziehung. In Frankreich sei Karl „aufgeblüht", er fühlte sich dort aufgenommen, so dass seine adoleszente Explorationsbestrebung durch die Trennung vom repressiven Vater sowie dem Wechsel seines sozial-kulturellen Umfeldes einen progressiven Schub erfuhr, infolgedessen er sich mit den französischen Wertvorstellungen immer mehr identifizierte.

Heute fühle Karl sich hinsichtlich seiner ‚nationalen Identität' „ein bisschen verloren", weil er in Frankreich ‚Zurückweisungen' erfahre. So sieht er sich seitens der „echten Franzosen", die aufgrund ihrer biologischen Abstammung Franzosen sind, alltäglichen Erfahrungen von Missachtung ausgesetzt, woraufhin sich bei ihm „dieses Gefühl des Nichtdazugehörens zur französischen Identität" eingestellt habe. Besonders seit den Aufständen in den Vororten von Paris im Jahr 2005[7] habe sich dieses Gefühl deutlich verstärkt. Karl spricht explizit von Franzosen „weißer Rasse" und „schwarzer Rasse" und markiert damit seine gesellschaftliche Außenseiterposition. Sie ist für Karl auch darum so schmerzhaft, weil er sich innerlich sehr mit Frankreich verbunden fühlt: „Es ist in mir, ich liebe Frankreich. Ich kann es kritisieren wie ich will, aber tief in mir liebe ich Frankreich."

Seine Identifikation mit der französischen Gesellschaft zeigt sich auch in der Scham, die Karl für andere Schwarze empfindet, weil sie ihre Viertel zerstören und „weiße Damen oder Herren" beschimpfen und darum berechtigterweise, wie Karl findet, von „Franzosen weißer Rasse" als Kriminelle bezeichnet werden. Die Ablehnung seiner Person in Frankreich führt bei Karl zur Resignation. Seiner Meinung nach lohne es sich nicht zu kämpfen, denn ihm werde immer mehr bewusst, dass „was ich auch mache, ich nicht als Franzose akzeptiert werden werde". Durch Kemi Seba, den Anführer einer Organisation von Schwarzen in Frankreich, die mit

---

7   In einer Pariser *banlieu* wurden zwei Jugendliche bei dem Versuch, vor der Polizei zu flüchten, durch Stromschläge tödlich verletzt. In der Folge kam es landesweit zu gewalttätigen Unruhen.

radikalen Parolen gegen die Unterdrückung „der schwarzen Rasse in Frankreich"
kämpfen, fühle Karl sich zwar in seiner Sichtweise bestärkt, die Radikalität dieser
Gruppe lehne er jedoch ab. Er versuche eher eine Veränderung zu bewirken, indem
er sein persönliches Umfeld für Rassismus sensibilisiere. Karl verharrt nicht im Status des Opfers, sondern versucht, seine Handlungsfähigkeit zu bewahren. Dies wird
beispielsweise an seinem Umgang mit der Arbeitslosigkeit sichtbar, die Karl als seine eigene Entscheidung deklariert:

> „[…] als ich gesehen habe, wie die Dinge laufen, habe ich entschieden,
> keinen Arbeitsplatz in Frankreich zu suchen […] Alle meine französi-
> schen Freunde, die aus der Immigration stammen, weil sie, sie suchen
> Arbeit, man gibt ihnen keine. Ich suche keine und ich hab keine. Wo sie
> in Wirklichkeit Verlierer sind, ist die Energie, die sie aufwenden was all
> das angeht ( ) die Tatsache, immer umher zu fahren ( ) äh ( ) einen Le-
> benslauf zu schreiben ( ) immer bekommen sie dieselbe Antwort. Also
> äh ( ) ich, was das angeht, ich habe zum Beispiel entschieden, ins Exil zu
> gehen, außerhalb Frankreichs zu leben und ( ) wo ich mehr Möglichkei-
> ten habe ( )."

Karl lehnt es ab, vergeblich um Anerkennung zu kämpfen. Seine Verweigerung
mündet in dem Entschluss, Frankreich zu verlassen, um sich außerhalb des Landes neue Möglichkeiten zu erschließen. Karls Verwendung des Begriffs „Exil" verweist darauf, dass er sich als Verfolgter versteht, der sich aufgrund der Umstände
gezwungen sieht, diesen Schritt zu gehen, um größeren Schaden abzuwenden.

Als Motiv zur Migration nach London dient Karl seine Leidenschaft zur Musik, insbesondere zum englischsprachigen *Rhythm and Blues*, und die Möglichkeit,
seine Fähigkeiten darin in einer dortigen Musikschule zu professionalisieren. Seine Entscheidung, nach Beendigung der Musikschule weiterhin in London zu leben,
begründet er neben den musikalischen Möglichkeiten ausführlich mit seinen positiven Erfahrungen, dort als Schwarzer erheblich weniger diskriminiert zu werden
und trotz seiner Hautfarbe anerkannt zu werden. Dies kommt auch in dem Umstand zum Ausdruck, dass er dort einer bezahlten Tätigkeit als Lagerarbeiter nachgeht, womit er seinen Lebensunterhalt selbst bestreiten kann. Die Migration nach
London ist somit als Karls Form der Bewältigung des in Frankreich erfolglos geführten Kampfes um Anerkennung zu verstehen, die seine Entwicklung in Richtung
eines transformierenden Lebensentwurfs entscheidend vorantreibt.

In Karls Biographie sind zwei Momente besonders prägend, die sich in seiner adoleszenten Auseinandersetzung in besonderer Weise verschränken: der Umstand der Adoption und die Bedrohung durch Gewalt. Karls Erfahrung, von seinem
Adoptivvater zunächst wohlwollend aufgenommen und dann durch dessen Gewalt-
ausbrüche bedroht zu sein, wiederholt sich im Zuge seiner Adoleszenz in Frankreich. Denn er fühlt sich seinem „Adoptionsland" Frankreich wie ein „echter Franzose" verbunden und macht erneut die Erfahrung schmerzlicher Zurückweisung

aufgrund seiner Herkunft. In beiden Fällen sieht er sich seinem unsicheren Status als Adoptivsohn, der zwar rechtlich gleichgestellt, faktisch jedoch nicht vollwertig anerkannt ist, ausgesetzt. Karl begegnet den aktuellen Diskriminierungen offensiv, indem er den Rassismus verbalisiert und unter Rückgriff auf lebensgeschichtlich erworbene Ressourcen mit der Migration die Trennung als Strategie zur Überwindung der erfahrenen Kränkungen wählt. Seine Selbstpositionierung spiegelt die Auseinandersetzung mit den Zugehörigkeitsdiskursen, die über die „Franzosen aus der Immigration" zirkulieren und zu denen er sich mit seinem Entwurf des Weltbürgers in Beziehung setzt: Er wendet sich von Frankreich ab und versteht sich als überall zu Hause, ohne jedoch sein Adoptionsland gänzlich zu verleugnen.

Kadia[8] (D), 18 Jahre

Kadia ist die jüngste Tochter ihrer von Marokko nach Deutschland eingewanderten Eltern. Der Vater pendelte viele Jahre als Arbeitsmigrant, bis die Familie, kurz vor Kadias Geburt, nach Deutschland übersiedelte. Kadia besucht das Gymnasium in einer mittelgroßen Stadt eines Ballungsgebiets. Sie wohnt als einzige ihrer vier Geschwister noch bei den Eltern.

In Kadias Selbstbeschreibung spielt die erfolgreiche Migrationsgeschichte ihrer Eltern eine dominante Rolle. Sie schildert, dass der Vater als Bauarbeiter alleine die Familie ernährt, eine Eigentumswohnung gekauft und seinen Kindern eine höhere Schul- und Berufsausbildung ermöglicht hat. Als IT-Berater und Fremdsprachensekretärin sind die älteren bereits verheirateten Geschwister für Kadia bedeutende Vorbilder. Ein Bruder, dessen Aufstieg als Gebäudereiniger weniger steil ausfällt, wird als „nicht *so* begabt" beschrieben. Kadia betont außerdem, dass sich ihre Schwestern ihre Ehemänner selbst ausgesucht haben, was sie sehr wichtig finde. Auf Nachfragen der Interviewerin kommt sie auf „dieses Vorurteil", wonach die Töchter marokkanischer Familien zwangsverheiratet würden, zu sprechen. Beispielsweise sei sie von ihren Lehrern häufig daraufhin angesprochen worden, was sie als sehr verletzend empfunden habe, denn „ich werd' zu Hause zu nichts gezwungen". Kadia ist es wichtig, dies auch nach außen hin zu demonstrieren. Ihr Verhältnis zu den Eltern beschreibt Kadia als gut: „Ich kann mich nicht beschweren, ich hab mein eigenes Zimmer, Internet, Telefon (*lacht*), Fernseher. Stereo-Anlage […]."

Kadia hebt hier den materiellen Lebensstandard hervor, den ihr die Eltern bieten. Offenbar möchte sie sich als ganz normale Jugendliche in Deutschland darstellen, der es an nichts fehlt. Für die nahe Zukunft wünscht sich Kadia, das Abitur zu bestehen. Sie habe keine großen Probleme in der Schule, ihre Leistungen würden jedoch von Halbjahr zu Halbjahr schwanken. Der Schulwechsel aufs Gymnasium sei sehr schwer gewesen, weil ihre Freunde alle auf eine andere Schule gegangen seien und sie sich daraufhin sehr alleine gefühlt habe. Die Atmosphäre in der neuen Klasse erlebte sie als ‚kalt' und reagierte mit psychosomatischen Magenbeschwerden,

---

8 Zum Interpretationsprozess des Falles Kadia vgl. auch Bittner, Günther (2013).

weswegen sie häufig gefehlt habe. Mit der Wiederholung der elften Klasse besserte sich die Situation, weil sie sich mit den neuen Mitschülerinnen und Mitschülern besser verstehe. Kadia besucht eine Schule, die einen hohen Anteil an Schülern mit Migrationshintergrund hat und mit dem Thema Rassismus offen umgeht.[9] Dennoch fühle sie sich aufgrund ihrer Religionszugehörigkeit häufig angegriffen, weil sie beispielsweise mit extremen Islamisten verglichen werde, obwohl sie und ihre Familie „überhaupt nicht so sind". Sie führt das darauf zurück,

> „dass da dieser <u>Hass</u> geschürt wird sozusagen in den <u>Medien</u> oder (.) [Mhm] (uv) so: (.) dass halt eh alle müssen aufpassen, die sind <u>gefährlich</u> und(.) Sind halt nicht alle (uv) in <u>meinen</u> Augen halt diese Menschen(.) gar keine Moslems sind, weil wenn die die Religion wirklich befolgen würden, dann wären sie friedlich […]."

Kadia fühlt sich durch die Darstellung in den Medien zu Unrecht einer gefährlichen Gruppe zugeordnet und will zeigen, dass diese Beschreibung auf sie nicht zutrifft. Es stört Kadia, dass wenig Unterschied zwischen verschiedenen Moslems wahrgenommen wird und sie sich in der Schule vor ihren Mitschüler(inne)n immer in besonderer Weise für die Art, ihre Religion zu leben, rechtfertigen muss: „und weil man immer angegriffen wird, im PoWi-Unterricht[10] zum Beispiel, ja auch, wenn es doch so ist, warum trägst Du eigentlich kein Kopftuch und wurde ich schon <u>so oft</u> gefragt […]."

Kadias Mitschülerinnen und Mitschüler beharren auf polarisierenden Kategorien, nach denen weibliche Moslems und das Tragen des Kopftuchs gleichgesetzt werden. Das Beispiel verdeutlicht, wie in vermeintlich offenen und ‚politisch korrekten' Diskussionen in der Schule doch ein verdeckter Rassismus weiter fortwirkt. Kadia stellt sich diesen Diskussionen, setzt sich mit den Ansichten ihrer Mitschülerinnen und Mitschüler auseinander und versucht, ihre Meinung darzulegen. Sie fühlt sich jedoch nicht wirklich von ihnen verstanden. Am wohlsten fühlt sie sich daher unter Gleichaltrigen, die sich wie sie in Differenz zur Mehrheitsgesellschaft befinden: ihre Freundin Leyla, die auch marokkanische Eltern hat, und ihre Arbeitskolleginnen, die alle unterschiedliche Nationalitäten haben. Bei ihrer Arbeit am Wochenende in einem Dekorationsgeschäft fühle Kadia sich sehr wohl, weil das Team dort „sehr jung, sehr witzig, sehr aufgeschlossen" sei. Anders als in der Schule muss sie sich hier für nichts rechtfertigen, denn jede wird in ihrer Eigenart wahrgenommen und anerkannt. Beispielsweise indem jede abwechselnd ein in ihrer Kultur übliches Gericht mitbringt, welches sie dann zusammen essen.

In ihrem Zukunftsentwurf orientiert Kadia sich am familiären Auftrag des sozialen Aufstiegs. Mit ihrem Berufswunsch der Lehrerin verbindet sich für sie eine hohe soziale und finanzielle Anerkennung, ohne dafür körperlich so hart arbeiten

---

9 Die Schule trägt das Zertifikat ‚Schule ohne Rassismus'. In diesem vom Bund geförderten Programm führt sie mehrmals im Jahr Projekte mit der Zielsetzung, rassistische Haltungen durch Dialog und Information im Ansatz zu bekämpfen, durch.

10 PoWi = Unterrichtsfach ‚Politik und Wirtschaft'.

zu müssen wie ihr Vater. Als künftigen Partner kann sie sich am ehesten einen Mann vorstellen, der einen akademischen Beruf ausübt und Kadias „kulturellen Hintergrund kennt und ihn teilt". Dazu gehören für Kadia insbesondere die Sprache und die Religion, die sie auch an ihre Kinder weitergeben möchte. Sie stellt sich das Zusammenleben mit ihrem Mann in engem Verbund mit ihren Eltern vor, von denen sie sich nicht allzu sehr differenzieren möchte. Von einem Mann aus ihrem kulturellen Umfeld würde sie sich in ihrer Lebensweise eher unterstützt fühlen, statt diese dauernd verteidigen zu müssen. Als Beispiel führt Kadia eine Klassenfahrt an, auf der sie von ihren Mitschüler(inne)n immer wieder aufgefordert wurde, Alkohol zu trinken, und sie sich dauernd dafür habe rechtfertigen müssen, warum sie keinen trinken möchte. Ein Partner, der ihre Lebensform teilt, würde sie da eher verstehen und unterstützen, was für Kadia eine Entlastung bedeuten würde.

Zentral in Kadias Biographie ist die Auseinandersetzung mit ihrem Anderssein, die ihr durch die Zuschreibungen von außen immerfort auferlegt wird, woraus sie eine vorwegnehmende Verteidigungshaltung entwickelt. Der erfolgreiche und mit hohem Kraftaufwand erfolgte Aufstieg der Familie kann die kulturelle Andersartigkeit, auf die sie seitens der Mehrheitsgesellschaft stets verwiesen wird, nicht ausgleichen. Obwohl Kadia in den Begegnungen mit Angehörigen der Mehrheitsgesellschaft offen für eine Veränderung der Bilder über sie kämpft, fühlt sie sich auf vorhandene Klischees reduziert und nicht als eigenständige Person anerkannt. Der Anstrengung einer ständigen Verteidigungshaltung versucht Kadia zu entkommen, indem sie Kontakte zu Gleichaltrigen, die ihren Minderheitenstatus teilen, bevorzugt. Kadias adoleszenter Möglichkeitsraum ist insofern von den Erfolgserwartungen ihrer Familie einerseits sowie von den Zugehörigkeitsdiskursen andererseits wesentlich geformt. Die von ihr erlebten Festschreibungen von außen, als eine starren Regeln unterworfene Muslima mit geringem Gestaltungsspielraum, beschränken Kadias adoleszente Explorationsbestrebungen und verstärken eher die Identifikation mit ihrer Herkunftsfamilie. So folgt sie deren Entwurf, sich einen aufstiegsorientierten Platz in der Gesellschaft zu erobern, indem sie sich an deren institutionelle und strukturelle Erfordernisse anpasst, emotional jedoch an ‚ihre Kultur' gebunden bleibt. Diese Aufteilung in einen privaten und einen öffentlichen Bereich ist als eine Strategie des Umgangs mit den Kränkungen, die mit den beschriebenen Zugehörigkeitsdiskursen verbunden sind, zu verstehen.

Fazit

Die Beispiele von Karl und Kadia verdeutlichen, welcher enormen Anstrengung es für Jugendliche mit Migrationshintergrund bedarf, sich im Spannungsfeld zwischen Zugehörigkeitsdiskursen und der eigenen Lebensrealität beständig positionieren und verteidigen zu müssen.

Unter Berücksichtigung des Altersunterschieds zwischen den beiden Fällen zeigt ihr Vergleich darüber hinaus, wie sich Art und Inhalte der geführten Diskurse in den einzelnen Lebensentwürfen spiegeln und sich in jeweils spezifischer Weise mit der individuellen Lebensbiographie verknüpfen. Zunächst ist bei Karl eine starke Identifizierung mit der französischen Nation auffällig, wie sie bei Kadia in dieser Form nicht vorhanden ist; sie stellt sich grundsätzlich als ‚Dazugekommene' dar. Ferner fällt auf, dass Karl von Beginn an offen über seine Diskriminierungserfahrungen spricht und sein Leiden daran deutlich macht, während Kadia ihre mit dem Minderheitenstatus verbundenen negativen Erfahrungen zaghaft und eher indirekt thematisiert. So verwendet Karl den Rassebegriff, mittels dessen er die Grenzziehung zwischen ‚schwarzen' und ‚weißen' Franzosen offensiv thematisiert und damit seine eigene Abkehr von Frankreich als zwangsläufig rechtfertigt, die er mit seiner Migration nach London auch vollzieht. Kadia hingegen versucht, sich als eine ganz normale Jugendliche in Deutschland zu sehen, die im Wettbewerb um einen angemessenen Platz in der Gesellschaft mit kulturalisierenden Zuschreibungsprozessen konfrontiert wird. Sie nimmt diese Diskurse in ihren Lebensentwurf auf, indem sie sich hinsichtlich ihrer sprachlichen und religiösen Differenz selbst als kulturell Andere positioniert. Karl knüpft mit seinem Entwurf zwar an diejenigen der Jugendlichen seiner Generation, die mit zunehmender Tendenz ihre Zugehörigkeit zur französischen Nation aufkündigen, an (Tucci, 2009). Aufgrund seiner biographischen Erfahrungen empfindet er jedoch eine intensive Verbundenheit mit Frankreich und vollzieht die Abkehr daher nicht mittels gewalttätiger Auflehnung, sondern in Form seiner Migration nach London. Damit verbindet sich für ihn auch eine Erweiterung seines adoleszenten Möglichkeitsraums. Kadias Weg der Aufteilung in zwei Lebensbereiche ist ihrer Erfahrung der allgegenwärtigen Fremdheit geschuldet, die ihr von Anfang an seitens der Aufnahmegesellschaft entgegengebracht wird und die einer emotionalen Verankerung wie bei Karl entgegensteht. Ihre daraus resultierende enge Bindung an ihre Herkunftsfamilie und -kultur, verhindert adoleszente Ablösetendenzen, indem sie einseitig auf den beruflichen Erfolg ausgerichtet sind.

Die Ausführungen verdeutlichen somit, dass Differenzdiskurse für jugendliche Migrant(inn)en eine besondere Herausforderung in ihrem adoleszenten Entwicklungsprozess darstellen. Die vorgestellten Fälle zeigen einerseits die Kreativität der Jugendlichen, mit den spezifischen Bedingungen einschränkender adoleszenter Möglichkeitsräume umzugehen. Andererseits zeigen sie auf, wie sich die Reproduktion sozialer Ungleichheit entsprechend der nationalen Besonderheiten unterschiedlich in adoleszenten Entwicklungsprozessen vollzieht.

3.3 Muslimische Adoleszenz? Zur biographischen Bedeutung muslimischer Religiosität in der Jugendphase[11]

Michael Tressat

In diesem Unterkapitel geht es um Jugendliche in modernisierten Gesellschaften, deren Migrationshintergrund durch den Islam[12] und durch traditionell arabisch-orientalische Wertvorstellungen geprägt ist. Bei der Betrachtung der muslimischen Religiosität gehe ich davon aus, dass Religiosität – wie auch immer die je konkrete Glaubenspraxis aussieht – eine alltagsweltliche Bedeutung hat, indem sie direkt oder implizit Handlungs- und Deutungsmuster strukturiert. Im Hinblick auf die Jugendphase bedeutet dies, dass die sozio-kulturellen Hintergründe einen prägenden und strukturierenden Einfluss auf adoleszente Wandlungsprozesse, insbesondere auf innerfamiliäre Adoleszenzkonflikte, haben (King, 2002, S. 43). Jugendliche mit Migrationshintergrund müssen in zweifacher Hinsicht Wandlungsprozesse bewältigen: in Bezug auf adoleszente Transformations- und Ablösungsprozesse und im Hinblick auf die mit der Migration an sich verbundenen Wandlungsprozesse. Die doppelte Transformationsanforderung wird bei jungen Muslimen durch das muslimische Herkunftsmilieu und die muslimische Religiosität beeinflusst. Welche Bedeutung muslimische Religiosität in der Adoleszenz haben und wie sie empirisch aussehen kann, soll im Folgenden gezeigt werden. Dazu habe ich eine Verbindung aus einem adoleszenz- und religionstheoretischen Zugang gewählt, die es ermöglicht, sowohl die sozialisatorische Bedeutung als auch die strukturelle Bedeutung von muslimischer Religiosität in den Lebensgeschichten zu rekonstruieren.

Adoleszenz und Religiosität im Hinblick auf den Islam

Zur Struktur muslimischer Adoleszenz

Obgleich junge Muslime ein beliebter Gegenstand der Migrations- und Religionssoziologischen Forschung sind, fehlen bislang systematische Abhandlungen zur Bedeutung muslimischer Religiosität in der Adoleszenz. Ich beziehe mich daher in diesem Abschnitt im Wesentlichen auf einen Artikel von Wensierski (2007), in dem er die Merkmale einer islamisch-selektiv modernisierten Jugendphase herausgearbeitet hat. Ausgehend vom Leitbild der individualisierten Jugendbiographie weise die Jugendphase junger Muslime zum einen die gleichen soziologischen Strukturmerkmale auf, zum anderen gebe es aber auch deutliche Unterschiede. Mit anderen

---

11 Weitere Fallrekonstruktionen aus dem deutsch-französischen Forschungsprojekt zu diesem Thema finden sich auch in der Monographie des Autors, „Muslimische Adoleszenz? Zur Bedeutung muslimischer Religiosität bei jungen Migranten. Biografieanalytische Fallstudien", die 2011 im Verlag Peter Lang erschienen ist.

12 ‚Islam' wird – wie zu betonen ist – nicht im Sinne einer einheitlichen, sondern als eine durch Heterogenität und Diversität geprägte Religion verstanden.

Worten gibt es „bemerkenswerte Gleichzeitigkeiten des Ungleichzeitigen innerhalb der Strukturen" der Jugendphase (Wensierski, 2007, S. 75). Es gebe ein Fortwirken der sozialisatorischen Bedeutung islamisch geprägter und legitimierter Normen und Werte bei einer gleichzeitigen – partiellen – Modernisierung der Jugendphase. Den folgenden Ausführungen geht also ein adoleszenztheoretisches Verständnis voraus, welches – nimmt man die Thesen Kings mit hinzu – besagt: Die Kernaufgabe der Adoleszenz in modernisierten Gesellschaften liegt in der Herausbildung einer individuierten und biographisierten Lebensführung (King, 2002, S. 36; siehe hierzu auch Zölch in diesem Band).

Die Adoleszenzverläufe junger Muslime weisen in den Bereichen Bildung und Schule sowie Freizeit und Kultur das größte Modernisierungspotenzial auf. Insbesondere im intergenerationalen Vergleich zwischen der sogenannten ersten und zweiten Generation seien deutliche Entwicklungen im Hinblick auf eine modernisierte Jugendphase zu erkennen. Dies zeige sich beispielsweise in einer verlängerten Schul- und Ausbildungsphase, einer höheren Bildungsaspiration, der jugendkulturellen Bildung von (ethnischen) Peer-Groups oder aber einer Mediatisierung und Kommerzialisierung des Freizeitverhaltens.

Insbesondere in den adoleszenten Entwicklungsbereichen, die mit der Transformation der innerfamiliären und Ausgestaltung der partnerschaftlichen Beziehungen zusammenhängen, präge und strukturiere der religiös-kulturelle Kontext des muslimischen Herkunftsmilieus nachhaltig den Sozialisationsprozess der jungen Muslime. Im Verlauf der Sozialisation komme es zur Herausbildung eines muslimischen Habitus (vgl. auch Oevermann, 2006, S. 424). Den adoleszenten Entwicklungsmöglichkeiten seien so mitunter enge Grenzen gesetzt: Die Bereiche Familienorientierung, Geschwisterrolle, Sexualmoral (Virginitätsgebot), Körperlichkeit, Geschlechterverhältnisse, Heiratsverhalten können durch „das Fortwirken der Bindungskraft religiös begründeter Normen und Werte" als auch der traditionell islamisch-orientalischen Familienstrukturen beeinflusst werden (Wensierski, 2007, S. 62). Innerhalb dieser Bereiche könne es aufgrund selektiver Modernisierungsprozesse aber durchaus auch zu ambivalenten Strukturen kommen.

Abschließend sei noch bemerkt, dass der hier als muslimischer Habitus bezeichnete Kanon aus die Alltags- und Lebenswelt strukturierenden islamisch legitimierten Normen und Werten einen normativ-orientierungsleitenden *Rahmen* darstelle, der nicht mit individueller Religiosität zu verwechseln sei (a.a.O., S. 77). Dieser Rahmen verfehle seine Wirkung jedoch nicht, denn Wensierski sieht in der muslimischen Adoleszenz eine – in struktureller Hinsicht – „um die individualisierte, pluralisierte und geschlechteregalitäre Familienbiographie halbierte Modernisierung" (a.a.O., S. 76).

Strukturelle Religiosität und der Islam

Das von Oevermann (1995) erstmals formulierte Strukturmodell von Religiosität erhebt den Anspruch, die universelle Bedeutung von Religiosität in struktureller Hinsicht zu erfassen. Es geht bei dieser Perspektive weder um die materialen Inhalte einer je konkreten Religiosität und deren Glaubenspraxis noch um die Herausarbeitung einer sinnstiftenden Funktion von Religion. Stattdessen sei es die primäre Aufgabe von Religiosität, „für die Bewältigung der grundsätzlich nicht still stellbaren Bewährungsproblematik jeder konkreten Lebenspraxis eine Hoffnung zu eröffnen, konkret ausgedrückt: das Skandalon des Todes zu bewältigen" (Oevermann, 1995, S. 79).

Die nicht stillstellbare Bewährungsproblematik resultiert aus dem Bewusstsein des Menschen von der Endlichkeit des eigenen Lebens. Das Endlichkeitsbewusstsein leitet sich – im Übergang von Natur zu Kultur – konstitutiv aus der Sprachlichkeit des Menschen ab. Im Hier und Jetzt einer konkreten Handlungssituation ermöglicht Sprache, die Situation zu reflektieren. Handlungsalternativen können formuliert werden und eröffnen damit Wahlmöglichkeiten. In Anbetracht einer potenziell offenen Zukunft entsteht so die Eigenlogik menschlicher Lebenspraxis, denn die Wahlmöglichkeiten eröffnen gleichsam einen Entscheidungszwang, der immer auch eine Begründung der Entscheidung verlangt. In der Dialektik von Entscheidungszwang und Begründungsverpflichtung spannt sich das Endlichkeitsbewusstsein wieder ein, denn gewisse Entscheidungen sind in der Praxis nicht mehr rückgängig zu machen. Die Logik des *point of no return* findet ihren Höhepunkt im eigenen Tod.

Das Bewusstsein von der Endlichkeit des Lebens setzt im Monotheismus eine nicht stillstellbare Bewährungsdynamik in Gang, die das „sich bildende Subjekt zur Autonomisierung und Individuierung antreibt" (Oevermann, 2006, S. 417). Dem Monotheismus sei damit gleichsam eine Säkularisierungs- und Rationalisierungstendenz immanent. Das strukturell-religiöse Bewährungsproblem bestehe aber weiterhin, da es sich konstitutiv aus dem Endlichkeitsbewusstsein und der Eigenlogik autonomer menschlicher Lebenspraxis ableite. Die Struktur von Religiosität lässt sich in drei Momenten zusammenfassen: erstens, die nicht stillstellbare Bewährungsdynamik, die universell gilt; zweitens, der je kulturspezifische Bewährungsmythos, der eine Hoffnung auf Bewährtheit vermittelt bzw. das Bewährungsproblem zu lindern vermag; und drittens, die Evidenzsicherung des empirisch nicht überprüfbaren Bewährungsmythos durch eine vergemeinschaftlichte Glaubenspraxis, die in struktureller Hinsicht universell und im Hinblick auf die je konkrete Ausformung kulturspezifisch ist.

In einem neueren Aufsatz hat Oevermann (2006) danach gefragt, warum der Islam, obgleich er ein Monotheismus ist, kaum Säkularisierungstendenzen hervorbringe, sondern stattdessen Fundamentalismen erzeuge, die als Gegenbewegung zur ‚westlichen' Modernisierung entstehen. Die strukturreligiöse Betrachtung der schriftlichen Quellen des Islam und der Traditionslinien bringt Oevermann zu der

‚ungeheuerlichen These', dass der „fundamentalistische Islam in seiner Grundten-
denz modernisierungshemmend" sei (a.a.O., S. 401). Dies liege darin begründet,
dass im Zuge der koranischen Entstehungsgeschichte die aus den jüdisch-christlichen Überlieferungen übernommenen Elemente von Mohammad dahingehend as-
similiert wurden, dass die „Autonomisierungsantriebe des jüdisch-christlichen
Dogmas" nahezu getilgt worden seien (a.a.O., S. 403). Der Islam habe sich stattdessen zu einer ‚Gehorsamsreligion' entwickelt, d.h., dass der bedingungslose Gehor-
sam gegenüber Allah zur Grundform muslimischer Religiosität wurde und damit
eine Modernisierung der Lebensführung im Sinne einer Autonomisierung von individueller Lebenspraxis weitgehend verhindert bzw. blockiert werde (a.a.O., S. 425).

Zwischenfazit

Die adoleszenz- und religionstheoretische Perspektive hat ein konvergierendes Moment in der Bewährungsproblematik menschlicher Lebenspraxis, die somit eine
theoretische Klammer zwischen den Kategorien ‚Adoleszenz' und ‚Religion' her-
stellt. Während es, vereinfacht gesprochen, in der Adoleszenz um einen Individuierungsprozess geht, bei dem sich der Jugendliche in dem Prozess des Erwachsenwerdens zu bewähren hat, so geht es bei der Perspektive struktureller Religiosität
um einen Bewährungsprozess, der auf das gesamte Leben an sich bezogen ist und
erst mit dem Tod zum Stillstand kommt. Die Religion bietet eine ‚Lösung' zu dieser
Schwierigkeit an, weil sie das Bewährungsproblem abmildert, aber nicht grundsätzlich aufhebt. Die Bewährungsproblematik treibt im Monotheismus also gleichsam
das Individuum zur Individuation heraus, bei dem der individuelle Lebensentwurf
des Einzelnen geradezu eine Antwort auf die Endlichkeitsproblematik darstellt. In
der säkularisierten Moderne konvergiert sie an dieser Stelle mit der Thematik der
Individuation in der Adoleszenz, in der das Thema Individuation gewissermaßen
im Kern thematisch und von dort aus lebensgeschichtlich bearbeitet wird.
    Die angedeuteten Berührungspunkte zwischen der adoleszenz- und religionsthe-
oretischen Perspektive stellen den heuristischen Rahmen der nachfolgenden Fallin-
terpretationen dar. Die spezifischen strukturellen Merkmale, wie sie von Wensierski in Bezug auf eine muslimische Adoleszenz und von Oevermann in Bezug auf
eine muslimisch-fundamentalistische Religiosität postuliert wurden, sind hingegen
in ihrem jeweiligen Geltungsanspruch zu hinterfragen. Für die These, dass der *fundamentalistische* Islam modernisierungshemmend sei, ergibt sich demgemäß ein ne-
gativer Geltungsanspruch, da die jungen Muslime der Fallbeispiele keine fundamentalistische Gesinnung haben. Ihre jeweils individuelle Form der Religiosität ordne
ich einem sogenannten Islam der Migrantinnen und Migranten in Europa zu, bei
dem das Verlassen der islamisch geprägten Herkunftsländer bereits als eine Form
der Säkularisierung betrachtet werden kann (vgl. hierzu die Diskussion in Escudier,
2003 und Wohlrab-Sahr et al., 2007). Anhand der folgenden Fallbeispiele soll nun

exemplarisch rekonstruiert werden, wie der individuelle Umgang mit muslimischer Religiosität in der Adoleszenz aussehen kann.

Fallrekonstruktionen

Fallbeispiel Mahmut (D)

Mahmut ist 17 Jahre alt und hat einen sunnitisch-türkischen Migrationshintergrund. Das zentrale Thema in Mahmuts biographischer Erzählung ist das Erlebnis und die Bewältigung eines lebensbedrohlichen Unfalls, den er bereits in der Eingangserzählung schildert. Im Alter „zwischen drei und vier" Jahren wurde Mahmut von einem Auto vor seiner Haustür angefahren und „lag also vorm Sterben"[13]. Der Fahrer flüchtete. In der Folge habe Mahmut eine „Epilepsiekrankheit" bekommen und in der Schulzeit „ein bisschen Aggression" gehabt. Er habe deshalb und wegen eines Fußproblems keinen Sport machen dürfen. Er wurde „fett" und „übergewichtig". Bis zum sechsten Schuljahr hatte er „nur Probleme" mit Lehrern und Schülern. Der Besuch der Sonderschule wurde durch das Engagement des Bruders abgewendet: Mahmut ging zuerst auf die Hauptschule und konnte die Schule dann mit dem Realschulabschluss beenden. Zurzeit macht er eine Ausbildung zum Technischen Zeichner. Nachdem Mahmut mit der Eingangserzählung in der Gegenwart angekommen ist, springt er zurück an den Punkt in seiner Lebensgeschichte, der als biographischer Wendepunkt bezeichnet werden kann und der sich deutlich von der negativen Verlaufskurve der Kindheit unterscheidet. „Ja und danach irgendwann meinte ich dann zu mir, hab' durch ein Freund angefangen Sport zu machen mit mein vierzehnten (.) mit mein sechzehnten Lebensjahr, hab ich angefangen mit Boxen".

Der sportliche Wendepunkt wird von einem schulischen Wendepunkt, an dem sein Bruder und ein besonders engagierter Lehrer sich für Mahmut eingesetzt hatten, begleitet. Obgleich Mahmuts schulischer Aufstieg enorm ist, spielt er im Verlauf des Interviews eine untergeordnete Rolle. Dies mag daran liegen, dass der schulische Wendepunkt gewissermaßen von (signifikanten) Anderen initiiert wurde, während der sportliche Wendepunkt Mahmuts eigene Entscheidung war, die allerdings zuvor durch das ‚Ja' des Vaters ermöglicht wurde. Der ‚sportliche Wendepunkt' markiert damit gleichsam den Beginn des adoleszenten Individuierungsprozesses zum eigenverantwortlich handelnden Subjekt im Zuge familiärer Umwandlungsprozesse.

> „Ich hab viel Selbstbewusstsein bekommen durch Sport. Ich hatte vorher kein Selbstbewusstsein. Ich fand mich nicht schön. Ja halt hat mir sehr viel geholfen. Das hat einiges in mein Leben geändert. (.) Sport, neue Freunde, neuer Umkreis. Hast was Neues zu tun in Dein Leben. Ja und durch das Boxen habe mich auch andere im Viertel zum Vorbild

---

13 Originalzitate aus den Transkripten; zum Transkriptionssystem siehe Anmerkung 4, S. 92.

genommen, wie sie gesehen haben, dass ich so abgenommen hab und so. Und ja, das finde ich wichtig und gut, wenn man für die Leute ein Vorbild sein kann und was bewirken kann. Den Leuten=Anderen zu zeigen, dass man es schaffen kann […]".

Sowohl aus adoleszenztheoretischer als auch aus strukturell-religiöser Perspektive stellt der Sport eine wichtige Ressource des adoleszenten Möglichkeitsraums dar, der Mahmut dazu befähigt, Neues zu generieren, und der gleichsam eine zunehmende autonome Lebenspraxis in Gang setzt. Die sich daraus ergebende Bewährungsdynamik wird noch dadurch verschärft, dass Mahmut der Hoffnungsträger der ganzen Familie ist; seine Brüder haben keinen Schulabschluss, keine Arbeit und Probleme mit Drogen und Alkohol. Mahmuts Erzählung vermittelt jedoch nicht, dass er ‚Druck' hat, sich bewähren zu müssen. Er hat vielmehr eine zuversichtliche und hoffnungsvolle Gesinnung und er geht geradezu spielerisch mit dem Bewährungsproblem um: Er beantwortet es mit einer sportlich-religiösen Bewährungsstrategie.

Sport bietet Mahmut die Möglichkeit, das, was ihm widerfahren ist, zu inszenieren. Der Autounfall hat eine nichtadressierbare Wut und Aggressivität in Mahmuts Leben erzeugt. Es gibt einen flüchtigen Schuldigen und die Schuld der Eltern, ihn nicht beaufsichtigt und beschützt zu haben; doch Letzteres kann und darf er nicht artikulieren. Der Boxsport bietet ihm die Möglichkeit, die passiv erlittene Gewalt des Unfalls umzukehren und auf einen imaginierten Schuldigen ‚drauf-zu-hauen', die körperliche Attraktivität zu steigern und das Selbstvertrauen zu stärken. Der Boxsport ist hier – in der Terminologie Oevermanns gesprochen – Bewährungsmythos *par excellence*. Über die gemeinschaftliche Boxpraxis im Verein erfährt Mahmut eine Evidenzsicherung, ebenso über die Anerkennung seiner Person als Vorbild. Und letztlich erwirbt er durch das Boxen die Fähigkeit, sich selbst zu beschützen. Aber der mögliche Schutz und die Bewährung sind abhängig von *seiner* Kraft. In Krisensituationen scheint seine Kraft nicht auszureichen. Mahmut greift dann auf eine Facette seiner Religiosität zurück: Durch (freies) Gebet gewinnt er Motivation und Kraft.

„Also Religion gibt mir Hoffnung, also zum Beispiel wenn was passiert, (.) dann Hoffnung, Stärke, (2) wie soll man das noch sagen? (3) Ja halt, (2) also du weißt jemand ist da, der dich beschützen würde also. (6) Wie kann man das erklären? (3) Ja halt bei Situationen, wo ich Probleme habe=wo du dann, (3) denk ich, dass ich (haut unbewusst gegen den Tisch) baue ich darauf und bete auch und sage ‚Gott gib mir die Kraft' oder ‚ich wills schaffen'. (3) Auch zum Beispiel Muhammad Ali hat vorm Kampf immer gebetet. Als (.) Hoffnung, Stärke, als Schutz. Halt das, (2) das stärkt ein=motiviert ein und danach (.) weißt Du, du hast (6), kann man gar nicht so richtig sagen. (3) Halt die Glaube gibt die mir (.) die Religion".

Diese Passage ist durch viele lange Pausen geprägt. Mahmut reflektiert in seiner Religiosität sein Sein, in problematischen Situationen wie auch während der Phase des Erzählens selbst. Das unerklärliche Schicksal des Unfalls wird thematisiert – im Konjunktiv: Jemand würde ihn beschützen, hat es aber in der Vergangenheit nicht getan. Die Eltern und Gott waren beim Unfall abwesend. Beide hätten aber das Potenzial gehabt, ihn zu beschützen. Diese Facette der Gottesbeziehung hat ein ambivalentes Moment: Es besteht etwas Unversöhnliches zwischen Gott und Mahmut, aber gleichsam vertraut er sich ihm im (freien) Gebet an und rechnet mit seiner Hilfe. Die zweite Facette von Mahmuts Religiosität kann als traditionell muslimische Glaubenspraxis bezeichnet werden. Das ritualisierte Gebet und der Moscheebesuch zum Freitagsgebet stellen eine vergemeinschaftete religiöse Praxis her, durch die Mahmut Teil der muslimischen Gemeinschaft wird. Die Funktion der Religiosität, eine Zugehörigkeit zu generieren, scheint für Mahmut von essenzieller Bedeutung zu sein; hier erfährt er eine egalitäre Zugehörigkeit, die er in seiner Familie nicht gefunden hat, da er nicht Teil ihrer Migrationsgeschichte ist.

> „Also ich bete jetzt nicht so fünf Mal am Tag aber (.) also wenn ich schaffe dann jeden Freitag gehe ich in die Moschee. Aber in der Schulzeit oder so manchmal kam das nicht hin. Aber mir ist also, ist der Glaube wichtig, den Glauben nicht zu verlieren ist wichtig. Ja, (2) weil es ist auch, (.) wie soll ich sagen, es ist auch, also wenn man den Glauben wählt dann sollte man auch das machen, was da (.) die Regeln (.) die Regeln dafür sind".

Auch wenn Mahmut teilweise nur indirekt von sich spricht („man"), ist doch anzunehmen, dass er den muslimischen Glauben selbst gewählt hat. Dies ist insofern interessant, als das wir im Interview nichts über den Glauben der Eltern erfahren und sich daher nicht eindeutig sagen lässt, ob Mahmut aus einem muslimischen Herkunftsmilieu kommt. Es gibt auch keine Anzeichen für eine religiöse Erziehung oder Sozialisation. Die Familienstruktur offenbart stattdessen ein lädiertes Bild, z.B. im Hinblick auf Mahmuts Brüder und ihr Alkohol- und Drogenproblem, das dem islamischen Alkoholverbot gegenübersteht und als Anzeichen einer geringen Relevanz muslimischer Religiosität im Elternhaus verstanden werden könnte. Es ist durchaus denkbar, dass Mahmut religiöser als seine Eltern ist. Wenn er nun vorgibt, sich an die ‚Regeln' halten zu wollen, dann sind hier wohl primär die Regeln der rituellen Glaubenspraxis gemeint, die ihm den Zugehörigkeitsstatus in der muslimischen Gemeinschaft sichern. Im Hinblick auf andere Lebensbereiche, die von islamischen Wert- und Normvorstellungen dominiert sind, wie beispielsweise das Heiratsverhalten, zeigt sich Mahmut noch indifferent.

D.h., islamische Wert- und Normvorstellungen haben in Mahmuts Lebensgeschichte zwar eine wirkmächtige, aber keine vorstrukturierende Bedeutung. Es ist Mahmut selbst, der die Bedeutung der muslimischen Regeln für seinen Lebensentwurf festlegen kann. Man kann meines Erachtens also von einer Art religiösem

Möglichkeitsraum reden, der als Teil des adoleszenten Möglichkeitsraums eine Ressource *sui generis* darstellt, aber über den Zeitraum der Adoleszenz hinaus bedeutsam sein könnte. In ihm kann Mahmut das Trauma des Unfalls wandeln und Gott in verschiedenen Facetten figurieren. Die reflexive, motivierende Religiosität wird auf der Basis der rituellen muslimischen Glaubenspraxis entfaltet. Damit beinhaltet die sportlich-religiöse Bewährungsstrategie zwar basale Elemente muslimischer Glaubenspraxis, jedoch erzeugen diese von sich aus keine Bewährung, sondern stellen den Gehorsamsaspekt gegenüber Gott dar, durch den Mahmut seine Zugehörigkeit zur muslimischen Gemeinschaft sichert. Es ist die reflexiv-religiöse Komponente, mit der Mahmut neben dem sportlichen Moment die Bewährungsproblematik erfolgreich bearbeitet.

Fallbeispiel Kadia

Kadia (D) ist 18 Jahre alt und hat einen berberisch-marokkanischen Migrationshintergrund. Das zentrale Thema ihrer biographischen Erzählung ist die erfolgreiche Migrationsgeschichte ihrer Familie, die bereits in der Eingangserzählung dargestellt wird: Ihr Vater hat mit seiner Arbeit im Baugewerbe einen gewissen Wohlstand für die Familie erarbeitet. Die vier älteren Geschwister sind verheiratet und haben angesehene – z.T. akademische – Berufe. Nur ein Bruder ist Gebäudereiniger, denn der sei halt „nicht <u>so</u> begabt“ gewesen. Kadia besucht die Oberstufe eines Gymnasiums. Sie beendet die Eingangserzählung mit dem Thema ‚Heirat‘.

> „[…] meine Geschwister sind alle verheiratet, //mhm// haben ihre (3) also meine Schwestern haben ihre Ehemänner selber ausgesucht (*lacht*). Was ich finde, also was ich finde, was sehr wichtig ist. //mhm// Also bei uns in der Familie gibt's halt nicht diesen Zwang jetzt (.) du musst <u>den</u> oder <u>den</u> heiraten oder so. Und meine Brüder haben auch ihre Frauen, mit denen waren sie auch vorher zusammen. Haben sie auch dann geheiratet und (2) das war es eigentlich im Großen und Ganzen“.

Bereits in der Eingangserzählung werden hier zwei Grundfiguren der Lebenserzählung deutlich: zum einen ein ausgeprägter Leistungsethos innerhalb der Familie (auf den ich später wieder zurückkomme) und zum anderen das Bild einer liberalen Familienorientierung. Anhand des Themas ‚Heirat‘ figuriert Kadia an mehreren Stellen das Bild, dass man in ihrer Familie seinen künftigen Ehepartner selbstbestimmt und zwanglos auswählen könne. Sie beugt damit schon zu Beginn des Interviews einer islamisch-stereotypen Sichtweise auf ihre Familie, die sie, wie sie später erzählt, des Öfteren von Anderen erfahren habe, insbesondere innerhalb der Schule, vor (siehe auch Günther in diesem Band, Kap. 3.2). Kadia bezeichnet sich selbst als Muslima. Die Anderen bezeichnen sie auch als Muslima. Doch die Fremd- und

Eigenwahrnehmung dessen, was eine Muslima ausmacht, steht in einem Spannungsverhältnis zueinander.

Kadia präsentiert ein liebespartnerschaftliches Heirats- und Familiengründungskonzept sowie eine liberale Familienorientierung ohne zwanghafte, autoritative Muster. Sie präsentiert sie geradezu wider die Erwartungen, dass sie aus einem muslimischen Herkunftsmilieu komme, in dem eine islamische Familienorientierung herrsche. Ein Fortwirken islamisch geprägter und legitimierter Normen und Werte im Bereich des Heiratsverhaltens lässt sich bei Kadia nicht feststellen. Indirekt oder in invertierter Weise haben die islamischen Normen und Werte jedoch biographische Wirkung. In Wechselwirkung mit der islamisch-stereotypen Fremdsicht der Anderen entsteht ein Legitimationsdruck bei Kadia, sich als Muslima zu präsentieren, die ohne kulturell-religiöse Zwänge lebt (vgl. auch Müller in diesem Band, Kap. 4.2). „[…] ich werd zu Hause zu nichts gezwungen und (3) ich find das ist wichtig in so ner marokkanischen Familie, dass es dann, dass die Leute dann auch sehen, dass es da, dass es da keinen Zwang gibt".

Kadia steht gewissermaßen unter dem latenten Zwang, die ‚Normalität' ihrer Familie ständig beweisen zu müssen. Nur durch diese erzwungene Reaktion wird ihr kulturell-religiöser Hintergrund überhaupt zu einem biographischen Thema, denn für Kadia ist Religiosität eine Privatsache, die in der öffentlichen Sphäre an sich keine Relevanz besitzt. Damit wird deutlich, dass Kadia den Anspruch erhebt, eine ‚normale deutsche' Jugendliche zu sein; dies zeigt sie, indem sie die oftmals von islamischen Vorstellungen besetzten Bereiche der Familienorientierung und des Heiratsverhalten thematisiert und deren areligiöse Prägung hervorhebt. Religiosität ist für Kadia Privatsache und hat dort seine biographische Bedeutung. Den innerfamiliären Stellenwert der muslimischen Religiosität verdeutlicht der folgende Ausschnitt, der einer längeren Sequenz entspringt, die mit der Frage eingeleitet wurde, wie Kadia sich ihren zukünftigen Ehemann vorstelle – es geht insofern wieder um das Thema Heirat. Kadias künftiger Ehemann solle ‚intelligent' sein, die berberische Sprache beherrschen und ihren ‚kulturellen Hintergrund' kennen und teilen.

> I: Und was ist die Kultur für Dich noch? Also Deine, die Sprache, Du hast gesagt, Du möchtest gerne, dass die Kultur erhalten bleibt. Was
>
> K: (*atmet ein*) Die Sprache die ehm (2) die Bräuche zum Beispiel bei den Hochzeiten oder zum Beispiel eh jetzt (2) auch die Religion finde ich // mhm// ist mir wichtig.
>
> I: Bist Du religiös? Sehr religiös?
>
> K: Eh religiös bin ich, sehr nicht eh weil ich (3) ja vielleicht kommt das ja noch (*lacht*) Also, aber, eigentlich bin ich nicht <u>so</u> religiös aber ich find halt (.) also in einem gewissen Rahmen schon. Ich trinke nicht (.) was ja bei uns wichtig ist oder (.) ich esse zum Beispiel auch eh keine Sch- kein Schweinefleisch […][14].

---

14 „I" bezeichnet die Interviewerin; in diesem Fall Marga Günther.

Kadia präsentiert hier muslimische Religiosität als Teil ihres ‚kulturellen Hintergrunds‘. Sie betont an mehreren Stellen, dass ihr die Religion wichtig sei. Dies geschieht bei gleichzeitiger Präsentation einer sehr nachlässigen Glaubenspraxis. Wie ist das zu verstehen? Die muslimische Religiosität ist, neben der Sprache, das wichtigste Element für Kadia, um an die Migrationsgeschichte ihrer Eltern und Geschwister anzuknüpfen, da sie keine eigene Migrationserfahrung hat. Der muslimische ‚Rahmen‘ ermöglicht es Kadia, ein ‚uns‘ zu formulieren, und stellt somit intergenerationale Kontinuität her. Das Religiöse bekommt eine ‚wir‘ stiftende Funktion, bei der der Vater als Repräsentant der Familienreligiosität fungiert und gewissermaßen stellvertretend für alle Familienmitglieder den Glauben praktiziert. „Also mein Vater betet immer nach, abends, weil der ja tagsüber arbeitet //mhm// bis fünf Uhr mittags oder so was, und dann betet er halt ganz normal. //mhm// Das ist schon wichtig bei uns“.

Der muslimisch religiöse ‚Rahmen‘ hat für Kadia und das Familiengefüge eine verbindende Funktion, deren Wichtigkeit bei einer gleichzeitig feststellbaren, relativen Bedeutungslosigkeit der religiösen Inhalte betont wird. Es kann daher meines Erachtens von einer kulturalisierten Religiosität gesprochen werden, die in der beschriebenen Weise funktional bedeutsam ist, jedoch insbesondere im Hinblick auf das Bewährungsproblem in einer säkularisierten Gesellschaft kaum Bewährungspotenzial beinhaltet.

Die Eingangserzählung machte deutlich, dass Kadias Bewährungsstrategie weniger in der Religiosität als vielmehr in dem familiären Leistungsethos zu finden ist. Kadia knüpft über ihre guten schulischen Ergebnisse an die Leistungsgesinnung der Familie, die den sozio-ökonomischen Aufstieg ermöglichte und die Migrationsgeschichte zu einer erfolgreichen Migrationsgeschichte machte, an. Die familiäre Bildungsaspiration ist groß und wird nachdrücklich verfolgt. So sind es auch die Geschwister gewesen, die stets ‚Druck‘ gemacht haben, dass Kadia alle schulischen Aufgaben bearbeitet. Wenn Kadia sagt, dass ihr Schule „schon sehr wichtig“ sei, dann ist dies als Ausdruck einer gesellschaftlichen und familiären Bedeutungspriorität zu sehen, die Kadia verinnerlicht zu haben scheint. Damit wird auch deutlich, dass ihre Bewährungsstrategie eine Antwort auf die strukturelle Religiosität in der säkularisierten Gesellschaft darstellt. „[…] eh Schule ist eigentlich das Beste, was einem passieren kann. Also ich will eigentlich gar nicht rauskommen aus der Schule (lacht) sozusagen […]“.

Der Wunsch, im Bildungsmoratorium der Schule zu verweilen, kann so verstanden werden, dass Kadia durch eine Verlängerung der Bildungszeit die familiären Erwartungen in Bezug auf eine berufliche Karriere gerne hinauszögern würde. Sie will sich dem aber nicht entziehen, wie ihr klar umrissener Lebensentwurf sichtbar macht, aber eben noch nicht jetzt. Bezogen auf eine gesamtbiographische Aussage bedeutet dies: Einerseits will Kadia auch beruflich im schulischen Bereich bleiben, da sie anstrebt, Grundschullehrerin zu werden, und somit einen recht risikolosen Lebensentwurf bevorzugt. Andererseits bedeutet das Verweilen in der Schule im übertragenen Sinne den Wunsch, noch länger in der elterlichen Obhut verweilen zu wollen und sich eng an die Eltern zu binden. Dieses Muster wurde bereits in Bezug auf die zusammenhaltende und anknüpfungsstiftende Funktion der muslimischen Religiosität deutlich, die Kadia sehr betonte. Kadia scheint eine enge Bindung an ihre Eltern zu bevorzugen und dabei bewusst die ‚Kehrseite' einer weniger autonomen Lebenspraxis akzeptiert zu haben. Aus der inneren Logik des Falls heraus stellt sich so diese Entscheidung zu einer engen Bindung mit ‚eingeschränkten' Entwicklungsmöglichkeiten als eine Entscheidung, die wiederum Kadias autonome Entscheidungsfähigkeit in Bezug auf ihre Lebensgestaltung sichtbar werden lässt, dar.[15]

Fazit

Die Fälle Mahmut und Kadia verdeutlichen, dass der individuelle Umgang mit muslimischer Religiosität eine Ressource bei der Bearbeitung adoleszenter Individuierungs- und Wandlungsprozesse darstellen kann. Muslimische Religiosität wurde dabei in je individueller Art und Weise in die Lebensentwürfe integriert und hatte unterschiedliche biographische Bedeutungen.

Der Fall Kadia zeigte in prägnanter Weise, wie muslimische Religiosität eine intergenerationale Kontinuität herstellen kann, die für junge Migranten ohne Migrationserfahrung von großer biographischer Bedeutung sein kann, und das bei einer gleichzeitigen Abwesenheit von religiöser Praxis. Die enge Bindung, die sich durch die gemeinsame Religiosität ergibt, kann dabei als Fortwirken islamischer Normen und Wertvorstellungen betrachtet werden, die jedoch, wie der Fall Kadia zeigt, weder eine Verengung adoleszenter Entwicklungsmöglichkeiten noch die Herausbildung eines spezifisch muslimischen Habitus zur Folge haben müssen. Insbesondere im Fall Kadia, aber in ähnlicher Weise auch im Fall Mahmut, zeigte sich, dass ihre Biographien ‚normale deutsche' Jugendbiographien sind, in denen weder eine Adoleszenz bestimmter kultureller bzw. religiöser Prägung noch eine halbierte Modernisierung der Adoleszenz zu erkennen war.

Der Fall Mahmut macht in besonderer Weise deutlich, wie mit Hilfe von Religiosität und sportlicher Aktivität in kreativer Weise eine traumatische Krise der Kindheit und deren Folge bearbeitet werden konnten. Es gelingt ihm, durch eine sportlich-religiöse Bewährungsstrategie seinen eigenen individuierten Lebensentwurf voranzutreiben. Auf Basis einer rituellen islamischen Glaubenspraxis konnte Mahmut eine Praxis des freien Gebets entwickeln, die ihm die Möglichkeit zur reflexiven Bearbeitung alltagsweltlicher Krisen und Probleme eröffnete. Diese reflexiv-motivierende Seite von Mahmuts Religiosität stellt meines Erachtens keinen originär islamischen Bewährungsmythos, sondern den kreativen Umgang Mahmuts mit seiner Lebensgeschichte im freien Gebet dar. Das bedeutet letztlich, dass sich sowohl in Mahmuts als auch in Kadias Bewährungsstrategie keine Anzeichen dafür finden lassen, dass es gewissermaßen von innen heraus eine islamisch motivierte

---

15 Die Idee zu diesem Gedankengang verdanke ich Burkhard Müller.

Bewährungs- und Rationalisierungsdynamik gibt, die einen Individuierungsprozess in Gang setzt oder aber einen religiösen Bewährungsmythos bereitstellt, der die Bewährungsproblematik in einer säkularisierten Gesellschaft zu mildern vermag. Andersherum zeigte sich aber umso deutlicher, wie muslimische Religiosität in je individueller Weise eine Ressourcefunktion in den Biographien junger Muslime haben kann.

Kapitel IV

Anerkennung (reconnaissance) in der Adoleszenz im Kontext von Migrationserfahrung
Fallstudien in intersubjektiver Perspektive

Anke Wischmann und Burkhard Müller

Ein Thema, das in allen biographischen Erzählungen der Interviewten anklingt, ist das Thema der Anerkennung (reconaissance). Es wird unterschiedlich gefasst: als Lebensthema der (sozialen) Bestätigung durch Andere – eine Formulierung aus einem deutschen Interview, die sich als kaum übersetzbar erwies; oder als kulturelle Anerkennung der eigenen Zugehörigkeit als in Deutschland bzw. Frankreich Lebender und zugleich Anderer; oder als Thema der Herausforderung durch die beschriebene Aufgabe einer doppelten Transformation. Gemeinsam ist allen: Als Migrant(in) bzw. mit Migrationshintergrund in Deutschland und Frankreich zu leben heißt, mehr oder weniger subtil gezwungen zu sein, die eigenen Lebensweisen und Lebensentwürfe vor sich selbst und anderen rechtfertigen zu müssen. Der Beitrag Wischmanns stellt Dimensionen der Anerkennung nach Axel Honneth und Vera King vor, um vor diesem Hintergrund zwei kontrastierende Fälle der Bewältigung jener Herausforderungen zu interpretieren. Der Beitrag Müllers analysiert Interviews mit jungen Männern aus Deutschland und Frankreich. Er macht exemplarisch sichtbar, dass nicht nur die individuellen Unterschiede der Lebensläufe, sondern auch ländertypische Kulturen des Umgangs zwischen jungen Menschen mit Migrationshintergrund und ihrer Umwelt das Selbstverständnis der Befragten geprägt haben.

4.1 Das Konzept der Anerkennung und seine Modifikationen im Bildungs- und Sozialisationsprozess junger Erwachsener mit Migrationshintergrund

Anke Wischmann

Das Konzept der Anerkennung als eine Theorie der Grammatik sozialer Konflikte (Honneth, 1993, 2003) einerseits, aber auch als Theorie der Subjektbildung (Benjamin, 1993; Butler, 2001; Verweyst, 2000) erfährt derzeit eine breite Rezeption in den Geistes- und Sozialwissenschaften, so auch in der Erziehungswissenschaft. Dabei geht es um die Notwendigkeit einer primären Intersubjektivität für die Konstitution des Subjekts und der Gemeinschaft. In diesem Kapitel soll nach der spezifischen

Bedeutung von Anerkennung für adoleszente Bildungs- und Sozialisationsprozesse von Jugendlichen mit Migrationshintergrund gefragt werden.

Es zeigte sich in der gemeinsamen Interpretationsarbeit des deutsch-französischen Projekts, dass Anerkennung in unterschiedlicher Weise ein Schlüsselkonzept in den biographischen Selbstdarstellungen der Jugendlichen und jungen Erwachsenen darstellt. Anerkennung wurde als notwendiges Moment der Ermöglichung von Identitätsentwürfen angesichts fragmentierender Lebensbedingungen rekonstruiert. In unserer bilingualen und interkulturellen Arbeit war es allerdings nicht einfach, ein gemeinsames Konzept von Anerkennung zu umreißen und zu differenzieren. Ein Beispiel ist die Verwendung des Begriffs ‚Bestätigung' im Interview mit Ali (D), auf das später noch genauer eingegangen wird. Es ließ sich keine Entsprechung im Französischen finden, sondern nur eine vage Situierung zwischen *reconnaissance*, *confirmation*[1] und *validation*. Dementsprechend ist die Darstellung im Folgenden theoretisch auf die in Deutschland geführte Diskussion über den Begriff Anerkennung bezogen, die zwar auch französische Autoren einbezieht (z.B. Ricœur), aber nicht auf einen entsprechenden französischen Diskurs zurückgreifen kann.

Der Beitrag gliedert sich in zwei Abschnitte. Im ersten Abschnitt wird das Konzept der Anerkennung theoretisch gefasst und im Hinblick auf den Gegenstand des Projekts, nämlich adoleszente Bildungs- und Sozialisationsprozesse, spezifiziert, sodass es als heuristischer Rahmen dienen kann. Im zweiten Abschnitt wird dann exemplarisch anhand zweier kontrastiver Fälle aus dem deutsch-französischen Sample gezeigt, wie sich die Bedeutung von Anerkennung empirisch zeigen kann.

Adoleszenz – Anerkennung – Migration

Es wird im Folgenden darum gehen, das Moment der Anerkennung weiter auszuarbeiten und die spezifische Bedeutung und Konstellation für adoleszente Bildungs- und Sozialisationsprozesse im Kontext von Migrationserfahrung zu bestimmen. Dazu wird als erstes ein Anerkennungskonzept vorgestellt, welches die bereits angedeuteten Annahmen genauer ausführt (1.). Sodann ist zu fragen, welche Bedeutung Anerkennung insbesondere in der Adoleszenz hat (2.) und darüber hinaus speziell für die sich aus dem Migrationshintergrund ergebende doppelte Transformationsanforderung (vgl. King & Schwab, 2000 oder auch Zölch i.d.B.) (3.) auf dem Weg vom Jugendlichen zum Erwachsenen.

---

1 *Confirmation* würde man laut Lexikon mit Bestätigung übersetzen, allerdings entspricht die Konnotation des Begriffs nicht der Bedeutung von Bestätigung, wie Ali sie verwendet, nämlich tatsächlich eher im Sinne von Anerkennung durch andere, von sozialer Wertschätzung.

Anerkennung

Theorien der Anerkennung – so unterschiedlich und zum Teil auch widersprüchlich sie sein mögen – ist die Annahme gemein, dass das autonome oder handlungsfähige Subjekt konstitutiv auf den anderen angewiesen ist: Es muss als Subjekt anerkannt werden und gleichzeitig das andere Subjekt anerkennen. So stellt sich ein Verhältnis wechselseitiger Anerkennung ein oder ereignet sich, welches es erlaubt, sich selbst als ein Subjekt unter oder mit anderen zu begreifen. Intersubjektivität geht somit der Subjektivität und damit jedem Ich, jeder Identität voraus. Es wird an dieser Stelle nicht möglich sein, annähernd ausschöpfend die unterschiedlichen Konzepte zu referieren. Deshalb wird das Anerkennungskonzept Honneths (1994) – welches sehr weitreichend und wiederum grundlegend für weiterführende Ansätze ist (vgl. z.B. Ricœur, 2003 oder Stojanov, 2006) – als Grundlage dienen und ggf. an den entsprechenden Stellen ergänzt werden.

Honneth geht es darum, eine ‚moralische Grammatik sozialer Konflikte‘ zu erarbeiten. Um allerdings der Frage nachgehen zu können, wie sich Konflikte auf gesellschaftlicher Ebene verstehen und erklären lassen – nämlich als ein ‚Kampf um Anerkennung‘ –, bedarf es einer Untersuchung der Entwicklung von Sozialität von Anfang an: Warum kämpfen wir um Anerkennung? Warum brauchen wir sie und wie ist sie konstituiert?

So entwickelt Honneth eine Genese der Anerkennung und damit der Sozialität. Er unterscheidet drei Formen oder Ebenen der Anerkennung: 1. Die primäre Anerkennung oder die Liebe. 2. Die rechtliche Anerkennung. 3. Die Anerkennungsform der Solidarität oder sozialen Wertschätzung.

Die *primäre Anerkennung* bezieht sich auf emotionale Bindungen. Zunächst und grundlegend geht es um die Mutter-Kind-Beziehung, aber dann auch um Liebesbeziehungen und Freundschaften im späteren Leben. Worum es dabei geht, lässt sich am besten anhand der Primärbeziehung zwischen Mutter und Kind verdeutlichen. Um diese zu beschreiben, verweist Honneth auf Erkenntnisse aus der Psychoanalyse, genauer der Objektbeziehungstheorie (Winnicott, 1997; Benjamin, 1993). Zwischen Mutter und Kind bestehe zu Beginn eine symbiotische Bindung, in der weder das Kind sich selbst noch die Mutter das Kind als eigenständiges Subjekt anerkennt. Dadurch allerdings, dass dem Kind nicht immer unmittelbar all seine Bedürfnisse befriedigt werden, erfährt es die Mutter als ein von ihm getrenntes Wesen. Diese Erfahrung rufe zunächst eine Aggression als Reaktion auf die eigene Ohnmacht hervor. Diese erste Erfahrung von Alterität ist zuallererst schmerzhaft und wird als Verlust erlebt, sollte aber im Normalfall einen Prozess auslösen, an dessen Ende sich das Kind selbst ebenso wie die Mutter als ein eigenständiges Subjekt mit je eigenen Bedürfnissen begreift und vice versa. Misslingt diese primäre Ablösung, oder besser Transformation der primären oder archaischen Bindung zu einer wechselseitigen Anerkennung, so kann dies pathologische Folgen haben. Der Grundgedanke ist also, dass sich nur über die gleichzeitige Erfahrung des Getrennt- und

Gebundenseins an den anderen eine gesunde und später dann handlungsfähige Subjektivität bilden kann.

Die primäre Anerkennung geht der *rechtlichen Anerkennung* voraus, welche sich einstellt, wenn sich Subjekte wechselseitig als in ihren Rechten und Pflichten grundsätzlich gleichwertige und darin zu schützende Personen anerkennen. Es geht hier also um die Frage, wie sich eine Gemeinschaft konstituiert. „[D]ie Rechtssubjekte erkennen sich dadurch, daß sie sie dem gleichen Gesetz gehorchen wechselseitig als Personen an, die in individueller Autonomie über moralische Normen vernünftig zu entscheiden vermögen" (Honneth, 1993, 2003, S. 177). Die rechtliche Anerkennung ermöglicht es, in einer Gemeinschaft partizipieren zu können.

Erst wenn die ersten beiden Formen der Anerkennung sich eingestellt haben, kann die dritte Form, die *soziale Wertschätzung*, sich wechselseitig ergeben. Es geht hierbei um individuelle Eigenschaften, Fähigkeiten und Leistungen, welche gerade in ihrer Unterschiedlichkeit wechselseitig als wertvoll anerkannt werden. Worum genau es sich dabei handelt, hängt vom jeweiligen Wertehorizont ab, so Honneth (1994, S. 183ff.). Nachdem Subjekte sich also wechselseitig als *gleichberechtigte* Rechtssubjekte anerkannt haben, geht es nunmehr um die Individualität des Einzelnen und sein Recht auf Anderssein.

Zusammenfassend lässt sich sagen, dass Anerkennung Voraussetzung für die Bildung des Subjekts ist und darüber hinaus das soziale Handeln und damit wiederum individuelle und gesellschaftliche Transformationsprozesse antreibt.

Anerkennung in der Adoleszenz

Wenn man davon ausgeht, dass sich Subjektbildung und Gemeinschaftsbildung im Modus von wechselseitiger Anerkennung bzw. dem Kampf um selbige vollziehen, so muss dies insbesondere für die Phase der Adoleszenz gelten. Und zwar wiederum sowohl bezüglich der biographischen Selbstverortung des (adoleszenten) Subjekts als auch seiner Einbettung bzw. *Entbettung* (Giddens, 2008) in gesellschaftliche Reproduktions- und Transformationsprozesse. King beschreibt die Adoleszenz als einen intergenerationalen Möglichkeitsraum, innerhalb dessen sich Jugendliche individuieren (King, 2004a). Entscheidend für eine produktive Bearbeitung adoleszenter Entwicklungsanforderungen, wie die Ablösung von den Eltern und den Entwurf einer eigenen Lebensperspektive, sei die Qualität des Möglichkeitsraums. Dabei sind diverse psychosoziale Faktoren wie die jeweiligen familiären Beziehungen, aber auch der Migrationshintergrund, die jeweilige Milieuspezifik sowie das Geschlecht bedeutsam. Der adoleszente Möglichkeitsraum wird der heranwachsenden Generation von der Elterngeneration gewährt, sodass ein experimenteller Raum entsteht, in dem sich die Jugendlichen ausprobieren können. Ein wichtiger Aspekt ist die Auseinandersetzung mit den Erwartungen und Wünschen der Eltern, die übernommen, aber auch abgelehnt oder transformiert werden können. Hier, so King, ergibt sich potenziell Neues, sowohl auf der für den Jugendlichen und die konkrete Eltern-Kind-Beziehung als auch auf gesellschaftlicher Ebene. Damit allerdings Neues entstehen kann, muss Altes attackiert und infragegestellt werden. So kommt es nicht selten zu adoleszenzspezifischen Konflikten, deren produktive Bearbeitung als ein Teil adoleszenter Sozialisations- und Bildungsprozesse verstanden werden kann. Wenn Adoleszente in diesem Sinne die Deutungen und Erwartungen der Elterngeneration zurückweisen und attackieren, so kann sich ein von King sogenanntes Anerkennungsvakuum einstellen (King, 2007), weil die Jugendlichen sich nicht mehr mit der Anerkennungsbeziehung zufriedengeben, die bis dato zwischen ihnen bestand.

Das Anerkennungsvakuum ergibt sich für die Jugendlichen aus der paradoxen Situation, gleichzeitig unabhängig vom Urteil anderer ihren eigenen Weg finden zu sollen, genau dabei aber auf Anerkennung (auf allen drei Ebenen) angewiesen zu sein. Für die Elterngeneration produziert dies das Problem, eine relative Abwertung durch die Adoleszenten gleichzeitig mit deren Schutz- und Unterstützungsbedürftigkeit akzeptieren zu müssen. Es geht nun also darum, eine neue Anerkennungsbeziehung zu erarbeiten, in der Wechselseitigkeit einen neuen Stellenwert, als sie ihn zwischen Eltern und Kind hat, bekommen kann.

Die primäre Anerkennungserfahrung ist notwendig und deshalb dort, wo sie infragegestellt wird, immer Gegenstand eines existentiellen Kampfes: Eine Abwesenheit oder Prekarität der primären Anerkennung bringt das Subjekt als solches in Gefahr. Das Problem aber ist, dass diese Form der Anerkennung nicht eingefordert oder verdient werden kann und somit auch nicht über Anerkennung auf anderen Ebenen zu ,kompensieren' ist. Kämpfe um Anerkennung in der Adoleszenz sind typisch und gehen mit dem Prozess der Individuation einher, aber ein Anerkennungsvakuum bezüglich der primären Anerkennung kann durch das Subjekt nicht in produktiver Weise allein bearbeitet werden, wenn die Wechselseitigkeit nicht gegeben ist. Es geht also immer auch um das Verhältnis der unterschiedlichen Modi im Kampf um Anerkennung.

In der Adoleszenz bildet sich eine kohärente und handlungsfähige Identität in Verbindung mit der Fähigkeit, diese selbstreflexiv zu gestalten und zu verändern, zuallererst heraus. Geht das Anerkennungsvakuum in dieser Phase mit Missachtungserfahrungen einher, so kann dies schwerwiegende Folgen für den adoleszenten Entwicklungsprozess haben. Im Sinne Kings ist es jedoch vielmehr in einem produktiven Sinn zu verstehen, gleichsam als potenzieller Auslöser für adoleszente Bildungsprozesse. Und zwar ergibt sich diese Produktivität aus einer paradoxen Konstellation: Die Produktivität des adoleszenten Anerkennungsvakuums setzt grundlegende Anerkennungserfahrungen voraus, die zwar in der adoleszenten Ungewissheit über den eigenen Weg bezweifelt und umkämpft sein können, aber nicht grundsätzlich zur Disposition stehen. Nur dann können Jugendliche, statt in regressiven Lösungen hängen zu bleiben, um die Anerkennung des Nichtabsehbaren, des Noch-Nicht aus dem eventuell Neues entsteht, und damit um eine eigene nicht mehr kindliche Identität kämpfen. Der Jugendliche muss dabei eine (innere) Trennung vollziehen, ohne zu wissen, wohin sie ihn führen wird. Und ebenso wenig kann es für die Eltern absehbar sein, was diese Entwicklung bereithält. Möglichkeitsraum gewähren heißt, diese Unsicherheit ertragen zu können.

Das Anerkennungsvakuum und die doppelte Transformationsanforderung

Adoleszenz beinhaltet generell Trennungserfahrungen und deren Verarbeitung sowie daran anschließende Umgestaltungen von Beziehungen und eigenen Welt- und Selbstverhältnissen (King & Koller, 2006; Koller, 2006). Jugendliche mit Migrationshintergrund – sowie deren Familien – sind demnach einer verdoppelten Transformationsanforderung (King & Schwab, 2000) ausgesetzt. Denn ebenso wie die Adoleszenz die Bewältigung von Ablösungsprozessen verlangt, so erfordert die Migration, auch über mehrere Generationen, mit Verlust und Abschied umzugehen und neue Perspektiven zu erarbeiten. Beide Ebenen wirken aufeinander ein. Es geht also in der Emergenz sowie der Bearbeitung des Anerkennungsvakuums von Jugendlichen mit Migrationshintergrund selbst schon um eine Verdoppelung, weil z.B. die durch die Migration bedingten Erwartungen der Eltern von den Söhnen und Töchtern zurückgewiesen werden oder diese verunsichern, wenn sie dem Selbstverständnis, dass diese sich erarbeitet haben, oder den Erfolgsbedingungen in der Mehrheitsgesellschaft nicht entsprechen. Hinzu kommen u.U. Missachtungserfahrungen von außen und daran anschließend Kämpfe um Anerkennung auf der rechtlichen Ebene, wenn es etwa um einen Aufenthaltsstatus geht, und der Ebene sozialer Wertschätzung, etwa durch Diskriminierung oder die Nichtanerkennung beruflicher oder persönlicher Qualifikationen. Dies kann immer die Jugendlichen selbst oder auch die Familie als ganze betreffen, was wiederum zu internen Loyalitätskonflikten führen kann.

King konnte am Beispiel von sogenannten Bildungsaufsteigern in Deutschland zeigen, dass die Abgrenzung und Ablösung von den Erwartungen und Wünschen der Eltern im Migrationsfall besonders schwierig sein kann, weil die Kinder sich ihren Eltern oft in besonderer Weise verpflichtet fühlen (King, 2007, 2008). Unter diesen Umständen sind die Bedingungen für die Entstehung und die produktive Bearbeitung des adoleszenten Anerkennungsvakuums, auch bei einer zugrundeliegenden, nicht in Frage stehenden Anerkennungsbasis, denkbar schwierig. Dies wiederum kann zur Folge haben, dass bestimmte Ablösungs- und Individuierungstendenzen nicht ausgelebt werden, um die Beziehung zu den Eltern, denen man so viel verdankt, nicht aufs Spiel zu setzen.

Es kann also davon ausgegangen werden, dass Anerkennung in der Adoleszenz in spezifischer Weise wirksam ist, weil sie sich auf eine Transformation der Anerkennungsbeziehungen selbst bezieht. Wenn ein Migrationshintergrund vorliegt, so können sich Trennungs- und Umgestaltungsanforderungen verdoppeln, was sich wiederum auf das Anerkennungsvakuum auswirken kann. Darüber hinaus können besondere mit der Migration verbundene Erwartungen der Eltern schlimmstenfalls zu einer Vereitelung eines Anerkennungsvakuums (King, 2007) und damit einer Vereitelung potenzieller Transformationsprozesse und der Emergenz von Neuem (King, 2004a) führen.

‚Bestätigung' und ‚Nichtentscheidung' als Modi des Umgangs mit prekären Anerkennungserfahrungen in Primärbeziehungen

Im Folgenden soll anhand zweier kontrastiver Fälle des Projekt-Samples exemplarisch rekonstruiert werden, in welcher Weise Anerkennung in der Adoleszenz im Kontext von Migrationserfahrungen bedeutsam werden kann. Wie eingangs erwähnt, schließen sich die Überlegungen an Ergebnisse der gemeinsamen Gruppenanalysen in Paris und Berlin an und sollen an dieser Stelle mithilfe eines narrationsanalytischen Ansatzes (Rosenthal, 1993) spezifiziert und konkretisiert werden.

Ali, 26 Jahre

Ali erzählt, er sei in Deutschland geboren worden und seine Eltern kämen aus der Türkei. Allerdings erfährt man nichts über seine Kindheit bis zu seinem neunten Lebensjahr. Es wird lediglich konstatiert, dass bis zu diesem Zeitpunkt alles „perfekt" gewesen sei und ab dann „alles schief ging". So beginnt Alis Geschichte im Modus des Scheiterns und setzt sich auch in dieser Weise fort. Als Ali also neun Jahre alt gewesen sei, hätten sich seine Eltern scheiden lassen. Er sei dann mit seiner Mutter und seinem Bruder aus der elterlichen Wohnung ausgezogen. Es sei eine Phase geduldeter Unterkünfte und zeitweiliger Obdachlosigkeit gefolgt: Man habe zunächst bei einer Tante gelebt, die sie dann jedoch hinausgeworfen habe, und dann sei man auf Zuweisung des Sozialamts angewiesen gewesen, die die Familie letztlich in das Viertel geführt habe, in dem sie bis heute lebe: einen sogenannten Brennpunktstadtteil einer großen deutschen Stadt. Als die Familie noch bei der Tante gewohnt habe, habe die Mutter ihre beiden Söhne für ein Jahr in die Türkei geschickt, um in Deutschland „alles zu regeln". In dieser Zeit beschreibt sich Ali als ein ohnmächtiges Kind, welches den Entscheidungen der Eltern, insbesondere der Mutter, völlig ausgeliefert ist. So spricht er etwa davon, in die Türkei „verfrachtet" worden zu sein. Die Eltern und wiederum vor allem die Mutter erscheinen als diejenigen, die Schuld daran sind, dass Alis Geschichte eine Geschichte des ‚Schiefgehens' wird, aber er erhebt an keiner Stelle einen expliziten Vorwurf gegen die Mutter, sondern macht die Umstände verantwortlich und sagt, er bewundere sie dafür, dass sie es allein mit ihnen (den Kindern) geschafft habe.

Im Viertel angekommen, beginnt für Ali eine neue Phase: „Stichwort halt Bestätigung und so, ne?" Das Viertel hat in Alis Erzählung eine wichtige Bedeutung, denn es bildet ab diesem Zeitpunkt den Rahmen, der sein Handeln bestimmt. Von nun an werden die Strukturen und damit verbundenen Anforderungen des Viertels für ihn maßgebend. Es gehe im Viertel darum, von der Gruppe Bestätigung zu bekommen, und diese erhalte man, wenn man sich als besonders hart zeige. Dies könne sich auf kriminelle Handlungen beziehen, auf Schlägereien, ebenso wie auf Drogenkonsum und -handel. Es gelingt Ali, sich erfolgreich zu etablieren und eben jene Bestätigung zu erlangen. Diese Entwicklung beschreibt er als eine ‚natürliche‘, gleichsam zwangsläufige: Wenn man jugendlich ist, dann handelt man eben so, dann braucht man die Bestätigung der Gruppe. Im Sinne Schützes (2002) baut sich hier eine negative Verlaufskurve auf. Ali entwirft sich nicht als ein handelndes, aktives Subjekt, das Entscheidungen trifft und diese reflektiert, sondern vielmehr als ein Opfer der Umstände, denen man sich notwendigerweise beugen muss. So erklärt Ali auch sein Scheitern in der Schule als eine Folge von Verkettungen ungünstiger Umstände: einerseits sei er mit der Diskrepanz der Schulsysteme in der Türkei und in Deutschland überfordert gewesen und andererseits hätte Schulerfolg dazu geführt, dass er keine Bestätigung mehr von der Gruppe im Viertel bekommen hätte. So habe er sich gegen die Schule entscheiden müssen.

Später dann, nachdem Ali die Hauptschule beendete, habe er bemerkt, dass es auch möglich sei, anders als über die Gruppe im Viertel Bestätigung zu erlangen, nämlich durch Arbeit. Allerdings gelingt es ihm nie, sich sicher zu etablieren, sondern er verbleibt immer in mehr oder weniger prekären Arbeitsverhältnissen. Eine Festanstellung wird ihm verweigert. Auch der Versuch, eine Ausbildung zu absolvieren, ist gescheitert. Zuletzt verliert er seinen Job in der Entrümpelung, in dem er mehrere Jahre gearbeitet hat. So wird er wieder auf das Leben im Viertel ebenso wie auf die alten Verhaltensmuster von Kriminalität und Drogenkonsum zurückgeworfen. Heute aber, so Ali, gehe es ihm nicht mehr um die Bestätigung durch die Gruppe, sondern vielmehr um eine soziale Wertschätzung, die sich nicht mehr auf die Peergroup im Viertel beschränkt. Dass er dennoch wieder entsprechend handle, begründet er mit seiner derzeitigen Notlage. Konkret könne er keinen neuen Job finden, weil er seinen Pass verloren habe und es sich nicht leisten könne, einen neuen zu beantragen. Eine scheinbar ausweglose Situation.

Außer der Arbeit gibt es ein weiteres Feld, in dem es Ali gelingt, Bestätigung zu erhalten: im Sport. Nicht nur, dass es ihm gelungen sei, viel abzunehmen, nachdem er zuvor stark übergewichtig gewesen sei, er wird auch zum Experten für die Modellierung des eigenen Körpers und darüber hinaus zum Berater für Fitness- und Ernährungsfragen.

Ali betont, dass sich trotz aller Rückschläge etwas verändert habe, nämlich die Verortung der Suche nach Bestätigung und – im Kontext dessen – die Motivation für erneutes kriminelles Handeln in der Gegenwart. Was sich allerdings nicht verändert hat, sondern sich als überaus stabil erweist, ist die Angewiesenheit auf Bestätigung.

> „also ist wirklich so, dass es inzwischen so in der Straße so abläuft, weil man ja nirgendwo die Bestätigung bekommt, dass man ein <u>Mensch</u> is, dass man (atmet tief ein) halt wirklich irgendwas bezwecken kann oder so (.), is das nun so fü- äh für manche Jugendliche so, dass sie denn in

der Gruppe halt zeigen so ‚Ey, ich schaff das! Ich bin derjenige und so!‘, und dass man sich denn halt groß fühlt und bestätigt fühlt, dadurch dass die Gruppe denn sagt so, dass der, die Gruppe teilweise denn auch vor dir <u>Angst</u> zeigt, sach ich mal so“.

Man, also der Jugendliche generell, bekomme außer auf der Straße *nirgendwo* Bestätigung. Übertragen auf das konkrete Subjekt Ali heißt das, wie sich anhand der Erzählung rekonstruieren lässt, auch nicht in der Familie. Es wird in der Erzählung überhaupt kein familialer Raum, innerhalb dessen grundlegende, primäre Anerkennung erfahren werden konnte, vorgestellt. Ali erlebt sich als passives Objekt, welches ‚verfrachtet‘ wird, weshalb von Wechselseitigkeit keine Rede sein kann. Dadurch fehlen ihm entscheidende Voraussetzungen, um ein Anerkennungsvakuum produktiv bearbeiten zu können. Ali versucht als Adoleszenter, dies zu kompensieren, zunächst in der Peergroup im Viertel und dann im Job oder im Sport, beständig im Kampf darum, Bestätigung zu erwerben. Aber es gelingt ihm niemals, seinen ‚Hunger‘ nach ihr zu sättigen (vgl. Müller im zweiten Teil dieses Kapitels). Seine Suche nach Bestätigung lässt sich als Kampf um Anerkennung auf der Ebene der sozialen Wertschätzung verstehen, den Ali im Lauf adoleszenter Lernprozesse zwar im Sinne sozialer Erwünschtheit zu modifizieren lernt, aber nicht wirklich gewinnen kann. Der ‚Hunger‘ wird allerdings durch eine grundlegende Abwesenheit einer primären Anerkennung verursacht, welche so nicht kompensierbar ist. So wird Ali niemals ‚satt‘ und kämpft einen aussichtslosen Kampf an der falschen Front.

Babette, 22 Jahre

Im Fall von Babette, einer jungen Frau, stellt sich die Situation ganz anders dar, auch wenn man aufgrund der Daten vermuten könnte, dass es durchaus ähnliche Bedingungen gibt. Babette erzählt, dass sie selbst in Frankreich geboren wurde und ihre Eltern aus Armenien bzw. Italien stammen. Sie sei in den Banlieues von Paris aufgewachsen und lebe dort bis heute. Die Eltern lebten zusammen. Sie habe eine erfolgreiche Schullaufbahn hinter sich, welche sie aus dem Banlieue hinaus nach Paris geführt habe, wobei ihre Wurzeln beim Herkunftsort verbleiben. Heute stehe sie kurz vor dem Ende ihres Studiums am Institut d'études politiques de Paris. Sie beschreibt sich als immer schon gute Schülerin, obwohl die Struktur der Schule mit ihrer Disziplin eigentlich grundlegend ihrer ‚brutalen‘ und ‚lauten‘ Herkunftskultur widerspreche. Babette sei eine Außenseiterin gewesen und schon früh habe sie versucht, ihre Isolation über Partnerbeziehungen zu kompensieren. Am Ende ihrer Schulzeit habe man ihr seitens der Schule nahegelegt, eine professionelle Schauspielausbildung anzustreben, nachdem sie dort entsprechende Kurse besucht habe. Für ihre Eltern allerdings sei dieser Weg nicht infragegekommen, und so beginne sie ihr Studium. Sie versteht diesen Entschluss jedoch nicht als eine Entscheidung, sondern als eine Nichtentscheidung, im Sinne einer Verzögerung einerseits und einer Vermeidung einer vermeintlichen Endgültigkeit andererseits. Wenn man sich entscheide, dann schließe man andere, vielleicht nicht bedachte Möglichkeiten aus, und das wolle sie um jeden Preis vermeiden. Genauso unbedingt vermeidet sie den Konflikt mit ihren Eltern. Stattdessen sucht sie sich ‚Nebenkriegsschauplätze' für den Kampf um Anerkennung ihrer eigenen Wünsche, welche von denen der Eltern abweichen oder diesen widersprechen, nämlich Liebesbeziehungen. Es handele sich bei den Partnern immer um Menschen, die im Bereich des Schauspiels tätig sind und sie daran teilhaben lassen, ohne dass sie sich selbst dafür entscheiden müsste – was sie ja, wie sie sagt, partout nicht möchte. De facto entscheidet sie sich aber doch, und zwar für ein Leben zwischen einer leistungsorientierten, welche die Eltern befürworten, und einer Welt der Boheme. Dabei steht allerdings die Aufgabe des Studiums nie zur Debatte, wohl aber die jeweilige Beziehung. Babette verpflichtet sich den Wünschen der Eltern, in deren Schuld sie sich sieht. Am Anfang der Erzählung beschreibt sich Babette als ein Baby, welches so hässlich gewesen sei, dass ihre Eltern über sie geweint hätten und es keine Babyfotos von ihr gebe. Die Anfangsszene der Erzählung ist gleichsam die Urszene der Familie, in der Babette als Schmach erscheint. Wobei nicht auszuschließen ist, dass Babette die Ablehnungserfahrung dramatisch inszeniert, was auch als ein spielerischer, ironisierender Umgang verstanden werden könnte. Sie, die Hässliche, die kaum zu Liebende, werde trotz allem von der Familie unterstützt, wenngleich die Erwartungen an sie sehr hoch seien und Erfolg als normal angenommen werde. So erscheint es unmöglich, die Erwartungen der Eltern offen anzugreifen oder zurückzuweisen, weshalb Babette für sich die Strategie der Nichtentscheidung entwickelt. Damit gelingt es ihr später, die eigene Hässlichkeit zu transformieren, nicht aber ihre Schuld loszuwerden. Nach außen kann Babette sich im Lauf der Adoleszenz als souverän und erfolgreich darstellen, aber der nicht abgeschlossene Ablösungskonflikt mit den Eltern bleibt wirksam.

Es scheint, dass Babette die Beziehung zu den Eltern, welche sich als durch wechselseitige Anerkennung als primäre Anerkennung oder Liebe (Honneth 1994) zeigen sollte, als fragil annimmt, als nicht direkt angreifbar, ohne dass sie grundsätzlich auf dem Spiel stehen würde. Eine erneute Enttäuschung scheint aus Babettes Perspektive nicht zumutbar zu sein. Sie riskiert deshalb nicht, das Anerkennungsvakuum auszureizen. So etabliert sie einen Umweg, nämlich die Funktionalisierung Dritter. Dabei wird die Provokation immer offensiver, bis sich zuletzt der Vater tatsächlich direkt angegriffen fühlt, als die Tochter sich einen sehr viel älteren Freund (wiederum aus dem Schauspielbereich) sucht. Aber er reagiert nicht mit Beschuldigungen, sondern mit Selbstvorwürfen: Er sei dafür verantwortlich, dass seine Tochter sich aus seiner Sicht nicht normal entwickle, weil er nicht ausreichend für sie da gewesen sei. Dagegen beschreibt Babette ihren Vater als ‚invasiv' und eher überpräsent. Es kommt also weiterhin nicht zu einer offenen Auseinandersetzung, in der es um die Positionierung und Ablösung der Tochter geht, sondern weiterhin darum, sie zu binden. Beide Seiten meiden den Konflikt, und so kann er auch nicht produktiv ausgetragen und gewendet werden. Der Kampf um Anerkennung findet weiterhin auf einem ‚Nebenkriegsschauplatz' statt und Babette bleibt bei ihrer Strategie der Nichtentscheidung, welche sie innerhalb der Situation handlungsfähig sein lässt und somit als kreativer und funktionaler Kompromiss verstanden werden kann.

Ein Fallvergleich

Es handelt sich bei Ali und Babette auf unterschiedlichen Ebenen um stark kontrastive Fälle. Zunächst handelt es sich um einen jungen Mann und eine junge Frau, die in zwei verschiedenen Ländern spezifischer Kultur leben, dann verfügen sie zwar beide über einen Migrationshintergrund, aber auch dieser ist unterschiedlich und wird ganz anders figuriert. In Alis Fall handelt es sich um das Herkunftsland der Eltern, welches diese in eine Zwangsehe treibt, die habe scheitern müssen, und er selbst sei dorthin ‚verfrachtet' worden, um sich danach in Deutschland immer mehr in Schwierigkeiten zu begeben. Es werden keine positiven, konstruktiven Bezüge hergestellt. In Babettes Fall wird die Kultur ihre Eltern als eine „brutale Mischung" bezeichnet, im Sinne einer lauten und chaotischen Mentalität, die eigentlich dem stark disziplinierten Schulsystem entgegensteht. Nichtsdestotrotz gelingt es Babette, diese erfolgreich zu meistern. Darüber hinaus eröffnet ihr ihr Hintergrund immer wieder neue Perspektiven in der Auseinandersetzung mit anderen, mit dem Fremden. Dies zeigt sich in der Rede von einem Auslandsaufenthalt in den USA während ihres Studiums.

Die doppelte Transformationsanforderung wird in diesem Sinne von Babette produktiv genutzt. Und auch im Hinblick auf institutionellen Bildungserfolg gelingt es Babette besser als Ali, sich zu etablieren. Dennoch bleibt sie von einer als instabil dargestellten Anerkennungsbeziehung zu den Eltern, von deren expliziter, wiederholter und konkreter Bestätigung abhängig. Ihre Sicherheit findet sie im Nichtentscheiden, was gleichzeitig formalen Bildungserfolg bedeutet – denn den Eltern zu entsprechen heißt, für sie erfolgreich zu sein. Auch Ali ist auf Bestätigung angewiesen und findet diese zunächst bei den Peers. Und dieses Umfeld im Viertel, das *Streetlife*, bietet ihm auch heute noch Sicherheit, wenn alles andere scheitert.

In beiden Fällen wird deutlich, dass versucht wird, die mangelnde primäre Anerkennungserfahrung in der Beziehung zu den Eltern in Beziehungen zu Dritten zu kompensieren. Bei Ali sind es zunächst die Peers im Viertel, dann später die Arbeitgeber, von deren Bestätigung er abhängig ist, und für Babette sind es die unterschiedlichen Liebesbeziehungen. Es gelingt allerdings nicht, das Begehren, das die mangelnde Anerkennung durch die Eltern impliziert, über andere zu befriedigen. So schaffen sie es nicht, sich über eine offene Auseinandersetzung mit den Eltern von diesen (innerlich) zu trennen und sich zu individuieren. Die weiterhin wirksamen Erwartungen der Eltern bzw. an die Eltern werden immer wieder reinszeniert. Dies führt in Alis Fall zu einer Angewiesenheit auf Bestätigung durch andere und in Babettes Fall zur Vermeidung einer Auseinandersetzung mit ihren ambivalenten Wünschen über eine Projektion auf Dritte, nämlich ihre Partner.

Es wird also deutlich, dass Anerkennung in Abhängigkeit von der je spezifischen Fallstruktur und den Bedingungen in sehr unterschiedlicher Weise wirksam wird. In beiden Fällen wird allerdings auch deutlich, dass sich die intergenerationalen Konfliktvermeidungsstrategien im Sinne einer offenen Auseinandersetzung erschwerend auf Individuationsprozesse auswirken.

4.2 Unterschiede der Legitimationsstrategien junger Männer mit Migrationshintergrund in Auseinandersetzung mit ihrer deutschen bzw. französischen Umwelt

Burkhard Müller

Es wurde gezeigt, dass Adoleszente und junge Erwachsene mit Migrationshintergrund nicht nur unumgänglich das Anerkennungsvakuum des Erwachsenwerdens bewältigen müssen, sondern auch gefordert sind, sich in den Wertekonflikten unterschiedlicher kultureller Orientierungsmuster selbstständig zu positionieren, gerade dabei aber und erst recht auf Anerkennung von außen angewiesen sind.

Sehen die Arten der Bewältigung dieser verdoppelten Herausforderung in Deutschland anders aus als in Frankreich? Eine generelle Antwort auf diese Frage ist hier schon deshalb nicht möglich, weil die 20 biographischen Interviews kein repräsentatives Sample für Deutschland und Frankreich sind, zumal sie auch in anderen, mindestens ebenso relevanten Dimensionen variieren: Es sind Interviews mit jungen Männern und Frauen, mit Jugendlichen und Postadoleszenten, mit Studierenden und Angehörigen der Unterschicht, mit selbst Eingewanderten und im Aufnahmeland Geborenen, mit solchen, deren Familien aus europanahen Ländern (Türkei, Balkan, Nordafrika) und solchen aus weiter entfernten (Zentralafrika, Karibik), mit deutschem oder französischem Pass und ohne. All diese Variablen im Sinn einer hypothesentestenden Forschung zu kontrollieren, ist unmöglich. Wohl aber ist eine qualitativ-rekonstruktive Forschung möglich, welche die Hypothese vom doppelten Transformationsprozess im Blick auf solche Varianten auszudifferenzieren und empirisch zu verankern vermag. Die narrativen Interviews machen dies anhand von biographischen Themen und der Art und Weise ihrer Darstellung sichtbar. Vergleiche der biographischen Erzählungen führen aber nicht zu abstrakten Generalisierungen (nach dem Motto ‚typisch‘ für deutsche oder französische Verhältnisse etc.), sondern eher zu einem interessanten Fallpanorama, in welchem sich die Unterschiede der einzelnen Lebensthemen gegenseitig positionieren. Mit diesen Unterschieden sind weniger die faktisch differierenden Umstände der einzelnen Lebensläufe gemeint, sondern vielmehr die Sprachbilder oder Metaphern in denen sich die Erzählungen und Lebensentwürfe verdichten. Dabei scheinen mir einige Aspekte auch aufschlussreich für die Art, wie Aufwachsen mit Migrationshintergrund in Deutschland und Frankreich erlebt wird, zu sein, auch wenn dazu keine weitere Hypothesenbildung möglich ist. Ich beschränke mich im Folgenden auf drei Interviews mit postadoleszenten jungen Männern. Ich beziehe mich dabei noch einmal unter anderer Perspektive auf die bereits vorgestellten Interviews mit Ali und Karl, die von Erfahrungen in den Immigrationsländern Deutschland und

Frankreich berichten, sowie mit Mostafa, der aus Marokko nach Frankreich migriert ist.[2]

... noch einmal Ali (26 Jahre)

Ich beginne mit der biographischen Erzählung von Ali, die als eine der ersten im
Projekt ausführlich diskutiert wurde und die für den hier zu entfaltenden Aspekt
des Legitimationsdrucks besonders markant ist. Ali war zum Interviewzeitpunkt 26
Jahre alt und wurde in einer norddeutschen Großstadt geboren. Seine Eltern sind
beide aus der Türkei eingewandert. Für ihn kristallisiert sich das Legitimationsproblem im „Stichwort Bestätigung" – er selbst nennt das so –, um das seine Erzählung
immer wieder kreist.

Ali beginnt nach der Aufforderung *mir* deine *Lebensgeschichte zu erzählen* das
Interview[3] mit einer Frage: *Ok. Womit soll ich am besten anfangen? Erstmal so, ne?*
Also, v-v-von gleich an wo das schief ging, oder so vom ...?

Ali markiert mit seinen Fragen gleich zu Anfang sein zentrales Thema. Es geht
um etwas, *wo das schief ging.* Etwas, das schief geht, muss gerade gerückt oder abge-
stützt oder gerechtfertigt werden. Da die Interviewerin keine Fragen stellt, die eine
solches ‚Schiefgehen' suggerieren (sie antwortet auf Alis Frage: *Wo du möchtest. Du*
kannst anfangen mit deiner Kindheit oder, ehm, – wie, wie du m-, was dir wichtig
ist, wird deutlich, dass dieses Thema für Ali selbst *wichtig ist.* Die folgende Erzählung beginnt mit einer Darstellung einer von Ali als *perfekt* bewerteten Kindheit,
die aber mit neun Jahren endet, als seine Eltern sich trennen. Danach sei er von seiner Mutter zunächst für ein Jahr *in die Türkei verfrachtet* worden (mit Folgen, die
im ersten Beitrag des Kapitels dargestellt wurden).

> Und dann fing das halt natürlich an hier im Viertel so dann hat man
> Kollegen neu kennen gelernt und so und dann kam das dann halt (atmet
> tief ein), Stichwort halt Bestätigung und so, ne? Ehm, war das dann halt
> wirklich so, dass ich denn mit den denn um-m-, los gezogen bin, man
> hat abends denn auch <u>Scheiße</u> gebaut, weil man sich halt in der Gruppe
> dann auch f- äh bestätigt gefühlt hat. <u>Ne?</u>.

Diese Schilderung, wie er zu seiner Jugendclique kam, ist die erste von zahlreichen
Passagen des Interviews, in der das *Stichwort Bestätigung* zentral ist. Ali erläutert
es in der Beschreibung seiner Aktivitäten (*los gezogen bin, man hat abends denn*
auch <u>*Scheiße*</u> *gebaut, weil man sich halt in der Gruppe dann auch f- äh bestätigt ge-*
fühlt hat). In der Markierung von Bestätigung als *Stichwort* und in der Bewertung

---

2   Die Interviews wurden von Anke Wischmann, Abdelkader Benali und Léocadie NGo Mbmous ge-
    führt.
3   Originalformulierungen aus den Interviews werden hier und im Folgenden kursiv gesetzt. Tran-
    skriptionsregeln: **fett**: laut; <u>unterstrichen</u>: betont; klein: leise; (lacht): Anmerkungen, Gestik und Mi-
    mik; [...]: Pause von 3 Sek.

entsprechender Tätigkeiten als *Scheiße bauen* kann man, ebenso wie in der Bezeichnung der Cliquenmitglieder als *Kollegen,* eine (ironische?) Distanzierung des inzwischen erwachsen gewordenen Ali vermuten, der, wie er sagt, *die Bestätigung von meiner Gruppe* nicht mehr *braucht.* Dieser Rückblick auf eine Jugendphase, in der es von besonderer Bedeutung ist, Anerkennung zu bekommen und diese in Mutproben, die aus Erwachsenenperspektive verwerflich sind, zu suchen, unterscheidet Alis Biographie nicht von vielen anderen. Besonders ist bei ihm vielmehr, dass *Bestätigung* sein zentrales Lebensthema bleibt und seine ganze Erzählung prägt.

Ihm geht es darin vor allem um die richtigen Quellen der Bestätigung, die ihm auch allgemeine Anerkennung bringen. Es ist ein Kampf gegen das, *was mich immer wieder runter gezogen hat.* Das *Scheiße gebaut* haben als Jugendlicher wird von ihm zwar entschuldigt (*weil halt die Lebensumstände das denn auch gar nicht anders [.] ermöglicht haben, weil w- mein Mam war alleinerziehend.* Ebenso wird sein zweimaliger Ausbildungsabbruch erklärt (*weil die Umstände einfach zu – also für mich n-, keine Umstände fürn Auszubildenden warn),* aber nicht mehr gerechtfertigt. Legitime Quellen der Bestätigung sind für ihn jetzt andere, z.B.: *denn ich hab vier Jahre gearbeitet halt, und das war für mich Bestätigung genug.* Immer wieder taucht diese Zeit anerkannter Arbeit (*vier Jahre lang durchgearbeitet)* als Schlüsselerlebnis, als *Hammerbestätigung* im Interview auf. Auch als anschließende Arbeitslosigkeit ihn wieder *runter gezogen hat,* ändert sich diese moralische Orientierung nicht. Selbstkritisch zurückblickend sagt er:

> und denn hat man denn versucht hier und da Geld zu machen, al-, kriminelle Sachen teilweise auch wirklich so (atmet tief ein), wo ich auch wirklich nicht stolz drauf bin oder so, weißt? Äh, weil das Problem ist g-ganz einfach gewesen, das h-hab ich nich d- aus Bestätigung gemacht, sondern wirklich in N-, aus Not (.) ne?.

Nur materielle Überlebensnot, aber nicht der Wunsch nach *Bestätigung* kann für den 26-Jährigen solche Verhaltensweisen noch rechtfertigen. Dagegen beschreibt er für seine Gegenwart neben der erfolgreichen Arbeit die Erfahrung eigener körperlicher Stärke als zentrale Quelle der Anerkennung seiner selbst. Auch dabei unterscheidet er explizit zwischen früher und heute.

> Bestätigt fühle ich mich durch sch-, wenn ich, eh, ich box sehr gern, ich trainier Fitness und sowas, das sind so Sachen, die mich bestätigen jetzt und irgendwie in dem Alter inzwischen in dem Alter sach ich mal so; früher war das natürlich anders w-, ich hing auch mit den falschen Leuten ab.

Mit dem Hinweis auf sein *inzwischen* erreichtes Alter markiert Ali die gewonnene Distanz zu jener früheren Suche nach *Bestätigung.* Boxen und Fitness *bestätigen jetzt,* während die *Bestätigung früher* von den *falschen Leuten* kam. Auch diese Gegenüberstellung taucht im Interview immer wieder auf.

Das war für mich, wenn ich da, wenn ich ausm Fitnesscenter rausgekomm bin und ich hab mich wirklich ausgepowert und so, das war für mich ne Hammerbestätigung und ich hab gedacht. ich habe die Welt gerettet. <u>Das</u> war für mich meine <u>Hammer</u>bestätigung schlechthin.

Sie macht es überflüssig, von der Straße Bestätigung zu holn. Und seitdem ich <u>diese</u> Bestätigung durch der Arbeit hab und durch dies Training hab bin ich eigentlich von der Straße weggekomm. Mit seinem durch Training veränderten Körper bekommt er auch Anerkennung im familiären Umfeld: *Das seien Hammerhöhepunkte gewesen so, wo ich denn wirklich viel Bestätigung aus meiner Familie bekomm hab.* Seine Mutter habe gesagt: *,Was ist denn mit dir passiert' und so, ich so: ,Wieso'? ,Du siehst richtig gut aus und so!' Weißt du? Meine Tanten denn alle auch so: ,Oah! Wie hast du abgenomm? Wie machst du das?'* Gleichzeitig scheint das die beste Zeit des Zusammenlebens mit einer Freundin gewesen zu sein.

An dieser Unterscheidung von richtigen und nicht mehr akzeptablen Quellen von Bestätigung hält er auch fest, als er für eineinhalb Monate im *Knast* einsitzt. Weil er sich im Training *über Ernährung schlau gemacht* hat kann er für ältere Mitgefangene, die *auch Diabetes hatten,* einen *Ernährungsplan* schreiben. *So, das war die Bestätigung im Knast, (lacht) sach ich mal so! Weil, äh, weil wenn du da drinne 24 Stunden lang hockst, denn kannst du dir nirgendwo groß ne Bestätigung holn, ne? Aber wenn du denn noch so auf Straßenbasis drauf bist, dann holst du die die Bestätigung, indem du dich prügelst da drinne und in die Isozelle landest.* Selbst im Knast noch, so Alis Überzeugung, sind einerseits Chancen der Bestätigung als solche entscheidend und andererseits die Wahl der richtigen Chancen, die man nicht erkennt, wenn man *noch so auf Straßenbasis drauf* ist. Die Quintessenz dessen, was er als seine besten vier Jahre beschreibt, lautet: *Ich war Training – also, ich war arbeiten, Training, Freundin, arbeiten, Training, Freundin. Das war mein Tagesablauf.*

Die These scheint mir damit hinreichend belegt, dass für Ali das *Stichwort Bestätigung* ein zentrales ,Lebensthema'[4] benennt. Dies bedeutet nicht nur, dass der Wunsch nach Anerkennung für Ali faktisch von großer Bedeutung ist. Mehr interessiert hier, dass *Bestätigung* anscheinend die zentrale Metapher ist, um die herum Ali seine rückblickende biographische Selbstdeutung wie auch seinen Lebensentwurf organisiert. Im Folgenden will ich einige Aspekte dazu noch etwas genauer interpretieren.

a) Man könnte von so stark artikulierten Wünschen nach externen Quellen der Anerkennung auf ein geschwächtes Selbstwertgefühl, welches Mühe hat, sich selbst überhaupt als gestaltenden Akteur des eigenen Lebens zu fassen, schließen. Dies trifft aber auf Ali nicht zu. Er tritt gerade mit dem Bestätigungsthema selbstbewusst auf. Er präsentiert sich als jemanden, der sein eigenes Leben im Griff hat, auch wenn äußere Umstände es manchmal aus dem Gleis werfen. Auffällig bleibt dennoch, dass er seine Lebensgeschichte und -pläne durchgängig in den binären Code

---

4 Zum Konzept von ,Lebensthemen' als Schlüssel für einen hermeneutischen Zugang zu jugendlichen Lebenswelten vgl. Mollenhauer & Uhlendorff, 1992.

‚bestätigend – nicht bestätigend' fasst, so als wende er sich gleichsam an eine amtliche Instanz, die Bestätigung gewähren oder auch versagen kann.

b) Die zentrale Stellung des Themas ‚Bestätigung' könnte weiter vermuten lassen, dass Ali einem besonders hohen externen Rechtfertigungsdruck ausgesetzt ist und damit Erfahrungen der Nichtanerkennung und Diskriminierung wegen seines Migrantenstatus zu verarbeiten sucht. Aber auch dafür gibt das Interview keine Belege her. Ali berichtet nichts von solchen Erfahrungen, anders als das im folgenden Kontrastbeispiel der Fall ist. Wie im ersten Teil des Kapitels dargestellt wurde, könnten kränkende Erfahrungen aus seiner Lebensgeschichte, gerade verdrängte, sein permanentes Reden von Bestätigung motivieren. Auf der sichtbaren Oberfläche redet Ali aber so selbstverständlich vom Lebensziel Bestätigung, wie jemand anders davon reden könnte, einen Beruf ausüben zu wollen oder Kinder zu haben. Das unterscheidet ihn.

c) Genauer zu beachten ist hier auch die Wortwahl. ‚Bestätigung' als Wortbild bzw. Metapher betrachtet, legt, wie schon gesagt, ‚amtliche' Assoziationen nahe. Bestätigt wird auf Dokumenten, dass man ein Recht auf etwas hat, z.B. einen Besitztitel. Dazu passen Alis Formulierungen, der immer wieder von „sich Bestätigung *holen*" spricht. ‚Bestätigung' wird damit im Sinn einer konzeptuellen Metapher (Buchholz & v. Kleist, 1997, S. 53f) als ein Gegenstand gefasst, den man sich *holen* muss, der jedenfalls als etwas Äußerliches in den eigenen Besitz übergehen muss, im selben Sinn wie Ali einen *Pass* braucht, um Chancen zu bekommen.

d) Der konzeptionellen Metapher ‚Bestätigung' als Gegenstand entspricht auch Alis Verständnis, sie als eine Art von Lebensmittel zu verstehen, so als wäre sie ein überlebenswichtiges Konsumgut, das immer neu gebraucht wird, aber auch fehlen kann. Bestätigung, so könnte man auch interpretieren, ist etwas, womit man immer wieder gefüttert werden muss. Alis etwas skurrile Idee, sich durch das Schreiben von Ernährungsplänen für Mitgefangene Bestätigung zu holen, könnte auf die Phantasie verweisen, andere zu füttern sei der noch bessere Weg, um selbst satt (bestätigt) zu werden. Interessant ist hier übrigens, dass bei der französischen Übersetzung des Interviews diese bildhaften Bedeutungen des deutschen Worts verlorengehen: (Bestätigung bekommen = se sentir important). Bestätigung wird damit als etwas Psychisches, als Gefühlszustand verstanden, was zu ganz anderen Assoziationen führt.[5]

e) Ali beschreibt seine Erfahrungen mit ‚falscher' und ‚richtiger' Bestätigung auf eine Weise, als sei er gleichsam sein eigener Sozialarbeiter, der sich selbst den richtigen Lebensweg verordnet und nach Fehlschlägen immer wieder darauf zurückbringt. Dies mag damit zusammenhängen, dass das Interview in einer sozialpädagogischen Einrichtung stattfindet, deren Bedeutung für seine Chancen auf die ‚richtigen' Bestätigungen Ali auch ausdrücklich anerkennt. Dazu passen die ‚Amts'- und ‚Nahrungsassoziationen' des Wortes ‚Bestätigung' insofern, als die

---

5   Wir betrachten im Projekt solche Abweichungen nicht einfach als technisches Übersetzungsproblem, sondern gehen davon aus, dass unterschiedliche Redeweisen und Sprachbilder immer auch interessante Informationen über kulturelle Differenzen liefern können.

Sozialpädagogen seines Umgangs amtlich bestellte Mitarbeiter der öffentlichen Jugendhilfe sind und einen Versorgungsauftrag haben. Als Vertreter des Sozialstaats sind sie dafür zuständig, das immaterielle Gut ‚Bestätigung' in Alis Sinne zuzuteilen, aber auch seine praktischen Chancen zu verbessern, z.B. ihm eine Qualifikation zum Führen eines Gabelstaplers *(Gabelstaplerschein durchs Stadtteilprojekt)* zu ermöglichen. Sein Selbstverständnis fügt sich jedenfalls passgenau in das sozialpädagogische Prinzip der ‚Hilfe zur Selbsthilfe', welches diese Zuständigkeit steuert, ein. Nach diesem Prinzip sind die Voraussetzungen des Rechts auf Hilfe: 1. der Hilfebedarf (objektiver Mangel an einem lebenswichtigen Gut, hier Bestätigung), 2. die Einsicht in die Schädlichkeit einer illegitimen Beschaffung dieses Guts; 3. die eigene Anstrengung, mit allen Kräften zu den legalen/legitimen Quellen dieses Guts hinzustreben. Nach dieser Lesart präsentiert sich Ali zugleich als ein idealer Klient der Jugendhilfe. Gerade dadurch aber, dass er sich selbst nicht so *sieht,* wohl aber performativ so *zeigt,* wird plausibel, dass er dieses Selbstbild nicht aus taktischen Gründen inszeniert, sondern es internalisiert hat.

f) In auffälligem Kontrast zu Alis Verständnis von Bestätigung als einem objektiv vorhandenen immateriellen Gut steht der Umstand, dass eher unklar bleibt, ob die Gründe, die ihn ständig davon reden lassen, etwas mit seinem Migrationshintergrund zu tun haben – und was das überhaupt für Gründe sind. Man kann zwar vermuten, dass es in seinem Lebenslauf besondere Belastungen gab, die seelische Wunden zurückgelassen haben, seine Familiengeschichte (siehe 4.1.2) ebenso wie seine Misserfolge auf dem Arbeitsmarkt oder sein Kampf um einen (deutschen) *Pass.* Aber Ali schildert keine Situation, in der er wegen seines Status als Ausländer gekränkt wurde. Von der Schule z.B. berichtet er als *traumatisches Erlebnis* keine Diskriminierungserfahrung, sondern dass seine Klassenkameraden mit dem Lehrer *so geredet haben als würden sie mit einem Kumpel reden.* Die Beschreibung seines Erlebnisses missachteter Autorität mit dem klinischen Ausdruck *traumatisch* legt nahe, dass er sich mit dieser Autorität identifiziert, aber gerade unter ihrer Schwäche leidet. Wenn dies ein *traumatisches* Erlebnis ist, dann könnte man Alis Mangel an Bestätigung weniger als Diskriminierungs- und Repressionserfahrung und mehr als Erfahrung des Entzugs beschreiben: So, als erlebe Ali sich in einer tendenziell kafkaesken Situation, in welcher sich die Quellen legitimer Bestätigung entziehen (jedenfalls sehr rar sind, gerade weil ungewiss ist, welche Autorität eigentlich *bestätigen* kann) und deshalb ständig beschworen werden müssen. Ob Ali dieser Situation je entkommen kann, ist zum Zeitpunkt des Interviews völlig offen.

Ich kontrastiere das Fallportrait von Ali im Folgenden mit einem französischen Interview, in welchem ebenfalls der massive Legitimationsdruck auf den Lebensentwurf eines 26-jährigen nordafrikanischen Studenten und Arbeitsmigranten zentral ist. Auch für ihn sind am Ende nur sehr ungewisse Lösungen seines doppelten Transformationsprozesses (erfolgreicher Übergang ins Leben als Erwachsener *und* Bewältigung seiner interkulturellen Existenz) in Sicht. Dennoch ist die Art des Druckes, der dabei auf ihm lastet, und die Art der Verarbeitung eine völlig andere.

Mostafa, 26 Jahre, gebürtiger Marokkaner, ausgebildeter Ingenieur für Aerodynamik

Mostafa ist in Marokko aufgewachsen, hat sein Abitur dort mit Auszeichnung gemacht und begann, mit Hilfe eines ihm gewährten Stipendiums in Frankreich zu studieren, während gleichzeitig sein Vater als Arbeitsmigrant nach Deutschland ging. Für familiäre Konflikte in diesem Zusammenhang gibt es keinen Anhaltspunkt. Die erste Schlüsselerfahrung eines massiven Legitimationszwangs trifft Mostafa im Vorbereitungskurs, der für den Zugang zu einem Studienplatz in einer anerkannten Ingenieursschule (über einen *concours*) unentbehrlich ist. Er ist dort neben 28 *von Geburt her reinen Franzosen* (.) einer von zwei Marokkanern. Dort wird er durch einige Mitschüler und Lehrer mit rassistischen Diskriminierungen konfrontiert.

> M: Schon das Bild, das sie von Arabern hatten, war ein bisschen anders, Menschen, die nichts verstanden. Sie hatten die Vorstellung, dass (3) wir nichts verstanden, ich wusste, dass ich das Bild von jemandem abgab, der nicht versteht, aber das kam daher, weil ich anfangs Schwierigkeiten hatte, mich anzupassen. Sie glaubten, wir seien wirklich <u>blöd</u>, sie unterschätzten uns, aber wie. Aber mit der Zeit haben sie verstanden, dass wir Köpfe haben, dass wir auch fähig sind, gute Noten zu bekommen.

Diese Diskriminierungserfahrung führte aber keineswegs dazu, dass Mostafa, wie Ali es tut, nach externen Quellen der Bestätigung Ausschau hält. Sie motiviert ihn vielmehr zu verstärkter Anstrengung, es aus eigener Kraft zu schaffen.

> M: Ja, es war eine Motivation für mich, ihnen zu beweisen, dass ich es besser machen kann. Ich musste da raus kommen, um mich durchzusetzen und dem Anderen weder die Wahl noch die Möglichkeit zu lassen, mein Schicksal nach seinem Belieben ändern zu können. Ich musste perfektionistischer beim Schreiben meiner Hausaufgaben sein, weil ich wusste, <u>wenn ich schlecht schreibe</u>, sieht es <u>schlecht</u> für mich aus. Ich habe die Zettel der anderen gesehen, die Franzosen sind, und die sprachliche Fehler machten (.) also musste ich auf die kleinen Details achten, um weder den Lehrern noch meinen Klassenkameraden die <u>Möglichkeit zu geben</u>, ein schlechtes Bild von mir zu haben.

Es *besser machen* zu müssen, als es von anderen verlangt wird, ist einerseits ein auf ihm lastender Legitimationsdruck. Aber gerade weil dies als (böse) Absicht der Lehrer (und Mitschüler) interpretiert wird, als überlegene Macht in sein *Schicksal* einzugreifen, um es *nach seinem Belieben* zu ändern, wird der Druck zur *Motivation, perfektionistischer* zu werden, um dieser Macht dazu keine *Möglichkeit zu geben*. Im Gegensatz zu Ali, der guten Quellen der Bestätigung hinterherlaufen muss, aber sie kaum zu fassen bekommt, sind für Mostafa diese Quellen primär feindselig, jedenfalls nicht unterstützend, aber sie zeigen ihr Gesicht und lassen sich bezwingen. Deshalb werden gerade die schlimmsten seiner Lehrer für ihn gleichsam zur sportlichen Herausforderung:

> Ich wusste, dass der Mathelehrer ein halber Rassist war und der Physiklehrer ein richtiger Rassist. Ich habe die Dingen genommen wie sie waren (*je prenais les choses tellesquelles*), indem ich versuchte, ihnen nicht die Möglichkeit zu geben mich zu zerstören.

Weil es Mostafa gelingt, den Rassismus dieser Lehrer nicht als Verletzung seines Selbstwertgefühls zu verstehen, sondern einfach als objektive Schwierigkeit, der er gewachsen sein muss, gelingt es ihm auch, gestärkt aus dieser Erfahrung hervorzugehen:

> Ich bekam immer die schwierigsten Aufgaben. Und jedes mal sagte der Lehrer ‚<u>oppp</u>, eine schwierige Aufgabe für Mostafa!!!‘ Am Ende hat mir das wirklich gefallen (*lacht*). Lasst mich die Dinge sagen, wie sie sind: <u>er hat mich gebildet, mit seinem Rassismus hat er mich gebildet. Und daher kann ich ihm Danke sagen</u> [(*sehr breites Lächeln*).

Mit dieser Einstellung und Motivation im Rücken und nach erfolgreichem Concours macht ihm das Ingenieursstudium, für das er *Strömungslehre mit dem Schwerpunkt industrielle Aerodynamik* wählt, zunächst *kaum Schwierigkeiten*. Nur die Plätze für die vorgeschriebenen Praktika zu finden, ist schon im ersten Jahr sehr schwer: *Ich habe mir die Hacken abgelaufen wie ein Blöder ... ooh ich habe die Absagen gesammelt.* Noch schlimmer wird es im zweiten Jahr, dessen Beginn mit den Ereignissen vom September 2001 zusammenfällt:

> Das war das Jahr, wo sich für mich <u>alles geändert hat</u>, ich habe mit den Kursen um den dritten September herum angefangen. Einige Tage später kam es zu den <u>Ereignissen vom 11. September</u> und seitdem haben sich die Dinge geändert. Ich habe gespürt, dass sich die Leute uns gegenüber anders verhalten haben, aber vor allem gegenüber Immigranten aus Führungsschichten, die in Frankreich waren, sie wurden von der Bevölkerung besonders beäugt.

Vor allem in der Luftfahrtindustrie, auf die er seine beruflichen Hoffnungen gesetzt hatte, bekommt er jetzt wegen der allgemeinen Angst vor einem Terroranschlag als Marokkaner keine Chance mehr – schon gar nicht in der Flugzeugindustrie. Aber auch diese berufliche Sackgasse nimmt er als Herausforderung an. Angebote bei der Air Maroc als Techniker anzufangen, schlägt er aus, weil in Frankreich bleiben will, *vor allem weil ich das Mädchen heiraten wollte, das ich liebe* – eine Französin, die er 2004 heiratet. Er sattelt auf Techniker in der Computerbranche um. Dies war *ein <u>Wendepunkt in meinem Leben</u>*. Denn Mostafa bewährt sich in einem nur kurzfristigen Arbeitsverhältnis an einem *komplizierten Auftrag* und bekommt dadurch eine dauerhafte Perspektive: *Das war eine Glanzleistung für das Unternehmen, aber vor allem für mich.*

An dieser Stelle scheint Mostafa seinen doppelten Transformationsprozess vom marokkanischen Jugendlichen zum in Frankreich etablierten erwachsenen Spezialisten erfolgreich abgeschlossen zu haben, auch wenn er sein Berufsziel nicht ganz erreicht hat. Aber die Krise holt ihn wieder ein. Denn auf die Frage, ob es auf der *familiären Ebene* ebenso gut laufe wie auf der beruflichen, antwortet er:

> Nein, überhaupt nicht. Ich musste viel Zeit der Arbeit widmen, vor allem am Anfang. Aber mit meiner Frau ging ich aus und alles, aber nicht wie vorher. Ich war von der Arbeit eingenommen, was meine Frau nicht verstehen konnte. Sie wollte, dass ich arbeite, dass ich gut Geld verdiene und dass ich immer für sie da war. Das ist nicht möglich, zumindest am Anfang. Sie wollte beides auf einmal haben. Das waren zu viele Opfer meinerseits. Schließlich haben wir uns getrennt.

Während Mostafa im Übergang zum beruflichen Erfolg alle ihm wegen seiner Herkunft zusätzlich aufgeladenen Schwierigkeiten souverän meistert, scheitert er an der Liebe zu einer Frau, deren Ansprüche er nicht erfüllen kann. Die *Opfer*, die sie ihm abverlangt, sind auch deshalb wohl *zu viele*, weil er sein Privatleben nicht so sportlich bewältigen kann wie in Ausbildung und Beruf. Gegenüber solchen Erwartungen stößt er auch kulturell an seine Grenzen. Jedenfalls antwortet er auf die Frage, ob das nur an seiner großen Arbeitsbelastung gelegen habe:

> Nicht nur. Es war nicht die Arbeit, die uns bis zur Scheidung gebracht hat, aber ich weiß nicht, ob ich sagen kann, dass einen kulturellen Unterschied zwischen mir und ihr gab, aber es gab einige Probleme, die mit unseren Kulturen zusammen hingen, die dafür gesorgt haben, dass das Leben schwierig war. Aber mit der Arbeit ist es immer schwieriger geworden. Ich bin arabischer Muslim, sie französische Christin, also Unterschiede in den Gewohnheiten und Sitten[6].

Mostafa beschuldigt seine ehemalige Frau nicht, seine Werte missachtet zu haben, sondern redet ganz unparteiisch vom *kulturellen Unterschied*, der *das Leben schwierig* gemacht habe. Aber seine Kraft, den doppelten Transformationsprozess zu bewältigen, wird durch dieses private Scheitern schwer erschüttert. Der kulturelle Spagat im Privaten erweist sich als noch schwieriger als der in Studium und Beruf, obwohl er zunächst unproblematisch erschien. Auf die Frage, ob sich das Paar der Schwierigkeiten *von Anfang an bewusst* gewesen sei, antwortet Mostafa:

---

6 *Coutûme* = Sitte, Brauch.

Klar waren wir uns dessen bewusst. Bevor wir geheiratet haben, waren wir nicht wirklich verantwortlich, ich war nicht für sie verantwortlich, sie nicht für mich. Wir lebten nicht vierundzwanzig Stunden am Tag zusammen. Weder sie noch ihre Familie waren bereit, sich meinen Gewohnheiten und Sitten anzupassen. Ich und meine Familie waren ebenso wenig dazu bereit. Aber gut, am Anfang war ich in der Partnerschaft immer präsent, deshalb gab es keine großen Probleme. Aber mit der Entfernung durch meine Arbeit wurden die Probleme immer sichtbarer.

Um Mostafas Biographie als Beispiel des doppelten Transformationsprozesses zu verstehen, ist dies eine Schlüsselpassage. *Klar waren wir uns dessen bewusst* heißt in diesem Kontext zwischen den Zeilen: Wir wussten, worauf wir uns einließen und glaubten, damit (mit der interkulturellen Heirat) kein Problem zu haben. Ist diese Lesart richtig, so setzt sie implizit eine erfolgreiche Ablösung beider Partner aus ihrem Herkunftskontext voraus, ein emanzipiertes Paar ohne Vorurteile. Die anschließende Aussage, wir waren *nicht wirklich verantwortlich* (füreinander), ist demnach insofern eine Negation der ersten Aussage, als sie impliziert: Nur wer füreinander *verantwortlich* ist oder gar *vierundzwanzig Stunden am Tag zusammen* lebt, kann Aussagen darüber machen, ob eine solche interkulturelle Partnerschaft zu Problemen führt. Das fortschrittliche *Bewusst*-Sein des Anfangs entpuppt sich damit als Ideologie.

Die Anfänge der folgenden beiden Sätze (*Weder sie noch ihre Familie* sowie *ich und meine Familie*) negieren dementsprechend die Vorstellung vom emanzipierten Paar ohne Vorurteile. Die beiden Partner erscheinen vielmehr mit ihren jeweiligen Familien zu Einheiten verbunden, die einander gegenüberstehen, so als ob eine Ablösung eigentlich nicht stattgefunden hätte. Dies muss aber nicht so verstanden werden, als ob Familienmitglieder beider Seiten auf das junge Paar direkten Druck ausübten, ihre Partnerschaft vor den Werten der jeweils eigenen Kultur zu legitimieren. Vielmehr offenbart gerade das füreinander Verantwortlichsein und Zusammenleben selbst, dass keine Bereitschaft besteht, sich *meinen Gewohnheiten und Sitten anzupassen*, wie das auch umgekehrt der Fall ist. Diese Aussage impliziert, dass erst diese erwachsene Partnerschaft entdecken lässt, was die jeweiligen *Gewohnheiten und Sitten* als Ausdruck der eigenen Werteordnung überhaupt bedeuten. Man könnte dies so lesen, als ob die wechselseitige Enttäuschung der Ehepartner die Ursache dafür sei, dass sich beide zurück zu ihrem Herkunftskontext wenden, so dass man gleichsam von einem ‚re-ethnisierten‘ Partnerschaftskonflikt reden könnte. Gegen diese Lesart spricht allerdings die abschließende Aussage, dass erst *mit der Entfernung durch meine Arbeit* die Probleme *immer sichtbarer* wurden. Es handelt sich also nicht um die Probleme eines Paares, das *vierundzwanzig Stunden am Tag zusammen* ‚hockt‘ und sich mit den jeweiligen kulturell geprägten *Gewohnheiten* auf die Nerven geht. Vielmehr passen die harten Bedingungen, unter denen Mostafa sein Transformationsprojekt meistern muss, nicht mit dem Lebensentwurf einer westlichen Frau zusammen, die dafür offenbar keine Mitverantwortung übernimmt, sondern gleichzeitig emanzipiert, umsorgt und materiell abgesichert sein will.

Dies bringt nun für Mostafa auch die andere bisher erfolgreiche Seite seines Lebensentwurfs ins Wanken:

> M: Das ist klar, ich erlebe sie [diese Situation; B. M.] zu, zu, zu schlecht, sie hat mein persönliches und berufliches Leben beeinflusst, meine Leistung ist gesunken, vor allem weil meine Arbeit zu technisch ist und eine hundertprozentige Anwesenheit und Konzentration erfordert, was ich nicht schaffe.

Mostafa kann jetzt nicht mehr die Bedingung erfüllen, die bisher in seiner Ausbildung wie im Beruf die Voraussetzung für seinen Erfolg war: Nämlich das Handicap seiner Herkunft dadurch zu kompensieren, dass er durch *hundertprozentige Anwesenheit* und Leistungsbereitschaft besser als alle anderen ist. Die Erwartung seiner Frau, dass dies auch im Privaten so sein solle, macht ihn nicht stärker, sondern führt zur Erkenntnis: *meine Leistung ist gesunken*. Die Schlussfrage des Interviewers: *Wie sieht deine Vision von der Zukunft aus?* beantwortet er dementsprechend skeptisch:

> Sicher, die Scheidung hat mein Leben beeinflusst, sie hat das Bild verändert, das ich von meiner Zukunft hatte (.) das ist weder schwarz noch rosarot. Im Moment zögere ich noch zwischen Frankreich und der Rückkehr nach Marokko, das mir am Herzen liegt, um dort in der Nähe meiner Familie und der Leute, die ich liebe, zu leben. Im Übrigen habe ich mich in Marokko schon nach einem Ingenieurposten umgeschaut, ich warte auf die Antworten. Wenn nicht, bleibe ich in Frankreich und versuche, mein Leben wieder aufzubauen.

Die Antwort zeigt einen desillusionierten aber realistisch-selbstbewussten Mostafa: *Weder schwarz noch rosarot* sieht er die Zukunft. Sein Lebensprojekt, den beruflichen Erfolg wie die glückende Partnerschaft zu erreichen, ist unter der Bedingung des doppelten Transformationsprozesses nicht am ‚sicheren Ufer‘, sondern steht vor neuen Herausforderungen: entweder zurück in den eigenen Kulturkreis mit ungewissen beruflichen Perspektiven oder am Migrationsprojekt festhalten, mit der Konsequenz, das eigene Leben allein *wieder aufzubauen* zu müssen.

Zwischenbilanz

Ich habe die beiden Biographien unter dem Gesichtspunkt ausgewählt, den besonderen und verstärkten Legitimationsdruck sichtbar zu machen, unter dem Heranwachsende mit Migrationsschicksal und/oder -hintergrund in Deutschland und Frankreich stehen. Beide Beispiele zeigen eindrucksvoll, dass es einen besonderen

Druck gibt, der mit dem doppelten Transformationsprozess vom Kind bzw. Jugendlichen zum Erwachsenen und von der Prägung durch eine Herkunftskultur zur Vermittlung dieser Prägung mit den Lebensbedingungen einer anders geprägten Gesellschaft zusammenhängt. Die Beispiele verdeutlichen auch, dass dieser Druck, jedenfalls aus einer biographischen Perspektive, nicht anhand objektiver Indikatoren gemessen, sondern nur im Kontext individueller Bewältigungsformen gezeigt werden kann. Im Rahmen dieser Gemeinsamkeit zeigen die gewählten Beispiele ein maximal kontrastierendes Bild.

Ali thematisiert ständig sein subjektives Empfinden dieses Legitimationsdrucks, lässt aber weitgehend im Unklaren, von wem und wodurch dieser Druck, sich seinen eigenen Wert dauernd bestätigen zu müssen, eigentlich ausgeübt wird. Bei Mostafa dagegen ist völlig klar, wer oder was diesen Druck ausübt: Vorurteile von Schulkameraden, rassistische Lehrer, die Angst der Arbeitgeber vor Terroristen, schließlich die eigene Ehefrau. Dennoch taucht bei Mostafa die Vorstellung, etwas für das eigene Selbstwertgefühl tun zu müssen, nirgends auf.

Bei Ali führt das subjektive Empfinden dieses Drucks zu verdinglichten Vorstellungen hinsichtlich der Mittel zur Bewältigung. ‚Bestätigung' als zentrale Metapher dafür ist für Ali entweder ein ihm von außen zugestandenes Gut oder eine Art von Nahrungsmittel, das er sich selbst beschafft. Dabei versteht er offenbar die Tätigkeiten für diese Beschaffung (z.B. Arbeit, Training) als Mittel und Bestätigung als solche als Ziel und Zweck seines Tuns. Mostafa dagegen thematisiert das, was dieser Druck für sein Selbstwertgefühl bedeutet, in keiner Weise, gebraucht auch keine Metaphern dafür, sondern er beschreibt nur ganz sachlich, *wie* er unter Druck gerät, indem er seine Lebensprojekte verfolgt, Flugzeugingenieur zu werden und eine glückliche Ehe führen zu wollen.

Ali gehört sicher einer anderen Bildungsschicht mit einem anderen Aspirationsniveau an als Mostafa. Beide Varianten sind in Deutschland wie in Frankreich zu finden, aber die Art der Kampffronten zeigt doch auch etwas, worin sich die Migrationssituation in beiden Ländern unterscheiden könnte. Ali kämpft gegen seine ökonomische und soziale Marginalisierung wie gegen das Abgleiten in kriminelles Milieu an. Er nimmt dafür die Hilfen von Einrichtungen des Sozialstaats als materielle wie auch als motivierende Unterstützung selbstverständlich in Anspruch. Mostafa dagegen gehört in seinem Heimatland zur Bildungselite und kämpft darum, diesen Status durch sein Migrationsprojekt in sozialen Aufstieg umzumünzen. Er rechnet dabei nicht mit der Unterstützung seiner Umwelt in Frankreich, sondern scheint die Hindernisse, die ihm begegnen, als normalen Preis, der für ein solches Vorhaben gezahlt werden muss, zu werten. Das relative Scheitern seines Projekts führt er auf private Umstände zurück, die ihn aber dazu motivieren, sich wieder stärker an Herkunftsfamilie und -land zu orientieren.

Beide haben eine eher unpolitische Sichtweise auf ihre Lebenslage, sie rebellieren nicht gegen den Druck, unter dem sie stehen. Ali scheint davon auszugehen, es sei normal, dass sich Bestätigung *holen,* der oberste Lebenszweck ist und, dass er dabei, legale Mittel vorausgesetzt, als braver Sozialstaatsklient auch Unterstützung findet. Er sieht deshalb auch keine gesellschaftliche Ungerechtigkeit darin, zu einem ständigen Kampf um Anerkennung gezwungen zu sein. Mostafa hat zwar einen klaren Blick dafür, dass er ungerecht und nicht seiner Leistung entsprechend behandelt wird, wenn er wegen des Misstrauens gegen Ausländer oder Angst vor Terrorismus keinen Job bekommt. Aber er nimmt das als Teil seiner Lebensbedingungen hin und passt sich umso entschiedener an diese an.

Um diese Gemeinsamkeit der Anpassung an Legitimationszwänge in unterschiedlichen Haltungen wiederum durch ein Kontrastbeispiel zu profilieren, greife ich noch einmal das bereits in Kapitel 3 vorgestellte Fallportrait von Karl auf. Ich interpretiere es hier als Beispiel, wie der auf Menschen mit Migrationshintergrund lastende Legitimationsdruck umgedreht und offensiv gegen die aufnehmende Gesellschaft gerichtet werden kann. Dafür ein französisches Beispiel zu wählen, unterstellt nicht, dass es keine vergleichbaren Fälle in Deutschland gibt. Wohl aber nutzt Karl auf besonders markante Weise gerade das französische Ideal des *Citoyen*, der zugleich Weltbürger ist, um den realen Lebensverhältnissen für *Franzosen aus der Immigration* in Frankreich und der Haltung der vermeintlich allein ‚echten‘ Franzosen den Spiegel vorzuhalten.

Karl, 26 Jahre

Wie sind unter der Perspektive des Kampfs um Anerkennung die dem Anschein nach widersprüchlichen Aussagen Karls zu verstehen? Einerseits hat er persönliche Kränkung mehr in seinem Herkunftsland Kamerun als in Frankreich erfahren, andererseits attackiert er Frankreich schärfer als jedes andere Land, weil es das Kollektiv derer, die er als aus der Immigration kommende Franzosen bezeichnet, diskriminiert. Das hindert ihn aber nicht, Frankreich als sein ‚Adoptionsland‘ zu bezeichnen und zu sagen, dass er Frankreich *tief innen* liebe – nicht das Frankreich, wie es ist, sondern wie es sein sollte. Gerade deshalb aber geht er nach England, um mit seiner Musik so erfolgreich zu sein, dass er gleichzeitig für sein Ideal kämpfen und davon leben kann: *Mein Plan wäre, musikalisch erfolgreich zu sein, um ein Maximum zu erreichen ( ) äh ( ) um ein Maximum an Leuten sensibilisieren zu können und so dafür zu sorgen, dass sich die Dinge ändern.* Im Lauf des Interviews konkretisiert er auch seine Kampfansage an Frankreich. So sagt er provozierend, er habe deshalb dort kein Problem mit der Suche nach einem Arbeitsplatz, weil er *gar keinen wolle* (**das ist eine Wahl, die ich getroffen habe**). Dies zu versuchen würde in Frankreich bedeuten, sich äußerlich anpassen zu müssen. *Schon die Tatsache, dass ich geflochtene Haare, Ohrringe, Tätowierungen habe sorgt schon dafür, dass man hundert Bilder von mir hat.* Dem will er sich nicht unterwerfen. Das aber sei in England anders, wo jeder, egal mit welchem Aussehen in jedem Beruf akzeptiert sei. Selbst *die Polizisten haben Tätowierungen.*

Deutlich wird in diesen Aussagen, dass Karl, anders als Ali oder zum Teil auch Mostafa, kein Problem damit hat, die primäre Anerkennung als Person zu finden.

Er kämpft mit großem Selbstbewusstsein um die Anerkennung einer Gruppe, mit der er sich in freier Wahl identifiziert: *nicht ich werde, sondern wir werden diskriminiert*. Nicht er als Person wird zurückgewiesen, sondern er weist zurück, legt sich gleichsam mit dem ganzen Land an, das seinen Vorstellungen von Gerechtigkeit nicht entspricht. Sein Thema ist dabei aber nicht ,gleiches Recht für alle' oder, wie bei Mostafas Kampf um beruflichen Erfolg, die Frage der Chancengleichheit. Dies würde der zweiten Stufe des Kampfs um Anerkennung entsprechen, Karl aber kämpft auf der dritten Stufe um das Recht auf Anderssein, um das Recht auf Differenz.

Bei all dem geht es Karl aber nicht um die Verteidigung seiner Herkunftsidentität gegenüber den Zumutungen einer Anpassung an einen westlichen Lebensstil, wie das noch am Anfang des Interviews klang. Für ihn ist eine Rückkehr nach Kamerun keine Option. Danach gefragt sagt er: *Ich weiß nicht, wo ich leben würde, aber ich weiß, dass es im Westen ist.* Aber er fährt fort: **Und ich weiß schon, dass ich nicht nach Frankreich zurückkommen werde, außer die Dinge ändern sich.** Dies klingt, als rede hier ein Franzose, der sich wegen der politischen Zustände in seinem Land im Exil befindet. Dass Karl es tatsächlich so versteht und mit seiner Selbstdefinition als *Weltbürger* die Selbstverortung als Franzose nicht aufgibt, sagt er auch sehr deutlich:

> Frankreich ist, bleibt und wird immer ein Adoptionsland bleiben, selbst wenn es manchmal vorkommt, dass ich ein Gefühl von Zurückweisung empfinde, es ist ( ) ich kann nicht ( ) es ist in mir, ich liebe Frankreich.

Diese Liebeserklärung an Frankreich klingt zunächst unvereinbar mit seiner Kritik an Frankreich. Wie sich für ihn beides verbindet, wird am Schluss des Interviews erkennbar, als die Interviewerin noch einmal nach seiner Position zwischen den Kulturen fragt: *Fühlst du dich mehr französisch? Mehr kamerunisch?*

> *K: Wenn ich mit meinen Freunden diskutiere, werde ich meine kamerunischen Freunde etwas enttäuschen (lacht), ich fühle mich mehr französisch als kamerunisch. Weil mir in Wirklichkeit bewusst geworden ist, dass ich mich mehr französisch fühle, weil ich in Wirklichkeit weniger für Kamerun als für Frankreich kämpfe.*
>
> *L: Du würdest weniger für Kamerun kämpfen? Was soll das genau heißen?*
>
> *K: Ich sehe zum Beispiel, wenn es in Frankreich Probleme mit Ungerechtigkeit gibt, berührt mich das mehr.*
>
> *L: Als ( )*
>
> *K: Als Franzose berührt mich das mehr ( )*
>
> *L: Und Ungerechtigkeiten gegenüber wem?*
>
> *K: Egal ( ) das kann sein ( ) eigentlich all die Probleme, die Frankreich betreffen ( ). Ich fühle mich betroffener als durch das, was Kamerun angeht. Also, das können Ungerechtigkeiten gegenüber einem Mann weißer Rasse*

sein oder ( ) eigentlich alles, was in Frankreich passiert. Ich fühle mich viel
betroffener. Es kann passieren, dass ich sage: ‚Ah! Ich mag Frankreich nicht,
aber tief in mir ist es mein Land!‘ Das ist es, was mich ein bisschen ärgert,
weil ich heute nicht mehr weiß, wo ich mich bei meiner Identität befinde
(lacht).

Ansonsten fühle ich mich mehr französisch als kamerunisch.

L: Mehr französisch als kamerunisch ( ) wo würdest du gerne leben?

K: Im Westen.

Im abschließenden Dialog des Interviews macht Karl unmissverständlich klar, dass
er sich gerade mit seinen Attacken gegen Frankreich nicht als Wanderer zwischen
den Welten, sondern *als Franzose* versteht. Er nimmt sich gerade in seinem Pro-
test gegen *Ungerechtigkeiten* in Frankreich als jemand, der *französisch fühlt* und *für
Frankreich kämpft*, wahr. Dass französische Ungerechtigkeiten ihn mehr als die in
Kamerun *berühren*, heißt also, dass er im Namen französischer Ideale gegen die
französische Realität protestiert. Sein Weltbürgertum ist das der *französischen* Zivi-
lisation, d.h. das der Ideale der Französischen Revolution. Nicht zu wissen, *wo ich
mich bei meiner Identität befinde*, heißt deshalb für ihn nicht, im doppelten Transformationsprozess zwischen jugendlich und erwachsen Sein, zwischen Kamerun
und Frankreich hängengeblieben zu sein. Das ist für ihn geklärt. Es heißt für ihn
vielmehr, nicht zu wissen, wie weit er damit kommen wird, die französischen Revo-
lutionsideale von Freiheit, Gleichheit und Brüderlichkeit auch für *Franzosen aus der
Migration* einzufordern. Und er weiß nicht, was mit ihm selbst in dieser politischen
Identifikation passiert.

Zusammenfassung

Die drei Biographien lassen drei klar unterscheidbare Muster der Bewältigung des
Legitimationsdrucks erkennen, mit dem junge Menschen mit Migrationshintergrund in Deutschland und Frankreich konfrontiert sind. Ali macht die Selbstlegi-
timation durch fremde Unterstützung wie durch eigene Leistung zu seinem zentralen Lebensthema. Bestätigung als solche wird zu seinem Lebenssinn. Er kann den
Kampf um seine basale Anerkennung als Person nicht abschließen und bleibt darin
in einer kindlichen Bedürftigkeit befangen, auch wenn er keine Zweifel an der Legi-
timität seiner Haltung als immerhin 26-Jähriger zeigt.

Mostafa ficht als Einzelkämpfer gegen den doppelten Legitimationsdruck im beruflichen wie privaten Leben an und reift durch Siege wie durch Niederlagen zu
einem realistischen Erwachsenen, der *weder schwarz noch rosarot* in die Zukunft
blickt. Er kann Ungerechtigkeiten, die ihm auf beruflicher und dann auch priva-
ter Ebene begegnen, klar erkennen und kämpft darum, das Beste daraus zu machen. Dabei geht er Kompromisse ein, die auch als Unterwerfung unter den Zwang

der Verhältnisse und als Verzicht auf sein Projekt der Transformation gedeutet werden können.

Karl dagegen kämpft darum, sein ‚Weltbürger-Projekt' des Rechts auf Verschiedenheit für alle durchzusetzen, als generalisierte Forderung nach Anerkennung auf der dritten Stufe. Er dreht damit das Legitimationsproblem um und macht es zur Herausforderung seines *Adoptionslands*, das jungen Menschen in seiner Lage beibringen will, nach Idealen zu leben, die es selbst mit Füßen tritt.

Keine dieser Biographien ist ‚typisch' für *die* jungen Menschen mit Migrationshintergrund in Deutschland und Frankreich. Dies ist selbstverständlich nicht so zu lesen, als ob der Fall von Ali ‚typisch' für deutsche und diejenigen von Mostafa und Karl typisch für französische Verhältnisse wäre. Dennoch kann ich mir Alis Fall in Frankreich und Mostafas oder Karls Geschichte in Deutschland – auch wenn ich mich darin täusche – nur schwer vorstellen: in Frankreich nicht die Erwartungshaltung Alis, die Gesellschaft werde ihn schon mit Anerkennung versorgen, wenn er brav bleibt; und in Deutschland nicht die offene (statt verdeckte) Diskriminierung, die Mostafa erfährt, und auch kaum Karls offensive, aber zugleich klug reflektierende Rebellion. Das mag Spekulation sein und doch zeigen die Einzelfälle hier schärfere Bilder der gesellschaftlichen Verhältnisse als ihre Verallgemeinerung zu kulturellen Stereotypen. Aber alle drei spiegeln reale Verhältnisse in diesen Ländern. Alle drei bestätigen auf ihre Weise, dass es für das Verständnis der mit Migration verbundenen Herausforderungen fruchtbarer sein kann, individuelle Biographien genau zu betrachten und zu vergleichen, als allgemeine damit verbundene Probleme zu diagnostizieren.

Kapitel V

Forschen im binationalen und interkulturellen Team: Methodologische Reflexionen

Vera King, Elvin Subow, Anissa Ben Hamouda, Delphine Leroy und Martin Bittner

Einleitung

Vera King

> „Die interkulturelle Kooperation kann sich nicht mit dem Wissen zu-
> friedengeben, welches bereits von den wissenschaftlichen Fächern ge-
> sichert wurde. Sie sucht eine neue Qualität des Wissens: sie sucht
> nach ihm mittels einer transdisziplinären Anstrengung, welche dabei
> weiterführt als die Ziele der interdisziplinären oder multidisziplinären
> Forschung. Als transdisziplinäre Forschung ist die interkulturelle
> Kooperation stark experimentell und erfahrungsbezogen."
>
> (Wulf, 1999, S. 200)

Dieses Kapitel macht die Forschungspraxis und Methoden, die Herausforderungen und Probleme, Fragen der Verständigung und Lösungsversuche der Forschenden selbst zum Gegenstand. Wie bereits in der Einleitung geschildert wurde, ist
Forschung in einer deutsch-französischen Gruppe keine Selbstverständlichkeit.
Neuland betritt umso mehr ein Projekt, das zugleich als Lernwerkstatt für den
Forschungsnachwuchs dient. Auch deshalb ist die Reflexion über unsere Zusammenarbeit als Forschende aus zwei Nationen und Kulturkreisen ein wichtiger Teil
unseres Projekts geworden. Im ersten Teil dieses Kapitels stellen Vera King und Elvin Subow vor diesem Hintergrund zunächst einige zentrale erkenntnistheoretische
sowie methodologische Fragen der Sozialforschung mit Bezug auf Migrations- und
interkulturelle Forschung dar und erörtern die spezifischen Konstellationen und Lösungen des Projekts. Die Fragen des Projekts werden somit auch in einen Überblick
über die internationale Diskussion zu methodologischen Grundsatzfragen eingebet-
tet.

So wird der Stand der überwiegend im englischsprachigen Raum geführten Diskussion über sogenannte Insider- und Outsider-Positionen – über „multiple insi-
der/outsider positionalities and [...] factors bearing on knowledge construction
and representation in the research process" (Merriam et al., 2001, S. 415) – als ein

Bezugsrahmen für die methodologische Situierung des Projekts herangezogen und im Lichte dessen auch auf das epistemologische Konzept von ‚Reflexivität' im Sinne Bourdieus verwiesen: auf die Notwendigkeit also, die Erkenntnishindernisse zu reflektieren, wie sie mit der Position der Forschenden wie der Erforschten in der sozialen Welt zusammenhängen. Zugleich werden Anforderungen an *Reflexivität* mit Standards und Prinzipien der *Rekonstruktion* verknüpft und auf die rekonstruierbare Eigenlogik des Textes als ‚Drittem' im Verhältnis von Forschenden und Erforschten verwiesen.

Im Zuge der methodologischen Diskussion wird zugleich deutlich, dass interkulturelle Designs nicht nur spezifische Anforderungen an die Reflexion potenzieller Erkenntnishindernisse beinhalten. Es zeigt sich vielmehr auch, welche Chancen gerade ein solches binationales, auf mehreren Ebenen interkulturelles Setting im Feld der Migrationsforschung bietet: sich nämlich der eigenen eingeschliffenen Denkweisen bewusst zu werden und unhinterfragte Selbstverständlichkeiten der jeweiligen Begriffs- und Forschungstraditionen einer Prüfung zu unterziehen und somit zu neuen Sichtweisen auf den Gegenstand zu gelangen. Diesen Fragen und Erkenntnismöglichkeiten widmen sich aus unterschiedlichen Perspektiven auch die beiden weiteren Beiträge dieses Kapitels. Anissa Ben Hamouda und Delphine Leroy rekurrieren dabei vorrangig auf das Konzept der Implikation von René Barbier. Die Autorinnen versuchen – in Abstimmung mit Anna Terzian und der französischen Gruppe der jungen Forschenden – herauszuarbeiten, welche Bedeutung die persönliche Beteiligung der Forscher am Gegenstand, den sie untersuchen, für die Entfaltung des Gegenstands der Forschung hatte. Dabei geht es nicht nur um die methodischen und persönlichen Zugänge, auch nicht nur um die Feststellung und möglichst um Eliminierung methodischer Differenzen, sondern mehr noch um die Frage, wie Differenzen, die den jeweils internalisierten Konventionen oder Habitualisierungen verborgen sind, bewusst gemacht und zu Gegenständen gemeinsamer Entdeckungsprozesse werden können.

Der letzte Beitrag dieses Kapitels von Martin Bittner untersucht diese Fragen der Erkenntnis- und Verstehensmöglichkeiten sowie der Reflexivität schließlich am Thema der Übersetzungsprobleme, indem er im Zuge theoretischer Reflexion und anhand von Beispielen aus dem Projekt die vielschichtigen Herausforderungen und Potenziale von Prozessen der Übersetzung analysiert. Nicht nur können gerade aus schwer übersetzbar erscheinenden Ausdrucksweisen einer (Ausgangs-)Sprache beispielsweise durch Einbettung in analoge Formulierungen und Diskurse einer (Ziel-)Sprache bei gleichzeitiger Wahrnehmung der Differenz neue Erkenntnisse gewonnen werden. Sprachliche Differenzen und die immer wieder auftauchenden Irritationen durch fremdsprachliches Nichtverstehen zwingen zur präzisen Reflexion und Explikation der eigenen Begriffe und tragen somit zu einer produktiven Distanzierung von verinnerlichten Sprachfiguren und damit verbundenen Sinnhorizonten bei.

5.1 Wer versteht mehr? Zur Bedeutung von *Insidern* und *Outsidern* im Kontext interkultureller, mehrsprachiger rekonstruktiver Sozialforschung

Vera King und Elvin Subow

Unser Forschungsprojekt über ‚Lebensentwürfe und Lebensgeschichten Jugendlicher mit Migrationshintergrund in Deutschland und Frankreich‘ basiert im Kern auf der Auswertung biographischer Interviews mit jungen Männern und Frauen in Deutschland und Frankreich, deren Leben von Migration bzw. Zugehörigkeit zu einer ethnischen Minderheit in Deutschland oder Frankreich mitgeprägt ist. Durch systematische Rekonstruktionen sollte erhellt werden, wie die Bedingungen des Aufwachsens in Deutschland und Frankreich und die je individuellen Strategien der Bewältigung aufeinander einwirken. In diesem Beitrag werden einige methodologische, erkenntnistheoretische und forschungspraktische Aspekte herausgearbeitet, die mit einem solchen Unterfangen interkultureller Migrationsforschung verknüpft sind. Insbesondere geht es um die Fragen: Welche Implikationen und Folgen haben die sozialen Positionen, ethnischen Zugehörigkeiten und vorhandene oder nicht vorhandene Migrationserfahrungen der Forschenden im Verhältnis zu den Erforschten? Welche Effekte haben in diesem Sinne die unterschiedlichen Ausgangspositionen, Situierungen und damit verknüpften Perspektiven für die Konstruktion der Studie und ihre Auswertung? Wie werden die besonderen methodologischen und methodischen Anforderungen einer solchen Fragestellung und eines interkulturellen Designs bewältigt? Welche besonderen Erkenntnispotenziale birgt gerade unser interkulturelles, deutsch-französisches, mehrsprachiges rekonstruktives Design? Die Gretchen-Frage ‚*Wer versteht mehr oder besser?*‘, die vielfach den epistemologischen Diskussionen über sogenannte Insider- und Outsiderpositionen zugrundeliegt, wird hier in Richtung eines Plädoyers für die produktiven Potenziale wechselseitiger Irritation im mehrsprachigen binationalen Design gewendet. Sie wird ebenso mit einem Plädoyer für die Standards rekonstruktiver Sozialforschung verbunden, die sich nicht subsumptiv versteht und am Ziel der Rekonstruktion latenter Sinnfiguren festhält. Welche Krisen und Entdeckungen, Fragen und neuen Einsichten dabei in unserem Projekt auftauchten, soll im Folgenden geschildert werden. Dazu werden alternierend zum einen methodologische und methodische Debatten sowie der Stand der Forschung skizziert und zum anderen die spezifischen Problemstellungen, Herangehensweisen und Lösungsversuche unserer Forschung entfaltet.

Facetten des Interkulturellen – zum Design unseres Projekts

Wie in der Einleitung dieses Bandes beschrieben, lässt sich unser Forschungsprojekt auf mehreren Ebenen als interkulturell und mehrsprachig beschreiben: Zum einen handelt es sich um ein deutsch-französisches Projekt, bei dem sich sowohl das Leitungsteam aus französischen und deutschen Hochschullehrerinnen und Hochschullehrer zusammensetzt als auch die Forschungsgruppe aus Promovierenden und Studierenden von französischen, deutschen und (in einem Fall) schweizerischen Universitäten. Das empirische Material – biographische Interviews – wurde in Deutschland und Frankreich erhoben, die deutschen Transkriptionen wurden, ebenso wie alle anderen produzierten Texte, im Verlauf der Forschung ins Französische übersetzt und umgekehrt. Die Forschungsworkshops wurden jeweils zweisprachig geführt, sämtliche Diskussionsbeiträge wurden von den mitarbeitenden Dolmetscherinnen unmittelbar übersetzt. Da zahlreiche Mitglieder der Forschungsgruppe überdies in der jeweiligen Fremdsprache kompetent waren, stellten die Übersetzungen selbst einen häufig diskutierten und überaus aufschlussreichen Bestandteil der Erkenntnis- und Interpretationsprozesse dar. Die Bedeutung der Sprache, der Mehrsprachigkeit und Interkulturalität war insofern durchgängig präsent und ständiges implizites und explizites Thema. Gemeinsame Interpretationsarbeit war immer auch Arbeit an der gemäßen, optimal stimmigen Übersetzung – auch im Sinne einer Hermeneutik der diversen, teils divergierenden kulturellen Konnotationen.

Ein weiterer Aspekt der Interkulturalität ergab sich aus der Zusammensetzung der Forschungsgruppe: Zahlreiche Mitwirkende hatten selbst einen Migrationshintergrund, gehörten der zweiten Generation von Migrantenfamilien an. Die Muttersprache der Eltern war entsprechend häufig weder Deutsch noch Französisch, sie selbst waren teils mehrsprachig und interkulturell aufgewachsen bzw. sozialisiert. Im französischen Teil der Gruppe stellten die Teilnehmenden mit Migrationshintergrund überdies die Mehrheit dar. Viele Mitglieder der Forschungsgruppe gehörten in vielen Hinsichten also selbst jener Gruppe an, die Gegenstand der Untersuchung war, nämlich adoleszente Männer und Frauen mit Migrationshintergrund in Deutschland und Frankreich, woraus sich die dritte Ebene der Interkulturalität dieses Projekts erschließt, also der Gegenstand selbst. Das Verhältnis von Insidern und Outsidern, von Nähe und Distanz zum Untersuchungsthema bzw. zu den Interviewten, die verschiedenen Sprach- und Übersetzungskompetenzen oder die Art der Beziehung zum Gegenstand differierten insofern innerhalb der Forschungsgruppe. Daraus ergab sich – verknüpft mit den institutionellen Hierarchien – eine Vielzahl von Herausforderungen, die zu interessanten, nicht immer leicht zu bewältigenden und zugleich äußerst produktiven Spannungen führten und in besonderer Weise Anlass gaben, das Thema Interkulturalität und Mehrsprachigkeit bezüglich der Positionalität der Forschenden zu reflektieren. Überdies entwickelte die Forschungsgruppe aus diesen verschiedenen Zusammensetzungen und sprachlichen Herausforderungen verschiedene Settings und Methoden, die im Folgenden skizziert werden sollen. Im nächsten Schritt wird der Stand der Forschung zu Reflexion von Positionalität und Perspektive im Kontext interkultureller Forschung skizziert. Darauf folgen einige Überlegungen zur Bedeutung von Reflexivität und zu fallrekonstruktiver

Forschung. Schließlich werden die spezifischen methodischen und forschungspraktischen Aspekte unseres interkulturellen Projekts dargelegt.

Insider und Outsider in der interkulturellen Forschung – zum Stand der Diskussion

Die im englischsprachigen Forschungsraum gemeinhin als Insider/Outsider-De-
batte bekannte Diskussion blickt auf eine jahrzehntelange Tradition zurück, ist in
der deutschen Migrationsforschung jedoch nicht vollends angekommen (vgl. Beck-
Gernsheim, 2003). Besonders englischsprachige Forscher im Bereich der interkulturellen Migrationsforschung rekurrieren auf diese Debatte, in der es vordergründig
um die Implikationen der Zugehörigkeit bzw. Nichtzugehörigkeit eines Forschers
zu der Community geht, die er erforscht. Dabei gilt das Konzept der Positionalität
als zentrale Kategorie im Bereich der qualitativen Sozialforschung. Die Positionalität
eines Forschers wird durch Faktoren wie Schichtzugehörigkeit, Ethnie, Nationalität, Geschlecht, sexuelle Orientierung und andere Identitätsmarker bestimmt, deren
Zusammensetzung bei jedem Forscher einzigartig ist und die im Zusammenwirken
mit Zeit und Ort des Geschehens beeinflussen, aus welcher Perspektive ein Forscher
die Welt betrachtet und interpretiert (Mullings, 1999, S. 337).

Beiträge, in denen Forscher ihre Insider- bzw. Outsider-Position konkret thema-
tisieren, sind im englischsprachigen Forschungsraum weitaus zahlreicher vorzufin-
den, als es im deutschsprachigen Forschungsraum der Fall ist (u.a. Chawla-Duggan,
2007; Tse Shang Tang, 2007; Le Gallais, 2008; Merriam et al., 2001; Mercer, 2007;
Pérez, 2006; zur deutschsprachigen Forschung vgl. Grbić et al., 2004; Herwartz-Emden, 1995, 2000; Riegel & Kaya, 2002). In beiden Forschungsräumen wird einhel-
lig kritisiert, dass die Anzahl der Forschungsbeiträge über Migrationsthematik zwar
steigt, Fragen interkultureller Kommunikation zwischen Forschern und Forschungsteilnehmern und deren Auswirkungen auf die Wissensgenerierung hingegen nicht
reflektiert werden (vgl. Bauschke-Urban, 2006; Borkert & de Tona, 2006; Hellawell,
2006; Herwartz-Emden, 1995). Den Hintergrund dieser Kritik bildet die Annahme,
dass in der qualitativen Sozialforschung der Prozess der Feldforschung, insbesondere im Hinblick auf methodische Probleme, und die abschließende Interpretationsarbeit erheblich vom interkulturellen Setting beeinflusst werden (vgl. u.a. Mullings,
1999; Mercer, 2007; Tse Shang Tang, 2007). Diese Sichtweise wird wie folgt auch
von Borkert und De Tona untermauert:

> „Forscher und Forscherinnen werden sowohl durch ihre Klassenzuge-
> hörigkeit, ihr Geschlecht, ihr Alter, ihre Sexualität als auch durch ihre
> ethnische Zugehörigkeit in ihren Identifikationen beeinflusst, mit de-
> nen sie im Feld agieren und durch die sie ihre sozialen Interaktionen mit
> Zuwanderer(inne)n strukturieren" (Borkert & De Tona, 2006, Abs. 23).

Hieran anknüpfend kritisiert Beck-Gernsheim an Beiträgen der deutschen Migrationsforschung, allzu häufig impliziten Universalismen zu folgen, und appelliert an Forscher, ihre Interpretationsschritte für die intersubjektive Überprüfbarkeit transparenter zu machen (Beck-Gernsheim, 2003, S. 82). Herwartz-Emden wiederum weist darauf hin, dass interkulturelle Interviews strukturelle Besonderheiten aufweisen und die Beziehungen zwischen dem Forscher und den Forschungsteilnehmenden dementsprechend vermehrt in die Überlegungen der Datenauswertung einbezogen werden müssen (Herwartz-Emden, 2000). Als Beispiel für solche strukturellen Besonderheiten nennt sie u.a. den Paternalismuseffekt, der daraus resultiere, dass Forschende von den Erforschten annehmen, dass sie „weniger gebildet, weniger emanzipiert, weniger frei und weniger reich sind. Ein solches Potenzial an gesellschaftlichen Bildern kann in einer kommunikativen Situation [– sprich in einer Interviewsituation –] leicht in eine selbstüberschätzende Helfer-Haltung überführt werden [...]" (Herwartz-Emden, 2000, S. 59).

Die Forderung nach vermehrter Selbstreflexivität vonseiten der Forscher wird besonders in Anbetracht dessen formuliert, dass die Mehrheit der Forschungsbeiträge von autochthonen Deutschen stammt (Beck-Gernsheim, 2003) und Minderheitenperspektiven dadurch in den Hintergrund geraten (IFADE, 2005). Des Weiteren wird die westliche Dominanz im europäischen Wissenschaftssystem kritisiert (Mihciyazgan, 1999), der durch internationale akademische Forscherzusammenschlüsse wie ‚ifu' (Bauschke-Urban, 2006), IFADE (2005) oder die HERMES-Vereinigung (Borkert & de Tona, 2006) entgegenzuwirken versucht wird. Im Laufe der letzten zwanzig Jahre ist zudem eine erhebliche Zunahme an transnationalem akademischem Austausch von Forschern innerhalb Europas zu beobachten (vgl. ebd.). Nicht zuletzt aus diesem Grund formulieren gerade junge Akademiker aus dem Bereich der international vergleichenden Migrationsforschung das Desiderat, dass der Aspekt der Transnationalität nicht nur im Hinblick auf ihre Dynamik im Interaktionsprozess mit Forschungsteilnehmenden, sondern auch mit konkretem Bezug auf die Transkulturalität auf Seiten der Migrationsforscher selbst thematisiert und reflektiert wird (ebd.). Bisher wird also generell deutlich, dass in der aktuellen Forschungsliteratur der Mangel an reflexiven Forschungsbeiträgen zur Forscherperspektive, genauer gesagt die zu geringe Berücksichtigung der Insider/Outsider-Thematik, kritisiert wird.

Der Grundstein für die Insider/Outsider-Debatte wurde in der Linguistik von Kenneth L. Pike im Jahre 1954 gelegt (Pike, 1967).[1] Grundsätzlich stehen sich in dieser Debatte zwei gegenläufige Positionen gegenüber, wonach entweder Insider oder aber Outsider privilegierten Zugang zum Wissen über ein kulturelles System, eine Klasse oder Gruppe, Community, ein Geschlecht etc. erlangen können. Merton analysiert diese Positionen aus wissenssoziologischer Perspektive unter Bezugnahme

---

1 In Anlehnung an das Begriffspaar Phonemik und Phonetik entwickelte Pike die Begriffe *emics* und *etics*, um Binnen- und Außenperspektive zu charakterisieren.

auf den angloamerikanischen Forschungsraum und fasst sie unter den Termini Insider- bzw. Outsider-Doktrin zusammen (Merton, 1972).

Strenge Verfechter der Insider-Doktrin gehen gemäß dem Motto ‚One must be one in order to understand one' (ebd., S. 24) davon aus, dass Insider monopolistischen Zugang zum gemeinsam geteilten Wissen einer Gruppe haben.[2] Folgt man dieser Auffassung, so ist der Zugang zum Wissensbestand von Insidern lediglich mithilfe der Gruppenzugehörigkeit möglich, für Outsider also prinzipiell unmöglich. Aus eben ihrer Nichtzugehörigkeit und der daraus resultierenden Distanz bzw. Neutralität zum Forschungsgegenstand leiten Befürworter der Outsider-Doktrin hingegen ihren Objektivitätsanspruch ab. Zudem sind sie der Auffassung, dass Outsider fähiger sind, Neues in dem, was Insidern allzu gewohnt erscheint, zu entdecken, und dass sie daher empirisch relevantere Aussagen machen können.

Merton wendet jedoch gegen beide Positionen ein, dass „[..] the role of Outsider apparently no more guarantees emancipation from the myths of a collectivity than the role of the insider guarantees full insight into its social life and beliefs" (ebd., S. 34). Soziologisch betrachtet gibt es zudem keine klar definierbare Grenze zwischen Insidern und Outsidern (ebd., S. 28). Eine Forscherin beispielsweise, die sich in ihrer Forschung auf Frauen bezieht, mag als Frau als Insiderin gelten. Doch forscht sie als Mitglied einer Mehrheitsgesellschaft über andere Frauen, die dagegen einer Minderheit angehören, so kann sie zur Outsiderin werden. Merton spricht in diesem Zusammenhang von ‚status sets', die einen Menschen aus- und somit nicht in einer einzelnen festen Kategorie erfassbar machen. Schließlich hebt er den Insider/Outsider-Dualismus auf, indem er unterstreicht, dass sich Forscher situativ zwischen beiden Positionen bewegen. Banks hat hierzu eine Typologie über Migrationsforscher erarbeitet, in der vier verschiedene Insider/Outsider-Positionen vorgestellt werden (Banks, 1998). Obwohl Banks mit dieser Typologie keinen Anspruch auf Vollständigkeit erhebt, deckt er doch das Spektrum ab, innerhalb dessen sich die Debatten über Insider/Outsider-Positionen der Forscherinnen und Forscher in der zeitgenössischen Literatur bewegen.

Der/die autochthone Insider/in (*indigenous-insider*) unterstützt die spezifischen Werte, Ansichten, Handlungsweisen, Überzeugungen und das Wissen seiner/ihrer Community und Kultur und wird innerhalb dieser als legitimes und kompetentes Gruppenmitglied wahrgenommen (ebd., S. 8). Der/die autochthone Outsider/in (*indigenous-outsider*) wurde innerhalb seiner/ihrer einheimischen Community sozialisiert, ist jedoch in hohem Maße an eine Outsider-Kultur bzw. eine andere Kultur angepasst. Die Werte, Überzeugungen, Ansichten und das Wissen dieses Individuums sind identisch mit denen der Outsider-Community. Der/die autochthone Outsider/in wird von anderen Autochthonen in der Gruppe als Outsider wahrgenommen (ebd., S. 8). Der/die externe Insider/in (*external-insider*) wurde innerhalb einer anderen Kultur sozialisiert und eignet sich deren Überzeugungen, Werte, Handlungsweisen, Einstellungen und ihr Wissen an. Aufgrund seiner/ihrer individuellen

---

2 Weniger strenge Anhänger der Insider-Doktrin beanspruchen zumindest einen privilegierten Zugang.

Erfahrungen jedoch weist dieses Individuum viele der Werte, Überzeugungen und vieles von dem Wissen seiner einheimischen Community ab und unterstützt die der erforschten Community. Der/die externe Insider/in wird von der neuen Community als ‚adoptierter' Insider betrachtet (ebd., S. 8). Der/die externe Outsider/in (*external-outsider*) wurde innerhalb einer anderen Community sozialisiert als in der, welche er/sie erforscht. Der/die externe Outsider/in hat nur teilweises Wissen über und wenig Verständnis für die Werte, Ansichten und das Wissen der Community, welche er/sie erforscht. Infolgedessen missversteht und missinterpretiert er/sie die Handlungsweisen der erforschten Community (ebd., S. 8).

In Deutschland haben Riegel und Kaya (2002) eine gemeinsame Interviewstudie über türkische Migrantinnen durchgeführt und einen direkten Vergleich ihrer Ergebnisse vorgenommen.[3] Während Riegel sich als autochthone Deutsche als vollständige Outsiderin vorstellt, positioniert sich Kaya als allochthone, zu einer Minderheit gehörende Forscherin. Doch im Verhältnis zu den Forschungsteilnehmerinnen betrachtet sie sich als Insiderin. Auch hieran wird deutlich, dass die Insider/Outsider-Position situativ wechseln kann. Zudem haben die Insider/Outsider-Positionen ihre Vor- und Nachteile. Während Kayas Bilingualität die Kommunikation mit den Forschungsteilnehmerinnen erleichtert, stellt ihre Insider-Position stellenweise ein Hemmnis dar. Hierzu wird berichtet, dass die jungen Frauen aus Furcht, unloyal zu wirken, gegenüber Kaya keine Kritik an ihren Eltern geübt haben. Riegel ihrerseits erlebt ihre Outsider-Position zum einen als vorteilhaft, da die Forschungsteilnehmerinnen den Eindruck hatten, ihr gegenüber erklärender sein zu müssen (Explizierungszwänge). Andererseits jedoch brachten ihr die Forschungsteilnehmerinnen aufgrund ihrer Outsider-Position ein gewisses Misstrauen entgegen. Beide kommen zu dem Schluss, dass weder die eine noch die andere Konstellation die bessere gewesen ist.

Merriam et al. zeigen ebenfalls auf, dass die Trennungslinie zwischen dem Insider- und Outsider-Status fließend ist (vgl. hierzu O'Connor, 2004), und nennen hierzu wichtige Einflussfaktoren, die bei der Datenerhebung eine Rolle spielen (Merriam et al., 2001). Zum einen haben Insider aufgrund gemeinsamer Sprache und gemeinsamem kulturellen Hintergrund leichteren Zugang zu Forschungsteilnehmern. Darüber hinaus können sie nonverbale Signale decodieren und haben authentisches Verständnis für die erforschte Kultur. Zum anderen jedoch wirken sich Unterschiede in Religionszugehörigkeit, Schichtzugehörigkeit und Bildungsstand[4] sowohl bei Insidern als auch bei Outsidern auf die Datenerhebung und die abschließende Interpretation aus. Hierzu erklärt Kusow: „[...] the insider/outsider roles are products of the particular situation in which a given fieldwork takes place and not

---

3 Beide führten narrative Interviews mit jungen, in Deutschland lebenden Migrantinnen durch und gingen dabei methodisch gleich vor.

4 Weitere Einflussfaktoren, die untersucht wurden, sind sexuelle Orientierung (Tse Shang Tang, 2007), Hierarchie bzw. Macht (Mullings, 1999), politische Einstellung (Kusow, 2003), Beziehungsebene bzw. Grad der Vertrautheit (Mercer, 2007), Generationszugehörigkeit und Schichtzugehörigkeit (Ganga & Scott, 2006). Der Status des Forschers kann auch in ein und demselben Interview hin- und herwechseln.

from the status characteristics per se of the researcher" (Kusow, 2003, S. 591), und schlägt vor, die Insider/Outsider-Positionen nicht als prädeterminierte Rollenzuschreibungen, sondern als Resultat eines Zusammenspiels zwischen Forschungsgegenstand, Statuscharakteristika, biographischem Hintergrund des Forschers und der Forschungsteilnehmer und den Umständen, unter denen die Feldforschung stattfindet, zu betrachten (ebd., S. 598).

Offenkundig erweisen sich vereinfachende Vorstellungen, die postulieren, dass mit einer bestimmten Position spezifische oder privilegierte Erkenntnismöglichkeiten eindeutig verbunden wären, weder theoretisch-konzeptionell noch empirisch als überzeugend. Gleichwohl haben Position und Perspektive nicht zu vernachlässigende Folgen und Implikationen für die Konstruktion und das Verständnis des Gegenstands und müssen im Kontext einer reflexiven Analyse berücksichtigt werden. In einem Zwischenfazit lässt sich somit festhalten, dass die Bedeutungen von Position und Perspektive – auch im Sinne von Bourdieus Konzeption von Reflexivität – systematisch einbezogen, zugleich jedoch dynamisch und differenziert betrachtet werden sollten. So stellt sich im nächsten Schritt die Frage, wie die epistemologischen Einsichten methodisch umgesetzt werden können.

Methodische Fragen und praktische Probleme

Ein Mangel an methodischen Konsequenzen, die sich aus der Interkulturalität und den Insider/Outsider-Positionen ergeben, wurde schon häufiger kritisiert (vgl. Herwartz-Emden, 2000; Mercer, 2007). Bezogen auf jegliche wissenschaftliche Einzeldisziplin erklärt Thomas, dass „Theorien, Modelle und wissenschaftlich verlässliche Konstrukte [fehlen], die es erlauben, interkulturelle Begegnungen […] zu diagnostizieren, Maßnahmen zur Vertiefung, zur Qualifizierung und zur Differenzierung interkultureller Begegnung und Kooperation zu entwickeln" (Thomas, 1999, S. 130). Zugleich benennt er ‚kulturelle Divergenz' (durch Aufeinandertreffen unterschiedlicher Orientierungssysteme), ‚Generalisierung' (der eigenen Kultur und des eigenen Orientierungssystems auf alle Menschen) und ‚Routinisierung' (Selbstverständlich-Werdung des eigenen Orientierungssystems) als potenzielle Ursachen für Verzerrungen der Wahrnehmung, denen entgegengewirkt werden kann durch: 1. Erkennen der fremdkulturellen Bedingungen des Wahrnehmens, Denkens, Urteilens, Empfindens und Handelns. 2. Verstehen dieser fremdkulturellen Formen der Lebens- und Problembewältigung. 3. Anerkennen, dass diese Formen ebenso vernünftig und sinnvoll wie die der eigenen Lebensbewältigung sein können (ebd., S. 108f).

Herwartz-Emden (2000) spricht sich dafür aus, Ansätze der Ethnographie und insbesondere der Ethnopsychoanalyse konsequent einzusetzen, da sie „ein methodologisches Reflexionspotenzial bereit[stellen], um die Bedingungen interkultureller Forschung auch innerhalb andersartiger, nicht nur qualitativer, sondern klassisch-empirischer Designs zu überprüfen" (Herwartz-Emden, 2000, S. 75). Diese Vorgehensweise erscheint ihr als effektives Instrument zur Herstellung dieser Transparenz, denn „zentrales Mittel des Vorgehens ist die Beobachtung und Analyse der Gegenübertragung der Forscherin, ihrer subjektiven (und unbewußten) Reaktionen auf ihr Gegenüber sowie ihrer Erlebnisse in der fremden Kultur" (Herwartz-Emden, 1995, S. 748). Dabei geht es ihr hauptsächlich darum, dass Forscherinnen und Forscher eigene Wahrnehmungsmuster transparent machen, indem sie Bedeutung im Kontext erhellen, denn „erst das Wissen um die Kontexthaftigkeit, d.h. Situationsabhängigkeit von Interviewergebnissen, aber auch um ihre Ausschnitthaftigkeit, führt zu ihrer Bedeutung" (Herwartz-Emden, 2000, S. 68). Hellawell spricht in diesem Zusammenhang von einem *auto-ethnographic approach* (Hellawell, 2006). Herwartz-Emden unterscheidet zudem zwischen diskursivem (gesamtes symbolisches System von gesellschaftlichen und kulturellen Kontexten) und situativem Kontext (unterstellte Glaubens- und Normsysteme). Ausgehend davon, dass in interkulturellen Interviews strukturelle Besonderheiten vorherrschen, spricht sie sich also für die verstärkte Reflexion universaler Konzepte (aus denen u.a. der Paternalismuseffekt, Ethnisierungseffekt und der Gendereffekt resultieren) und die Vermeidung kontextfreier Deutung aus.[5]

Dabei stellt sich unter Berücksichtigung dieser Überlegungen stets die Frage, wie einerseits gültige, valide und intersubjektiv überprüfbare Rekonstruktionen vorgenommen und andererseits die spezifischen Bedingungen interkultureller Forschung systematisch reflektiert werden können. In unserem Projekt entwickelten wir dazu ‚Lösungsversuche' auf verschiedenen Ebenen: auf der Ebene der Methodologie, des Erhebungs- und ‚Auswertungs-Settings' und – wie zu betonen ist – auf der Ebene der hermeneutischen Textinterpretationen. Denn auffällig erscheint in diversen Spielarten von Insider- und Outsider-Debatten, dass der systematischen Bedeutung der Eigenlogik des *Textes als ‚Drittem'* in der Konstellation Forschende-Erforschte vergleichsweise wenig Aufmerksamkeit gewidmet wird. Demgegenüber folgt jedoch aus der Einsicht in die konstitutive Begrenztheit von Erkenntnis, wie sie aus einer spezifischen sozialen Position oder ‚Positionalität' von Forschenden resultiert, nicht nur die Notwendigkeit von methodisch umzusetzender Reflexivität, sondern zugleich auch die Anforderung, den Eigensinn des Textes im Sinne des Verständnisses sinn-rekonstruktiver Verfahren methodisch ernstzunehmen. Eine wesentliche Schlussfolgerung besteht auf methodologischer Ebene insofern gleichsam darin, Reflexivität und Rekonstruktion zu verbinden.

Methodologische Rahmungen des Projekts: Rekonstruktion und Reflexivität verbinden

Den Sichtweisen hermeneutischer Sozialforschung entsprechend gingen wir bei der Deutung von Forschungsinterviews in diesem Sinn davon aus, dass die Relation zwischen Forscher(inne)n und Untersuchungsgegenstand zweistufig aufgebaut ist: zunächst die Beziehung zwischen Forschenden und Erforschten, sodann

---

5 Zur Eurozentrismus-Kritik in den Sozialwissenschaften u.a. Mihciyazgan (1999).

die Beziehung zwischen Forscher(in) und Text. Bei der Auswertung und der Rekonstruktion des Falls sollte daher zum einen die Art und Weise, wie ein Text zustande gekommen war, etwa in welchem Kontext, berücksichtigt werden. Zum anderen waren wir – bei aller Differenz nationalspezifischer hermeneutischer Traditionen – von folgenden grundlegenden Annahmen geleitet, die zugleich den Horizont der methodischen Anforderungen abstecken (King, 2004a):

1. von der Annahme, dass sich eine Fallstruktur anhand des Textes unter bestimmten Voraussetzungen rekonstruieren lässt. Dazu müssen die Charakteristika des Textes aufgeschlüsselt und gleichsam die Spuren, die ein Fall hinterlassen hat, nach Regeln, die (je nach hermeneutischer Schule in unterschiedlicher Weise) die Dialektik von Form und Inhalt eines Textes erschließen, entziffert werden (vgl. dazu auch Przyborski & Wohlrab-Sahr, 2008).

2. gingen wir davon aus, dass eine Rekonstruktion dieser Fallstruktur zwar unter bestimmten methodischen Bedingungen möglich ist, dass jegliche Rekonstruktion jedoch aufgrund der nur bedingt aufhebbaren ‚Seinsgebundenheit des Wissens‘ im Sinne Mannheims (Mannheim, 1970) nur als eine Annäherung und insofern als prinzipiell unabschließbar gelten kann. Dies trägt der Einsicht Rechnung, dass jede Erkenntnis zugleich ein Produkt der historischen und sozialen Bedingungen ist, aus denen sie hervorgeht.

3. sollte jegliche hermeneutische Analyse darum bemüht sein, durch Formen institutionalisierter Reflexivität jene ‚Seinsgebundenheit des Wissens‘, jene soziale Strukturiertheit der wissenschaftlichen Konstruktionen so weit wie möglich zu transzendieren. In diesem Sinne sahen wir uns im Sinne von Soeffner (1999) einem ‚historisch-selbstreflexiven‘ verfahrensübergreifenden Erkenntnisstil (ebd., S. 48) verpflichtet.

Mit diesem letzten Punkt ist zugleich die von Bourdieu sogenannte Frage der Objektkonstruktion angesprochen. Objektkonstruktion meint die Art und Weise, wie Theorie und Methode in der Gegenstandsbestimmung und Operationalisierung zusammenfließen. Durch die Konstruktion der Objekte, wie sie etwa über das Forschungsdesign erfolgt, wird eine bestimmte Relation von Erkennbarem und systematisch Unerkennbarem hervorgebracht. Reflexivität zielt daher auf eine Konstruktion der Objekte, der eine Sozioanalyse der Bedingungen und Werkzeuge des Denkens, Forschens und auch der Motive vorausgeht. Bourdieu nennt diese soziologische Selbstanalyse auch ‚teilnehmende Objektivierung‘ und bezeichnet sie als „die schwierigste Übung überhaupt, weil sie den Bruch mit den tiefsten und am wenigsten bewussten Einverständigkeiten und Überzeugungen erfordert – oft gerade mit denjenigen, die das untersuchte Objekt für den, der es untersucht, ‚interessant‘ machen –, mit all dem, was er von seinem Bezug zu dem Objekt, das er erkennen möchte, am wenigsten wissen will“ (Bourdieu, 1996, S. 287). Entsprechend geht er davon aus, dass viele Widerstände gegen Reflexivität weniger wissenschaftstheoretische als soziale seien. Quellen dieses Nicht-Wissen-Wollens siedelt Bourdieu auf verschiedenen Ebenen an. Zunächst ist für die Forschenden, wie Bourdieu immer wieder hervorhebt, „die Vertrautheit mit der sozialen

Welt" ein Erkenntnishindernis. In Anknüpfung an die erwähnte klassische, gegen die „Illusion einer unmittelbaren Erkenntnis" (Bourdieu et al., 1991, S. 273) gerichtete Einsicht in die konstitutive Intransparenz der sozialen Welt wird die Bedingung der Möglichkeit von Erkenntnis des Sozialen an den Bruch mit der ‚Spontansoziologie' geknüpft, wie sie sich etwa im sozialen und politischen Alltag permanent und mit Macht dem Denken aufdrängt und am Beispiel der Diskurse zur Migration besonders prägnant hervortritt. Den komplementären Pol der naheliegenden Irrtümer stellt die wissenschaftstypische Gefahr einer distanzierten scholastischen Weltdeutung dar, die die Logik der Praxis auf die Logik der (z.B. ‚interkulturellen') Theorie reduziert. Eine weitere Quelle von Erkenntnishindernissen liegt eben gerade in der je spezifischen Verfangenheit in der sozialen Welt aufgrund bestimmter Interessenslagen und Denkformen, die mit der sozialen Herkunft der Forschenden (etwa Klasse, Kultur, Generation, Geschlecht, eigener Migrationshintergrund oder nicht) und der jeweiligen Positionierung im Mikrokosmos des akademischen Felds im Besonderen zusammenhängen. In unserer Studie wurde dies durch die Vergegenwärtigung und ständige Überprüfung der verschiedenen Konstruktionsmechanismen in der Erhebung und Auswertung systematisch einzubeziehen versucht.

Methodische Umsetzungen

Das Material, die erhobenen Interviews, lagen in jeweils zwei Sprachen vor. Die Hälfte der Interviews war auf Französisch in Frankreich geführt worden, die andere Hälfte auf Deutsch in Deutschland. Die Auswahl der Interviewten richtete sich nach den Kriterien Alter (von 17–26 Jahren) sowie ein nichtprivilegierter Migrationshintergrund. Die Herkunftsländer unterschieden sich entsprechend der in Deutschland und Frankreich typischerweise differierenden Migrationsgruppen (also der in Frankreich in höherer Zahl vertretenen Kinder der aus afrikanischen und arabischen Ländern stammenden Migrantinnen und Migranten). Die Interviewdurchführung orientierte sich an den Standards zur Durchführung narrativer Interviews (Schütze, 1983).

Die *Interpretationen* erfolgten in mehreren Schritten. Im Rahmen der Forschungswerkstätten, bei denen alle Forschenden gemeinsam an den Interviews arbeiteten, wurden jeweils einzelne Interviews in Gruppen bearbeitet, die wiederum in Hinblick auf Zusammensetzung und Arbeitsauftrag differenziert wurden. Entsprechend bildeten sich jeweils eine deutsche, eine französische und zwei deutsch-französische Arbeitsgruppen mit je fünf Personen (plus Übersetzerinnen in den gemischten Gruppen). Die Gruppen erhielten den Auftrag, zentrale Passagen hinsichtlich zentraler Themen einzuordnen und eine erste Interpretation und Analyse vorzunehmen sowie, soweit möglich, erste Verweise zwischen den Interpretationen herauszuarbeiten. Die Ergebnisse wurden schriftlich festgehalten und im Anschluss im Plenum vorgestellt.

Ziel dieses Vorgehens war es, sowohl eine Interpretationsmethode, die der Heterogenität der Teilnehmer(innen) bezüglich methodischer oder methodologischer Ausbildung, wissenschaftlicher Orientierung etc. Rechnung tragen kann, zu prüfen und zu entwickeln als auch Vergleiche zwischen den einzelnen Gruppen in Hinblick auf die Folgen der Sprachdifferenzen sowie der ‚Sprachmischungen‘ in den Gruppen zu ziehen. So war es von besonderem Interesse, Differenzen und Gemeinsamkeiten zwischen den französischen und den deutschen Gruppen in Abhängigkeit davon, ob jeweils ein in der Muttersprache geführter oder ein übersetzter Text vorlag, zu beobachten sowie den Unterschieden oder Ähnlichkeiten zwischen den sprachlich homogenen und sprachlich heterogenen Arbeitsgruppen nachzugehen.

Bei den Feinanalysen flossen teilweise unterschiedliche Traditionen der hermeneutischen interpretativen Forschung der verschiedenen Sprachräume mit ein, allerdings überwogen die Übereinstimmungen hinsichtlich einer *konsequent und systematisch dem Text folgenden Methode, die den latenten Textsinn über die systematische Verknüpfung von Inhalt- und Formaspekten des transkribierten Textes rekonstruiert.*

Hierbei wiederum war es sehr aufschlussreich festzustellen, dass die Probleme der hermeneutischen Interpretation von übersetzten Texten geringer waren als angenommen. So stimmten die Interpretationsfiguren der muttersprachlichen Interpretationsgruppen (also z.B.: Deutsche interpretieren ein auf Deutsch geführtes Interview) mit den fremdsprachlichen (z.B. Personen, für die Französisch Muttersprache oder die alltäglich dominierende Sprache ist, interpretieren das ins Französische übersetzte, auf Deutsch geführte Interview) in hohem Maße überein. Denn während auf der einen Seite in der homogenen Sprachgruppe manche sprachlichen Details besser verstanden werden konnten, hatten die jeweils ‚fremdsprachigen‘ Interpreten den Vorteil einer größeren Distanz zu den verwendeten Sprachfiguren, was wiederum auf für die Deutung relevante Aspekte des Interviewtextes hinweisen konnte. Auch auf dieser Ebene ergänzten sich sprachliche Nähe und Distanz zum empirischen Material. In der Terminologie der Verfahren von Textinterpretation bzw. Fallrekonstruktion kann übergreifend von einer dadurch erzielten Erweiterung und Differenzierung des Horizonts möglicher Lesarten gesprochen werden, die wiederum produktive Integrationen und fallspezifische Pointierungen erlaubte.

Im Ganzen ergab sich insofern eine praktische Vermittlung von Anforderungen an Reflexivität und Rekonstruktion: Die verschiedenen Positionen und daraus resultierenden Perspektiven der Forschenden wurden in variierenden Konstellationen systematisch kontrastiert und hinsichtlich ihrer Effekte analysiert. Zugleich stand durchgängig die Eigenart des jeweiligen Textes (der transkribierten Interviews) im Zentrum, d.h. die Analyse von Inhalt und Form der biographischen Narration, deren sequenzielle Rekonstruktion, die zugleich von permanenter Explikation und Übersetzung auf unterschiedlichen Ebenen begleitet werden musste, wodurch sich wiederum eine Verfeinerung und Erweiterung des Spektrums möglicher Lesarten entwickelte.

Fazit: Erkenntnisbedingungen interkultureller Forschung

Gerade interkulturelle oder Migrationsforschung läuft, wie in verschiedenen Hinsichten herausgearbeitet wurde, „ständig Gefahr, sich die Probleme, die sie in Bezug auf die soziale Welt formuliert, von eben dieser Welt vorgeben zu lassen" (Bourdieu, 1996, S. 271). Solche vorgegebenen Konzeptionen, die von Bourdieu sogenannten „Präkonstruktionen des *common sense*", lassen soziale Probleme auch eher ‚substantialistisch' statt ‚relational' erscheinen (ebd., S. 262f). D.h., in ihnen wird gerade nicht berücksichtigt, dass die festgestellten ‚Probleme' weniger den Erforschten als Personen eigen sind, als vielmehr mit ihrer Position im sozialen Raum zusammenhängen, die Teil eines Netzes von Relationen ist. Unhintergehbar ist von daher die Anforderung an sozial- und erziehungswissenschaftliche Forschung, die *Bedingungen der Konstruktion* ihrer Untersuchungsgegenstände präzise zu analysieren. Denn die Art und Weise, in der gesellschaftliche Sachverhalte im Allgemeinen und soziale Probleme im Besonderen untersucht werden, ist in Hinblick auf theoretische und methodologische Annahmen, Methodenwahl und Gegenstandsbestimmung jeweils Ergebnis von sozialen Konstruktionsprozessen und historisch variierenden wissenschaftlichen Deutungsformen. Interkulturelle Forschung ist insofern Bestandteil gesellschaftlicher Prozesse und Verhältnisse, und die Forschenden, die selbst Teil der sozialen Welt sind, vermögen sich den Präkonstruktionen des (‚Gewöhnlichen' wie auch des ‚Akademischen') *common sense* (ebd., S. 284) nur durch eine ‚Konversion des Blicks', durch einen ‚epistemologischen Bruch' zu entziehen (ebd., S. 285). Einen *Bruch* zu vollziehen, erfordert zunächst einmal die Reflexion der Art der *Involviertheit* der Forschenden in den verschiedenen Welten der untersuchten sozialen Praxis und des wissenschaftlichen Felds. Die Reflexion der Effekte dieser verschiedenen Welten und die von Bourdieu sogenannte Sozioanalyse der sich daraus ergebenden Dynamiken auf allen Ebenen des Forschungsprozesses sind ebenso anspruchsvoll wie unhintergehbar, wenn die Folgen nicht aus dem Blick verloren, sondern, soweit möglich, systematisch berücksichtigt werden sollen (King, 2009). Diese Anforderungen werden im Kontext interkultureller, z.B. binationaler, Migrationsforschung vervielfältigt – zugleich bieten sich potenziell aufschlussreiche Zugänge, wie wir sie in Bezug auf die Probleme und Lösungsversuche in unserem Projekt diskutiert haben.

Insbesondere die Kategorie der ‚Reflexivität' als epistemologische Leitlinie stellt, wie die Diskussion des internationalen Stands der Forschung zeigte, ein Schlüsselkonzept auch hinsichtlich der Methodologie interkultureller Forschung dar. Sie verbindet sich vielfach mit Überlegungen zu den „multiple insider/outsider positionalities and [...] factors bearing on knowledge construction and representation in the research process" (Merriam et al., 2001, S. 415). Entsprechend wurde und wird gefordert, die praktischen Bedingungen und Konstellationen von Forschung genauer zu berücksichtigen und die Selbstreflexivität von Forschern in der qualitativen Sozialforschung zu steigern, indem sie in ihren Analysen ihre Insider- und Outsider-Positionen konkret zum Gegenstand machen und reflektieren (vgl. z.B. Hellawell,

2006).[6] Auch geht es verstärkt darum, dass etwa Forschung über Migration auch von Forschenden mit Migrationshintergrund durchgeführt wird. Dabei gilt es jedoch zugleich, simplifizierende Reduktionen zu vermeiden und der mehrschichtigen Dynamik von Binnen- und Außensichten gerecht zu werden: „We no longer ask whether it is the Insider or the Outsider who has monopolistic or privileged access to social truth; instead, we begin to consider their distinctive and interactive roles in the process of truth seeking", so forderte bereits Merton (1972, S. 36). Und die internationale und interdisziplinäre Forschergruppe IFADE hält in diesem Zusammenhang fest, dass „in der Selbstzuschreibung des ‚sowohl als auch und darüber hinaus' in ‚dritten Räumen' (third spaces) die Minderheitenpositionen als Mehrperspektivität zu einer Ressource werden, insbesondere in der Rolle als Forscher/-in" (IFADE, 2005, S. 8).

In unserem Projekt zeigte sich insbesondere, dass die in diesem Sinn praktischen Vorkehrungen und Konstellationen gleichsam eine Seite der Medaille als Bedingung für reflexive Analysen darstellen. Reflexivität ließ sich durch spezifische interkulturelle Settings steigern oder erleichtern, basierte jedoch zugleich auf systematischen Fallrekonstruktionen. Die zweite Seite der Medaille stellte insofern das Festhalten an Prinzipien der rekonstruktiven Analyse von Sinnstrukturen dar, die nicht in den Selbstbeschreibungen der Befragten aufgehen, sondern (im Sinne rekonstruktiver Verfahren) latente Sinnfiguren herausarbeiten. Das interkulturelle und zweisprachige Setting ermöglichte dabei wiederum, wie beschrieben, bedeutsame Erweiterungen des interpretativen Spektrums und Verfeinerungen von Lesarten. Entsprechende Settings, so sollte anhand der Erläuterungen der Konstruktionen und methodischen praktischen Umsetzungen unserer Forschung deutlich werden, können unter diesen Bedingungen dazu beitragen, einen im ausgeführten epistemologischen Sinne *dritten Raum* hervorzubringen.

---

6   Eine konkrete Umsetzung (inklusive tabellarischer Darstellung) des Ansatzes von Hellawell findet sich im Forschungsbeitrag von Le Gallais (2008).

5.2 Forschung als Lernprozess: interkulturelle Implikationen

Anissa Ben Hamouda und Delphine Leroy

> *„Unser Dispositiv ist an sich ein Forschungsgegenstand."*[7]

Zwischen 2007 und Ende 2008 konzentrierte sich die erste Phase dieser deutsch-französischen Forschung auf die Sammlung von Daten im Feld, bevor erste Interpretationsskizzen durch das Forscherkollektiv entworfen wurden. Auf diese erste grundlegende Etappe unseres Forschungs- und Ausbildungsprojekts möchten wir im Folgenden den Schwerpunkt legen. Dabei verstehen wir dieses Kapitel zugleich als eine Form der Metaforschung, der Selbsterforschung von Forschung, in der die Geschichte eines Projekts, so wie es von Beteiligten erlebt wurde, reflektiert wird. Das Kapitel handelt also von einer Begegnung und von einer interkulturellen Herausforderung, die sich in verschiedenen Phasen zeigte: von der Konstituierung einer Gruppe, welche Subjekt der eigenen internen Dynamiken und Objekt eines sich immer wandelnden Kontexts war, bis hin zur Ausbildung neuer Forscher durch eine kollektive Praxis. Wir möchten das beleuchten, was uns als jungen Forschern der Erziehungswissenschaften an dieser kollektiven Erfahrung besonders interessant und irritierend vorkam. ‚Irritierend' ist hier also in dem Sinne gemeint, dass es uns zu denken gab, uns störte und unsere Neugierde weckte. Indem wir dieses originelle Vorhaben der Forschung über die Forschung beschreiben, führen wir den Prozess fort, der mit unserer Teilnahme an diesem Projekt begann. Wir wollen hiermit ebenfalls versuchen, für eine bestimmte Herangehensweise in der Ausbildung junger Forscher ‚eine Lanze zu brechen'.

Das Konzept der ‚Implikation' (Barbier) als roter Faden

Das Thema der Implikation[8] sowie dessen zahlreiche Ausdrucksarten in einem Forschungsdispositiv, wie bei René Barbiers *kollektivem Forscher*[9], bietet uns die Möglichkeit, die Vielfalt der Herausforderungen einer solchen Forschung über die Lebensprojekte und -geschichten von Jugendlichen mit Migrationshintergrund aus einem anderen Blickwinkel zu betrachten und zu befragen, indem wir einen *Schritt zur Seite* machen. Anknüpfend an Barbier verstehen wir die Implikation

---

7   A.-S. Cailliot, Arbeitssitzung vom 28.11.2008. Die Sitzungen wurden von den Teilnehmenden transkribiert, die Äußerungen der verschiedenen Teilnehmer sind diesen Schriften entnommen.

8   Implikation (implication) ist im Konzept Barbiers, auf das sich die Autoren hier stützen, weiter gefasst, als es die „Beteiligung der Forscher am Gegenstand der Forschung ausdrückt". Es verweist zugleich auf lebensgeschichtliche und existenzielle Bedingungen und Folgen dieser Beteiligung (Anm. d. Ü.)

9   „Der kollektive Forscher ist eine Forschungsgruppe welche aus Berufsforschern (aus Forschungseinrichtungen oder Universitäten) und vollwertigen, jedoch besonders engagierten Mitgliedern der untersuchten Bevölkerung besteht" (Barbier, 1997, S. 259).

„als ein persönliches und kollektives Engagement des Forschers in seiner und durch seine wissenschaftliche Praxis, in Abhängigkeit von seiner familiären und libidinalen Geschichte, seiner vergangenen und gegenwärtigen Positionen in den Produktions- und Klassenverhältnissen
sowie seines sozio-politischen Lebens-Projektes, sodass die Investition,
die sich daraus zwangsläufig ergibt, ein dynamischer Bestandteil jeglicher
Wissenstätigkeit ist […]. Mit Implikation meine ich das höchste Werte-
system (eines jeweiligen Lebens), auf das es einem mit seiner Welt inter-
agierenden Subjekt in letzter Instanz ankommt, sei es auf bewusster oder
unbewusster Ebene, und ohne welches dies Subjekt nicht kommunizieren
könnte" (Barbier, 1997, S. 260f).

Aus etymologischer Sicht bedeutet Implikation ‚Verwickelt-sein'[10], das man auf zwei
unterschiedliche Arten und Weisen übersetzen kann. Es ist zum einen die Hand-
lung, durch welche „jemandem eine gewisse Rolle in einer Angelegenheit zugeschrieben wird (in der Regel ein Delikt oder eine Straftat); die Tatsache, in etwas
verwickelt zu sein". Die zweite Definition geht davon aus, dass, wie es Barbier formuliert, „das, was von etwas impliziert wird, das ist, was beinhaltet wird ohne ausgedrückt zu werden (das, was nicht gesagt wird, ungemerkt/ungewusst)" (ebd.). Die
Analyse der Implikation wird uns dementsprechend im Folgenden als roter Faden
dienen. Sich die Frage danach zu stellen, ist in jeder sozialwissenschaftlichen Forschung sehr wichtig, insbesondere bei qualitativ-empirischer Forschung. Die Art
der Implikation lenkt das Denken sowie den methodologischen und theoretischen
Ansatz des Forschers. Sie kann sowohl bremsen als auch antreiben, je nachdem ob
der Forscher sich eine ihm eigene Distanz erarbeitet hat oder nicht. Sie sollte immer reflektiert und expliziert werden, um Forschungsergebnisse validieren zu können. Es geht dabei um eine Epistemologie der Komplexität nach Morin (1986) jenseits von wissenschaftlichen Schulen und Ansätzen. So betont Pagès, „die Wahl der
Komplexität [sei] eine schwierige Trauerarbeit bezüglich des Verzichts auf die Möglichkeit einer universellen Erklärung, dort, wo sich individuelle und kollektive Geschichte berühren" (Pagès, 2006, S. 32).

Ein Zugang zum Interkulturellen

Eine interkulturelle Dynamik entsteht nicht nur dadurch, dass junge französische
und deutsche Forscher sich begegnen, sondern auch durch die Herausforderung,
sich mittels eines von Vielfalt geprägten Materials gegenseitig als Forscher anzuerkennen. „So kann Interkulturalität als die Gesamtheit der Prozesse verstanden werden, […] die durch die Interaktion der Kulturen entstehen – in einer wechselseitigen Austauschbeziehung und unter Wahrung einer relativen kulturellen Identität

---

10 ‚Trésor de la langue française', des Centre National de Ressources Textuelles et Lexicales, CNRS/
    ATILF, http://www.cnrtl.fr/definition/implication (30.03.2011).

der Beziehungspartner" (Clanet, 1993, S. 21). Diese Definition von Claude Clanet trifft die Bedingungen unseres Forschungsprojekts genau. Nach Martine Abdallah-Pretceille in *L'éducation interculturelle* (Interkulturelle Bildung, 1999) artikuliert sich das Interkulturelle als eine eng mit sozialen Erfahrungen verbundene doppelte Dynamik des Denkens und des Handelns, die die Einführung von Heterogenität als Norm erlaubt. Das Interkulturelle als spezifischer Modus des Denk- und Handlungsprozesses prägte die Arbeit der deutsch-französischen Gruppe unter mehreren Blickwinkeln:

- Der erste fragt nach dem Zugang zur Forschung und den damit verbundenen Implikationen. Dabei geht es darum, das Implizite, das Selbstverständliche sowie ‚kulturalistische' Stereotypen zu durchschauen.
- Der zweite betrifft die Komplexität unseres Ansatzes und deren Einfluss auf unsere methodologischen Entscheidungen und Orientierungen. Er fokussiert die Verständigung der Forschergruppe über Werkzeuge und Haltungen der für die Datenanalyse verwendeten Ansätze. Dabei geht es nicht nur um die Klärung von Forschungszielen, sondern auch um das Erlernen angemessener Arten der Forschung selbst.
- Der dritte Blickwinkel widmet sich den Verständigungsbemühungen in der gemeinsamen Arbeit, seien sie sprachlicher oder im breiteren Sinne kultureller Natur. Die Herausforderung ist hier die tatsächliche Verständlichkeit in der Interaktion, welche selbst Quelle transkulturellen Lernens ist. Was heißt, forschen zu lernen, wenn nicht lernen, (sich) zu verstehen? Dabei ist auch das zu hinterfragen, was zum informellen Lernen gehört, als Fundament des Sinnverstehens von Welt und eigener Zugehörigkeit
- Schließlich betrifft der letzte Blickwinkel den Versuch zu klären, welche Wirklichkeiten in unserem Projekt hinter den Begriffen verborgen waren, die sich auf das Interkulturelle bezogen. Dies wurde in dem Maße möglich, wie als Gegenstand der Untersuchung das aktive ‚Hin und Her' zwischen interviewten Jugendlichen und den jungen Forschern, von denen einige selbst einen Migrationshintergrund hatten, zu verstehen war.

In diesem Sinn gehen wir davon aus, dass interkulturelle Daten „konstruierte, attribuierende Daten" sind (Abdallah-Pretceille, 1999, S. 52f). Als Diskurs, als Problematik oder als Ansatz entspricht das Interkulturelle einem „besonderen Modus der Befragung und nicht einem spezifischen Anwendungsfeld" (ebd.). Nur so kann der Reichtum jeglichen Denkens als realer Vielfalt auftauchen (émerger), die das Allgemeine für das Singuläre und das Singuläre für das Allgemeine öffnet.

Forschungszugang und Implikationen

Projektentstehung

In Frankreich und Deutschland wurden Interviews parallel und mit sehr ähnlichen Vorgaben[11] von Studierenden der Erziehungswissenschaften durchgeführt. Jeder Teilnehmer sollte ein Interview mit einem Jugendlichen mit Migrationshintergrund zwischen 16 und 26 Jahren durchführen und die Transkription des Interviews bei der ersten gemeinsamen Sitzung in Sèvres (im Dezember 2007 in Frankreich) präsentieren. Dieser Prozess umfasste drei unterschiedliche Phasen (Datensammlung – Datenbearbeitung – Textproduktion) und mehrere kollektive Momente als Gesamtgruppe (Zusammenkünfte), in kleinen Gruppen (Besprechung zwischen Lehrern und Forschern, Zusammenkunft der französischen Gruppe) und Momente individueller Arbeit (Datensammlung – Transkription – Schreiben). Zwei Dolmetscherinnen (eine für jede Sprache: Deutsch-Französisch, Französisch-Deutsch), die selbst Studentinnen waren, ergänzten das Team und nahmen an allen Phasen teil (Dolmetschen der Debatten, der informellen Momente sowie Transkription der Interviews). Während des ersten Treffens wurde beschlossen, ausschließlich bereits übersetzte und in beiden Sprachen zugängliche Interviews zu bearbeiten.

Vier lehrende Forscher, zwei aus jeder Nationalität, gewährleisteten die Relevanz des Projekts und den wissenschaftlichen Charakter der Arbeit. Im Vorfeld des Auftrags hatten sie sich bereits zu den Modalitäten des Projekts ausgetauscht, bevor sie diese ihren jeweiligen Forschungseinrichtungen vorschlugen. Jedes Duo hatte ca. zehn Personen für die Teilnahme an diesem Programm ausgewählt. In Frankreich konnten Vorbereitungstreffen organisiert werden, weil alle Teilnehmer aus derselben Forschungseinrichtung stammten. Obwohl sie sich untereinander nicht immer kannten, war die geographische und institutionelle Nähe für das Zusammenwachsen der Gruppe vorteilhaft. In Deutschland nahmen Teilnehmer aus zwei Universitäten – Berlin und Hamburg – teil, ohne dass sich die ganze Gruppe vor Projektbeginn treffen konnte.

,Vom Diskurs zur Methode'

Das Projekt einer Forschungsausbildung durch Forschung stand unter einer doppelten Dynamik, zwischen den Erkundungen zu einem Forschungsobjekt mit gemeinsamen Regeln einerseits und Erkundungen der Vielfalt von Ansätzen und Perspektiven der sozialwissenschaftlichen Forschung andererseits. Zum einen hat uns die Wahl der biographischen Erzählung als Forschungszugang mit einer mehrdimensionalen Historizität konfrontiert: diejenige, die den Lebenslauf des Subjekts und seine Familie betrifft, sowie die der Herkunftsgesellschaft und der sogenannten

---

11 Die angehenden Forscher bekamen eine gemeinsame Ausgangsfrage und wurden auf die Themen, die angegangen werden sollten, hingewiesen.

Aufnahmegesellschaft. Dabei zeigten sich Unterschiede im politischen Umgang mit der Zuwanderung, die sicher Einfluss auf das Verständnis der Subjekte hatten. Außerdem wurden die unterschiedlichen Modi der Beziehungsaufnahme zwischen den Forschern und ihren Objekten zum Thema; damit wurde die zentrale interkulturelle Dimension dieses Projekts betont, durch Analyse der kulturellen Implikationen, in denen sich die Forscher jeweils positionierten. Unterschiedliche Weltanschauungen und unterschiedliche Arten, dieselben Inhalte zu betrachten, wurden somit in den Vordergrund gestellt. Diese Unterschiede wurden analysiert, denn erst der Versuch, die Denkweisen der Anderen zu verstehen, ermöglicht die für jede Forschung nötige Distanzierung. So erlaubte es uns dieses Vorgehen, sowohl in der Erzählung als auch bei der Analyse subjektiver Zugänge die Paradoxien zu erkennen, denen wir im Lauf dieses Projekts begegneten. Die Frage der Implikation stand dabei im Zentrum.

Auswahl der Interviews

Eine erste Ebene der Implikation liegt in der Auswahl der interviewten Personen: Der gemeinsame Rahmen wurde im Detail von durchaus vielfältigen Interpretationen und Haltungen überlagert. Es galt folglich, die Beziehung zwischen dem sich in der Ausbildung befindenden Forscher und seinem Gegenstand zu erfassen. Vier Kernpunkte erscheinen uns wichtig, um diese Verzerrungen im Zugang zum Objekt zu erklären.

Erstens verändert der Modus der Beziehungsaufnahme die Haltung des Interviewenden. Kennt er oder sie den Ansprechpartner? Welcher Art ist ihre Beziehung? Wurde er oder sie durch einen Dritten eingeführt und welche Beziehung zwischen diesem Dritten und dem Interviewten bestehen etc. Im Hintergrund steht die Frage der Machtbeziehung und des Einflusses. Jede qualitative Methode sieht sich mit diesem Problem konfrontiert. Die Modi der Selbstinszenierung, welche jeder sozialen Interaktion innewohnen, wie es Erwing Goffman (1969) zeigt, können höchst variabel sein. Die Forschungsgruppe muss also im Analyseprozess eine gewisse ‚Beziehungsnorm‘ etablieren.

Zweitens unterscheiden sich die gesammelten Daten nach dem Platz, den die Interviewten in der familiären Migrationsgeschichte einnehmen. Zwei Generationen von Migrantinnen und Migranten wurden interviewt: Jugendliche, die selbst eine Migrationserfahrung gemacht haben, und Jugendliche, deren Eltern oder Großeltern Migrant(inn)en waren. Ungeachtet der Singularität jeder Migration, welche je nach den Beweggründen für die Migration (Krieg, Genozid, sozialer Aufstieg, Arbeit, Familiennachzug etc.) einen Gewinn oder einen Verlust im Lebenslauf darstellt, fügen diese Unterschiede eine Art des transgenerationellen Blicks auf die Mobilität von Jugendlichen, für die die Migration Teil der Familiengeschichte ist, hinzu.

Drittens begrenzt der unterschiedliche soziale Status der Interviewten mögliche Vergleiche. Wir stellten eine Diskrepanz zwischen den ‚französischen' und ‚deutschen' Subjekten im Hinblick auf deren Klassenzugehörigkeit fest: Die ersten befanden sich mehrheitlich in einem Prozess der gelungenen sozialen Eingliederung. Unter der zweiten Gruppe waren hingegen viele Jugendliche in einer prekären oder erfolglosen Lebenssituation.

Viertens wurde das Interview anders geführt, je nachdem, wie ähnlich sich die Laufbahnen der Interviewten und der angehenden Forscher waren, und je nachdem, ob sie dieselbe sichtbare oder unsichtbare ethnische Zugehörigkeit teilten. Später werden wir zeigen, inwiefern die Zugehörigkeit zu den angehenden ‚französischen' und ‚deutschen' Forschern Auswirkungen auf die Analyse hatte.

Diese vier Kernpunkte lassen in vielerlei Hinsicht gewisse Differenzen zwischen der deutschen und der französischen Gruppe erkennen, die im Folgenden berücksichtigt werden.

Die Franzosen vs. die Deutschen?

Wie bereits erwähnt, begegneten die jungen Forscher ihrem Objekt auf der Basis gemeinsamer Vorgaben. Ohne die Einflussfaktoren in ihrer Gesamtheit zu betrachten, kann festgestellt werden, dass die Unterschiede der Ansätze im deutsch-französischen Vergleich auch kulturelle Prägungen ans Licht zu bringen schienen. Schrittweise wurde an der Überwindung einer binären Vision Frankreich vs. Deutschland gearbeitet.

Zunächst musste eine gewisse Diskrepanz in den Motivationen bezüglich des Projekts einer Forschungsausbildung durch Forschung festgestellt werden. Ein Unterscheidungsmerkmal wirkte sich während des gesamten Prozesses aus: In Deutschland bestand die Gruppe angehender Forscher aus Personen, die in der wissenschaftlichen Laufbahn unterschiedlich fortgeschritten waren (einige Studierende, einige, die sich in der Phase der Promotion befanden, sowie eine Postdoc-Teilnehmerin). Die in Frankreich entstandene Gruppe war etwas homogener und bestand aus Studenten des zweiten und dritten Zyklus, alle waren Teilnehmer am *Laboratoire Experice* der Universität Paris 8. In der ersten Gruppe dominierte das Heterogene. In der zweiten Gruppe entstand trotz der Vielfalt der Orientierungen eines jeden angehenden Forschers eine gewisse Referenzgemeinschaft, die auf der Ausbildungsgemeinschaft der Gruppenmitglieder beruhte.

Ein weiterer Differenzpunkt zeigte sich schon bei der Wahl des Projekttitels: Der Begriff der *jeunes avec arrière plan migratoire* (Jugendliche mit Migrationshintergrund) wurde unterschiedlich aufgefasst. Der Begriff ‚Migrationshintergrund' ist in Deutschland weitgehend selbstverständlich geworden. Dagegen wird in Frankreich eher die Redewendung *issu de l'immigration* – wörtlich ‚mit Zuwanderungsabstammung' verwendet. Der Gedanke ist derselbe und dient der wirksamen Kategorisierung von Bevölkerungsgruppen, deren Migrationserfahrung Bestandteil der

Familienlaufbahn ist. Dennoch wird er mit unterschiedlichen Vorstellungen und Stereotypen verbunden. Teile der französischen Gruppe wehrten sich gegen den Begriff des ‚Hintergrunds', da sie dahinter eine Relativierung der Zugehörigkeit vermuteten. Hier spielte die Frage der Übersetzung, auf die später eingegangen wird, eine Rolle. Unabhängig davon, welche Redewendung gewählt wurde und ob ‚Deutscher' oder ‚Franzose', wurden für einige in diese Kategorie die Jugendlichen einbezogen, welche selbst eine Migrationserfahrung hatten, wobei sie für andere nur die nachfolgenden Generationen betraf. Die Begriffe *arrière-plan/issu* (Hintergrund/Abstammung) wurden entweder in Verbindung mit der eigenen früheren Erfahrung der Befragten selbst verstanden oder nur als Bezug auf die Erfahrung der eigenen Familie und Vorfahren, die den jungen Menschen in eine Abstammungsgeschichte situierte, in welcher er nicht zwangsläufig eine aktive Rolle spielte. Es handelte sich also um den Grad der Zugehörigkeit, um eine Generationensituation.

Die binäre Sicht der Interaktionen innerhalb des Kollektivs der angehenden Forscher (deutscher Diskurs vs. französischer Diskurs) zu überwinden, war keine leichte Aufgabe. Wer eine kollektive Ausarbeitung erreichen will, die frei von kulturalistischer Voreingenommenheit ist, muss die Begegnung als möglichen Raum der Konstruktion und/oder der (Re-)Organisation des Wissens akzeptieren. Es geht insbesondere auch darum, sich Gehör zu verschaffen und das Implizite im Diskurs des Anderen zu erfassen. Hier liegt der Kern unseres Ansatzes: ein fortwährendes Explizit-Machen, eine dauernde Bearbeitung des Unausgesprochenen und Selbstverständlichen, welche sowohl dem Forschungsansatz, der subjektiven Identität des (angehenden oder gestandenen) Forschers als auch den verschiedenen Denkschulen[12], zu denen er sich zugehörig fühlt, innewohnt.

Eine aktive Forschung

Dies kann auch dem angehenden Forscher den Anfang einer Legitimation geben, denn er ist nicht nur da, um zu forschen, sondern auch, um sich zu finden. Er nimmt nicht nur die Stellung des Beobachters ein, sondern es wird auch von ihm erwartet, dass er handelt, und dieses Handeln ist lehrreich oder generiert lehrreiche Fragen. In diesem Sinn könnten wir von *Forschung in Aktion* sprechen. Die Aktion bezieht sich dabei nicht auf das Forschungsfeld, wie es sonst der Fall für die Aktionsforschung ist, sondern auf die Forscher in der Forschungssituation. Der Begriff ‚Aktion' betont hier erstens das Experimentieren, das dieser Gruppe ermöglicht wurde, und zweitens die starke Implikation aller und ihre verschiedenen Grade.

So setzt der Forscher „seine eigene Subjektivität, wie die der Personen, bei denen er interveniert, und andere intersubjektive Beziehungen aufs Spiel. Das erforschte ‚Subjekt' ist also dem Subjekt, welches ihn beobachtet, nie vollkommen extern und bleibt von dieser Beobachtung nicht unberührt, genauso wie der Beobachter selbst"

---

12 Z.B. wurde die interaktionistische Soziologie der Chicago-Schule häufig als Referenz genannt.

(Amado, 2004, S. 367). Diese Form der Implikation des beobachteten Subjekts selbst wirkt dem Vorhaben des jungen Forschers entgegen: Er hat zu dem ihm unsichtbaren Teil des Lebenslaufs des Interviewten keinen Zugang; dieser sucht die Elemente seiner Geschichte aus, welche er übermitteln will. Der Forscher muss diesen Aspekt der qualitativen Forschung untersuchen. Hier konnte das Kollektiv entsprechende Aspekte aufgreifen und dabei helfen, sie bewusst zu machen: Ein heterogenes Kollektiv konnte das Unausgesprochene orten, deuten und mit dem Kontext der Lebensbedingungen in Perspektive setzen.

Suchbewegungen und Lernprozesse – „Die Methode bedeutet ‚der Weg zu …‘ und ist das Mittel zur Enthüllung der Wahrheit"[13]

Komplexität und Kollektivität

Lange Debatten wurden zu den zentralen Fragen der Epistemologie, der Methoden und Methodologie geführt. Am 28.11.2008 wurde eine Sitzung speziell diesen Begriffen gewidmet. Ein definierender Moment (Le Grand, 2000) wurde von der Gruppe erlebt, aber sehr schnell machte sich bemerkbar, dass die Definitionen aufeinanderfolgen, ohne in eine reelle Übereinstimmung zu münden. Semantische Verschiebungen zwischen Methode und Methodologie kamen auf; Edgar Morins Definition – bei manchen Franzosen sehr beliebt – vermischt beide Begriffe. Morin (1986) unterscheidet nicht durchgängig zwischen dem Begriff der Methode und dem Begriff der Methodologie. Wenn hier von Methodologie gesprochen wird, ist die epistemologische Orientierung gemeint.[14]

Scheinbar waren die Definitionsversuche in der Gruppe zunächst nicht konstruktiv, da weder ein gemeinsamer Sinn noch eine gemeinsame Definition für gültig erklärt werden konnten. Jedoch zeigte sich rasch, dass diese Debatte es ermöglichte, zunächst einmal Unterschiede zwischen den Ansätzen und sich wiederholende Verwechslungen zu beleuchten. Wahrscheinlich hätte sich das Problem im Rahmen ‚national-homogener‘ Forschungen nicht gestellt, weil jeder eine dafür passende Methodologie entwickelt hätte. Erst das kollektive Erarbeiten eines gemeinsamen Materials ermöglichte es, die Divergenzen innerhalb einer anfangs scheinbar identischen Vorgabe wahrzunehmen.

Diese Fragen werden selten innerhalb der üblichen Hochschulbildung so grundlegend behandelt, weil sie in der Regel kontextunabhängig aufgegriffen werden. Die Debatte hat es jedem erlaubt, die eigenen Positionen auf der Grundlage eines gemeinsamen Fundus an Praktiken zu verfeinern oder infragezustellen. Insofern fand ein reelles Lernen statt, weil der Kern der *disputatio* im lateinischen Sinn des

---

13 A. Terzian, Freitag, 28.11.2008.
14 Lucette Colin, mündlich.

Worts[15] eine echte Forschungssituation und keine spekulierende Schlussfolgerung war. Die Gruppe versuchte zu verstehen, worin sich die Ansätze unterschieden. Den angehenden Forschern wurde schlagartig bewusst, was sie an methodologischen Konzepten ‚aus Gewohnheit' oder Teilhabe an ihrem Herkunftsmilieu mitschleppten. Manchmal sogar, wie in Molières Stück *Der Bürger als Edelmann*, entdeckten sie, dass sie Prosa produzierten oder eine bestimmte Forschungsart betrieben, ohne sie jemals theoretisch benannt zu haben.

Von der Gruppe, die Zugehörigkeiten transzendiert

Eins der markanten Ereignisse unseres ersten Treffens in Paris im Dezember 2007 war die Bildung der Arbeitsgruppen. Das Führungsteam schlug die Bildung von Untergruppen von vier bis sechs Personen mit Blick auf eine erwartete interkulturelle Dynamik vor: eine ‚franco-französische' Gruppe, eine ‚deutsch-deutsche' Gruppe, und zwei ‚deutsch-französische' Gruppen. Letzteren wurde jeweils eine Dolmetscherin zugeteilt.

Interessanterweise lässt sich feststellen, dass die gemischten ‚deutsch-französischen' Gruppen spontan und während der gesamten Dauer der Arbeit ‚attraktiver' waren als die anderen. Jeder wollte dazu gehören. Natürlich gewöhnten wir uns nach und nach daran, die Gruppen zu wechseln und jede Sitzung mit anderen Kommilitonen zu verbringen. Allerdings setzte sich der Mythos der ‚deutsch-französischen' Gruppe fort und zog stets mehr freiwillige Teilnehmer an. Die einsprachigen Gruppen wurden als kulturelle Orientierungspunkte betrachtet. In unseren Anfängervorstellungen stellten die gemischten Gruppen das Herzstück unserer Forschung dar: Dazuzugehören wurde als Steigerung und fast als eine Garantie, ins Zentrum der Forschung zu gelangen, verstanden. Tatsächlich wurden in diesen Gruppen wichtige Werkzeuge entwickelt, die es uns ermöglichten, vereinfachende und auf Dichotomien basierende Erklärungen zu überwinden. So ging es darum, sich zuzuhören, sich zu verstehen und sich zu einigen, um schließlich in einer für alle verständlichen Art und Weise einen gemeinsamen Ansatz zu übermitteln. Darauf werden wir später noch eingehen.

Als sicher erscheint uns, dass die Organisation von Arbeitsgruppen für die Datenbearbeitung einen intensiven Moment darstellte, in dem komplexe Verbindungen entstanden. Der normalerweise einsam arbeitende angehende Forscher wurde hier permanent dazu gebracht, mit anderen nach einem gemeinsamen Sinn zu suchen. Es ist nämlich entscheidend, dass die gebildeten Gruppen einen Weg der Kommunikation finden, der ein gemeinsames Verständnis der Diskurselemente der Interviewpartnerinnen und Interviewpartner gewährleistet. So findet Morins ‚Verwechslung' (1986) zwischen Methode und Methodologie (siehe oben) ein gewisses Echo in dieser besonderen Arbeitsmodalität: Aus der Arbeit an der Methodenklärung

---

15 Lat. disputare, Prefixum dis und putare, denken, „Diskussion zwischen zwei oder mehreren Personen über ein theologisches, philosophisches oder wissenschaftliches Thema", in: Le Petit Littré.

entstand eine epistemologische Reflexion, die unausgesprochen auf die Entwicklung einer kollektiven, durchaus transkulturellen Methodologie abzielte.

Nutzung des Spannungsbogens zwischen den Divergenzen: eine konsensbasierte Praxis?

Nach der Überwindung dieser ersten Hürden in der Verständigung ging es darum, einen Konsens bezüglich der Lese- und Analysemodi der biographischen Informationen, welche von den Interviewten selbst vermittelt wurden, zu erreichen. Die Ausarbeitung eines kollektiven Datenbearbeitungswerkzeugs fand hauptsächlich in Zusammenhang mit der thematischen Analyse statt, die das Führungsteam vorgeschlagen hatte. Darin integrierte das Kollektiv schrittweise Wissens- und Praxiselemente, welche während der Debatten erworben wurden und jeder weiteren Untergruppe weitergegeben wurden. So verwarfen wir schnell die Option, mit Analysen von Teilinhalten anzufangen, weil dies keinen Zeitgewinn darstellte, sondern die Diskussionen zwischen Klärungsbedarf und Grenzen der Analyse selbst in die Länge zog. Genauso wurde die Arbeit mit thematischen Tabellen mit drei Rubriken (Inhalt – Hauptthema – Interpretation) aufgegeben, zugunsten kreativerer Formen, die mehr Raum für die Entstehung neuen Wissens boten. Die gemischte, deutsch-französische Gruppe trieb diese Öffnungen mit voran, wahrscheinlich wegen der Notwendigkeit eines Konsenses und einer interkulturellen Verständlichkeit.

Diese erste gemischte Gruppe berichtete über lange Debatten, in denen es schwierig, ja sogar unmöglich wurde, über bestimmte Themen abschließend zu entscheiden, was die Wiedergabe an das Kollektiv erschwerte. Eine oft erwähnte, zentrale Frage betrifft den Unterschied zwischen der Ausarbeitung eines Themas aus dem Diskurs des Interviewten und der Möglichkeit, dass die Wahl eines Themas bereits Interpretation ist. Als Beispiel kann hier eine erste Analyse dienen, die von einer ‚gemischten' deutsch-französischen Untergruppe auf der Grundlage des Interviews mit Mostafa (junger, marokkanischer Student in Frankreich, 26 Jahre) entwickelt wurde:

Inhalt des Textes	Zentrale Themen	Deutung
Manche Lehrer waren Rassisten *Trotz des Rassismus ...* *Die haben mich mit ihrem Rassismus geformt* *Der 11. September*	**Rassismus** (Kontext?) Auf verschiedenen Ebenen: - Berufsleben - Privatleben, etc. →seine persönlichen Reaktionen: **Antrieb** **Klischees des Rassismus**	Verbindung zwischen Rassismus und beruflichem Erfolg
	Soziale Eingliederung/ Integration	Zufall oder nicht? Ermöglicht es ihm, seine Realität mit der Realität zu verbinden
Schock der Kulturen *Man musste sich schnell anpassen*	**Wendepunkte in der Biographie** (seine Art, von sich zu erzählen)	Vernichtung/ vernichtet sein/ interner Konflikt Die Notwendigkeit eines Wiederaufbaus setzt eine vorangegangene Vernichtung voraus.
Hin-und-zurück Frankreich-Marokko, um zu acquirieren	**Anpassung** Zukunftsperspektiven	Wichtige Entscheidung, die vom Zufall regiert worden sein soll?
Im Übrigen ... wenn nicht, dann bleibe ich in Frankreich und versuche es, mein Leben wieder aufzubauen *Seinen Traum verwirklichen*	**Selbstbild**, das er für die Anderen zeichnet	Hoffnungsgedanke. Scheinbar irrationale Entscheidung, zwischen beiden Ländern zu pendeln.

Die Grenzen eines solchen Ansatzes sind sehr deutlich. Trotzdem ermöglichte dieser Ansatz durch die Verankerung in Grundsätzen der Forschungspraxis einen Austausch im Projekt. So wurde etwa die Notwendigkeit deutlich, ausschließlich vom narrativen Diskurs der Interviewten auszugehen und sich erst nach und nach zu erlauben, externe Informationen – wie die nationale, kulturelle Zugehörigkeit der interviewten Person, ihre Zugehörigkeit zu einer Gruppe mit spezifischen Normen und Werten etc. – einzubeziehen. Dies sollte vorschnelle und irrtümliche Interpretationen aufgrund der gewohnten Vorannahmen des Forschers oder wegen des Forschungsdesigns vermeiden. Nach und nach orientiert sich die Arbeit entlang einer multidimensionalen Analyse. Hier produzierte die interkulturelle Begegnung neue Vorgehensweisen wie den Wechsel zwischen Mikro- und Makroanalyse, der treffendere Vergleiche der Lebensgeschichten ermöglichte. Die Analyse des Details, gekoppelt mit dem Verständnis für das Ganze, förderte eine Einrahmung des Forschungsfelds: die Einbettung der Interviews in eine zugleich persönliche und kollektive Geschichte (wir sprachen viel von der ‚kleinen Geschichte' und der ‚großen Geschichte').

Lernen zu forschen ..., um (sich) zu verstehen?

Wie bereits unterstrichen, ähnelte unser Projekt sogenannten ‚kollaborativen‘ Forschungsplänen, mit dem Unterschied, dass es sich nicht um eine Zusammenarbeit zwischen Feldfachleuten und Forschern handelte, sondern um eine Zusammenarbeit zwischen Forschenden und angehenden Forscherinnen und Forschern mit unterschiedlichen sozialen und kulturellen Horizonten. Dieser Ansatz setzt die Konstruktion eines gemeinsamen Wissensobjekts voraus. Dank des Vergleichs von Begriffen, welche während der zweiten Phase der Forschung benutzt wurden, konnte dieses neue Objekt geformt, netzwerkartig entwickelt und geteilt werden.

Auf der Basis einer permanenten Hinterfragung des Sinns und des Gewichts der Wörter, die im bilingualen und bikulturellen Kontext unumgänglich ist, tauchen in der Analyse Begriffe und Konzepte auf, die jedem Denken von Diversität inhärent sind. Welche Funktion, aber vor allem welche Realität wird unseren Konzepten zugeschrieben? Sind *Items* von einer Sprache in die andere ohne Sinnverlust übertragbar? Können wir, wie George Steiner (1998), sagen, dass ‚Verstehen‘ ‚Übersetzen‘ heißt? Stimmt es, dass wir, um das wahrzunehmen, was der Andere uns sagt, systematisch umformulieren, selbst innerhalb derselben Sprache? Oder siedeln wir diese Problematik bei der Übersetzung an, die für Ladmiral (vgl. 2009, S. VIII) ebenfalls ein Forschungsdispositiv darstellt.[16] Entsprechend gilt es, die Praxis der Übersetzung genau zu reflektieren.[17]

Auch die Gestaltung der Kommunikation und ihre Übersetzung unter den deutschen und französischen Teilnehmern stellten insofern zentrale Herausforderungen und Implikationen im beschriebenen Sinne dar. Die Anwesenheit von Dolmetscherinnen während der gesamten Begegnungen hatte einen Einfluss auf den Bearbeitungsmodus der im Vorfeld gesammelten Daten. Als nicht hauptberufliche Dolmetscherinnen, die selbst Interesse an der Forschung hatten, übernahmen sie nach und nach eine aktive Rolle im Projekt. Im Kern ist die Übersetzungsarbeit ein erster Schritt der Interpretation[18] und wird zwangsläufig selbst zum Denkwerkzeug. Das Implizite im Diskurs[19] – ob es sich um den Diskurs des Interviewten oder des Forschenden handelt, der sich mit dem Kollektiv seine Analyse des Diskurses des Interviewten teilt – wurde sehr früh reflektiert und als Element der Analyse genutzt. Als aktive interkulturelle Akteure und zwischen zwei Repräsentationswelten jonglierend haben die Dolmetscherinnen an den Versuchen, die Grenzen der Übersetzung zu verstehen, selbst teilgenommen. So bestand eine der Vorgaben zur Bearbeitung der Daten darin, die Erfassung der Inhalte danach zu vergleichen, ob sie in

---

16 Die Übersetzung „hat seit ein paar Jahren ein Paradigma für das philosophische Denken geliefert; darüberhinaus scheint die Übersetzung paradoxerweise Aufschluss über fundamentale Fragen zu geben, deren metaphysische Tiefe sich in der Nähe der Theologie befindet" (Ladmiral, 2009, S. VIII).

17 Vgl. dazu auch den folgenden Beitrag von Martin Bittner in diesem Band.

18 Hier befinden wir uns in einer hermeneutischen Perspektive, vgl. dazu Ricœur, 2003.

19 Diese könnten den ‚désignateur de référents culturels‘ (Faktoren, die auf kulturelle Referenzen verweisen) ähneln, wie sie z.B. Michel Ballard, 2005, definierte.

der Quellsprache oder in der Übersetzung bearbeitet wurden. Die Übersetzerinnen – sowie all jene, die Deutsch und Französisch sprachen oder verstanden – bildeten den Verbindungspunkt zwischen den Teilnehmern des Projekts, indem sie – nicht ohne Mühe – die Interventionen und Beiträge aller verständlich zu machen versuchten. Diese bewusste Anwesenheit war Gegenstand einer konstanten Reflexion und war auch insofern lehrreich, als letztendlich „die Übersetzerinnen während der Austausche fast überflüssig werden und Übersetzungsmechanismen von jedem aufgebaut wurden, um den Diskurs des Anderen zu verstehen. Vielleicht ist dies eine interkulturelle Kompetenz"[20].

In dieser Dynamik der gemeinsamen Konstruktion wurden manche Konzepte im Diskurs der interviewten Personen auf eine harte Probe gestellt, wie z.B. der Begriff der ‚Integration', auf die sich das erste Kapitel dieses Buches bezieht. Andere Konzepte wiederum, die sich schwierig in die andere Sprache übersetzen ließen, wurden von der Gruppe übernommen. So ist es z.B. dem Begriff der *Bestätigung*[21] ergangen, der im vierten Kapitel dieses Buchs vom Konzept der Anerkennung ausgehend behandelt wird und bewusst nicht mit dem Wort *reconnaissance* ins Französische übersetzt wurde. Der Übergang vom Alltagssprachlichen (Bestätigung) zum Wissenschaftlichen (Anerkennung) ist hier komplex. Er stellt die gängige Benutzung des akademischen Begriffs infrage und führt zu einer allgemeineren und komplexeren Repräsentation der infragestehenden Prozesse im Umgang mit dem Anerkennungsbedarf der Jugendlichen. Dieser Aspekt der Forschung deutet auf das, was René Barbier (1996) *notions-carrefours* (Verbindungsbegriffe oder Knotenbegriffe) nannte, welche für Forschung nützlicher sind als (statische) Konzepte.

Ähnliches gilt für das Konzept der ‚Identität', ein transversales Konzept *par excellence*, da wir diese Jugendlichen nach ihrem Zugehörigkeitsgefühl gefragt hatten. Dieses Identitätskonzept wird durch den strategischen, interaktionistischen Blickwinkel im Sinn der Anpassungsfähigkeit des Subjekts und der Gesellschaft wahrgenommen. Er ist mit dem Begriff des lebenslangen Lernens verbunden und der Idee sukzessiver und kontinuierlicher Eintritte ins Leben, die dem Subjekt ein konstantes Erlernen abfordern, einer Vervollkommnung gleich, dessen Ende nur der Tod sein könnte (Lapassade, 1970). Zahlreiche Debatten über Schlüsselbegriffe konnten nicht beendet werden. Manche wurden lediglich angedeutet und hätten sicherlich eine intensivere ‚Debatte' verdient (z.B. die Adoleszenten/Jugendlichen). Die begrenzte Dauer und Häufigkeit der Sitzungen beeinflussten die Analyse und die Art der kollektiven Einigung. Allerdings wurden die Zwischenräume dieser Organisation auch zu wichtigen Zeit-Räumen der Arbeit.

---

20 Cyrielle Levignat, Dolmetscherin, Bilanz der Begegnung vom November 2008.
21 Während der Begegnungen wurde der Begriff der Bestätigung dem Begriff ‚Anerkennung' vorgezogen und könnte mit ‚reconnaissance' übersetzt werden, vorausgesetzt, dass darin die Idee eines Zugehörigkeitsgefühls inbegriffen wäre, das von der Referenzgruppe des Subjekts getragen würde.

Sich Zeit nehmen: über die Ressourcen des Informellen

Der Faktor Zeit spielte bei der Analyse der Lebensgeschichten eine wichtige Rolle. Die organisierten Begegnungen wurden eher zu einer (grundlegenden) Einführung in die Forschung und zur Schaffung einer Hybridform der Praxis- oder der Referenzgemeinschaft. Ein Großteil der Daten aber wurde im Lauf späterer Bearbeitungen und Begegnungen bearbeitet.

Insofern wurde die zeitliche Begrenzung selbst zu einer der Hürden, die diese Forschung zu überwinden hatte, weil sie Beschränkungen ausgesetzt war, über welche die Ziele der Forschung hinausreichten. Die Zeitprobleme hätten, so schien es uns, die schöpferische Bewegung der Forschung bremsen können. Wir wurden aber zu ‚Bastlern‘[22] im positiven Sinn der Worts und spielten permanent mit den zeitlichen Dimensionen der Interviewten, der angehenden Forscher, des Führungsteams, der Organisation, die das Vorhaben finanzierte, und der in Frankreich und Deutschland organisierten Begegnungen sowie zwischen den Interviews und deren Analyse. Bei jedem insgesamt einwöchigen Treffen wurden viele Stunden während drei bis vier Tagen der Suche nach einem – die Sprachbarriere angemessen berücksichtigenden – effizienten Kommunikationsmodus und nach einvernehmlichen Arbeitsmethoden gewidmet. Die Zeit, die ausschließlich der Datenbearbeitung dienen sollte, wurde um diese unerlässliche Zeit der Begegnung gekürzt. Die Frage des Umgangs mit diesen verschiedenen, aufeinandertreffenden zeitlichen Dimensionen war allgegenwärtig. Entsprechend mussten wir neuartige Strategien nutzen, um die Konkretisierung des kollektiven Projekts und seine Anerkennung zu sichern: Wir nahmen uns bei anderen Gelegenheiten zusätzliche Zeit: In Frankreich sowie in Deutschland organisierten sich Treffen der jeweiligen Sprachgruppen. Jeder angehende Forscher, allein oder in kleinen Gruppen, arbeitete über die Treffen hinaus und ermöglichte so ein Fortschreiten des Projekts über die institutionelle Zeit der Sitzungen hinaus. Dazu gehörten auch die informellen Momente der Begegnungen.

Das Informelle wird inzwischen vielfach als vollwertiger Bildungsraum und Bildungswerkzeug erachtet (Bézille & Brougère, 2007). Das Charakteristische an interkulturellen Projekten könnte in diesem Sinne gerade auch die Notwendigkeit dieser informellen Momente als Vorbereitung und Sicherung einer gewissen Qualität des Zuhörens, des Empfangs und sogar des Verständnisses in den formellen Sitzungen sein. Obwohl Formelles, nicht Formelles und Informelles üblicherweise gegenübergestellt werden, scheinen diese drei Lernräume in der Wechselwirkung und der Komplementarität zu wirken. Es kommt z.B. häufig vor, dass ein gemeinsames Essen die Gelegenheit bietet, eine zu früh unterbrochene Debatte wieder aufzunehmen, oder einen Vortrag des Vormittags dank einer neuen Frage anders zu beleuchten. Umgekehrt kann ein Kommentar oder eine Anekdote aus dem gemeinsamen Alltag eine Debatte während einer formellen Sitzung entfachen. In dieser Hinsicht bot die zweite Sitzung (in Berlin), während derer die gesamte Gruppe an demselben

---

22 Im Sinn von Lévi-Strauss und Lapassade.

Ort beherbergt wurde, die Gelegenheit für reichere und intensivere Austausche, weil die Gruppe einerseits bereits die Zeit gehabt hatte, sich kennenzulernen, aber andererseits auch gemeinsam neue Räume und Traditionen entdecken und somit eine Art gemeinsamer Kultur aufbauen konnte. Die Besichtigung des alten Berlins, die ein Gruppenmitglied als Berliner und Experte für uns durchführte, sowie eine typisches Berliner Essen, waren markante Episoden.

Der kollektive Alltag in neuen gemeinsamen Räumen war wahrscheinlich einer der förderlichsten Momente. Tatsächlich erzeugt diese ungewöhnliche kollektive Situation eine kleine ‚Störung‘, die für die Begegnung förderlich ist. Wie Jacques Demorgon (1995) ausführt, sei die einzige ‚echte‘ Begegnung, die diesen Namen verdient, eine *Begegnung mit der ‚altérité‘, mit dem Anderssein*. Diese Begegnung kann nur auf der Grundlage bestimmter Veränderungen in unserem üblichen Funktionieren entstehen. Zugleich müssen wir bestimmte Momente des Unverständnisses hinsichtlich des Verhaltens Anderer akzeptieren und uns der Eigenschaften unseres eigenen Benehmens bewusst werden sowie der Tatsache, dass diese uns auch als Anderen definieren und nicht als das universale Wesen, das wir zu sein denken. Wie Demorgon betont, könne die echte Begegnung nur als Begegnung eines doppelten fundamentalen Andersseins stattfinden. Diese ‚echte‘ Begegnung ähnelt dem Begriff der *Interité* (*in-betweenness*), der von Breton eingeführt und von Remi Hess in Demorgons Buch aufgenommen wurde (2005, S. 41): „Auf der philosophischen Ebene gibt es zwischen Identität und Anderssein zwangsläufig auch die Interität.“ In der Pathologie des Subjekts (Bin Kimura, 1997) ist die Interität die primäre Beziehung zu einem absoluten Anderen. Nur vor dem Hintergrund dieses Anderen kann jeder sich selbst unterscheiden und mit den Anderen in Beziehung treten. Die Begegnung wirkt sich hier wie eine Ent-deckung aus, die in jedem eine Anerkennung (reconnaissance), An-er-kennung seiner eigenen Identität bewirkt. Ich spüre durch den Anderen, dass ich anders bin, und diese Beziehung bestimmt/weist auf uns hin. Jeder wird demzufolge dazu gebracht, sich in Bezug auf diesen Anderen, der ihn anspricht, durch den Beziehungsmodus des Austausches und dessen Variabilität und Komplexität neu zu definieren.

In unserer Forschungsarbeit könnte die Interität die Entdeckung der Haltungen, der Blicke, der Analysen derselben Realität gewesen sein: eine Interität der Forscher, welche unerlässlich auf die der Subjekte verweist. Die Erfahrung der Begegnung, der Kultur des Anderen kann nicht ohne eine gewisse Praxis erfolgen, die Zeit benötigt. Wie es Wulf formuliert, wird „in vielen Bereichen [...] die internationale Zusammenarbeit zur interkulturellen Zusammenarbeit. Diese schafft es manchmal, neues Wissen zu produzieren [...].“ Interkulturelle Forschung erfordert oft eine längere Zeitspanne. Ebenso spielen die Sympathie, die Geselligkeit und die Freundschaft zwischen Forschern aus verschiedenen Kulturen eine noch wichtigere Rolle als in kulturell homogenen Forschergruppen. Im Hintergrund ihrer Arbeit bringen Forscherinnen und Forscher, die aus verschiedenen nationalen Kontexten stammen, jahrhundertealte kulturelle Vorurteile mit, die sie nicht negieren oder vergessen können. Im Fall eines Konflikts leben diese Stereotypen wieder auf, aktualisieren sich mit einer zerstörerischen Kraft, die längst erloschen zu sein schien. Zwischen Forscherinnen und Forschern aus verschiedenen Kulturen erfolgt die Öffnung im Ideenaustausch nur auf der Basis einer gewissen Geselligkeit: Diese kann sich erst mit der Zeit und durch intensive Arbeitsbeziehungen etablieren. Interkulturelle Projekte erfordern folglich die Konstruktion persönlicher Beziehungen zwischen den Forscher(inne)n. Der Erfolg dieser Konstruktion, wenn er eintritt, ist eine der wichtigsten Voraussetzungen für eine interkulturelle Zusammenarbeit, weil diese Geselligkeit die Wahrnehmung des Anderen ermöglicht: „Das Verständnis für den Anderen und für den Fremden" (Wulf, 1999, S. 198).

Von den interkulturellen Daten hin zu transkulturellen Prozessen: Von welcher/welchen Kultur(en)[23] ist die Rede?

Eine der lebendigsten Debatten betraf die Kultur als Erfahrung der Differenz – von der Selbstqualifizierung bis hin zur Stigmatisierung des Jugendlichen mit Migrationshintergrund. Und dann gab es auch Diskussionen zu den in der Forschung immer wieder hinterfragten Begriffen *interkulturell, multikulturell, transkulturell, Kulturalität der Akkulturation oder der Assimilation*. Was ist weniger schlimm? Norm oder Devianz? Aus psycho-anthropologischer Sicht definiert Clanet die Kultur als

> „gruppen- oder untergruppeneigene Gesamtheit der Deutungssysteme, Sammlung an vorherrschenden Deutungen, die als Werte in Erscheinung treten und Regeln und Normen generieren, welche die Gruppe behält und sich bemüht weiter zu geben und durch welche diese Gruppe einzigartig wird und sich von ihren Nachbargruppen unterscheidet" (Clanet, 1990, S. 15f).

Hier ist das Denken über die Begegnung der Kulturen induktiv. Durchlässig und evolutionär ernährt sich eine Kultur immer von kulturellen Merkmalen anderer. Durchlässig und evolutionär – wenn sie nicht verschlossen ist! Hier geht es um eine weitere Problematik: Um nicht fehlzugehen, muss der Wissenschaftler sich vom Ethnozentrismus entfernen und sich den Herausforderungen der Interaktion mit dem Anderen stellen.

Die deutsch-französische Unterscheidung spielt auch im Hinblick auf die interkulturelle Dynamik dieser Begegnung eine Rolle. Aber darüber hinaus war die herrschende Norm innerhalb jeder Bezugsgruppe unterschiedlich: Die französische Gruppe bestand wie erwähnt vorwiegend aus jungen angehenden Forschern

---

23 Im Artikel *Acculturation et traduction* (Akkulturation und Übersetzung) versuchen Ahmed und Kaladi nach dem Buch von J. Poirier, 1972, *Ethnies et cultures* (Ethnien und Kulturen) die oben genannten Begriffe zu definieren. Rasch erscheint aber eine wesentliche terminologische Hürde: „Festzustellen ist, dass die Benutzung dieser Begriffe je nach Land und Disziplin derer, die sich ihrer bedienen, unterschiedlich ist; die Spanier benutzen das Wort Transculturation, um die interkulturelle Dynamik zu bezeichnen. Für die Deutschen bedeutet es hingegen eine durch externe Faktoren erfolgte Veränderung" (Ballard, 2005, S. 156).

mit Migrationshintergrund (sieben von zehn); diese waren dagegen in der Minderheit in der deutschen Gruppe (drei von zehn). Eine Verwechslung zwischen Zusammenstellung der Gruppen und nationalen Realitäten passierte schnell, jedoch konnte diese Klippe durch eine permanente Distanzierungsarbeit gegenüber übertrieben kulturalistischen Ansätzen umschifft werden. Dennoch beeinflusste die den Interviewten ähnliche ethnische Zugehörigkeit der Forscher zwangsläufig die Interpretationen und führte zu gewissen Differenzen zwischen den Repräsentationen der jungen ‚französischen‘ Forscher – die auf der persönlichen Ebene involviert waren – und jenen der jungen ‚deutschen‘ einheimischen Forscherinnen und Forscher. Sie führte gleichzeitig zur Ausarbeitung neuer Deutungen.[24] Das Objekt aufgrund der individuellen und kollektiven Implikationen aus verschiedenen Blickwinkeln zu betrachten, bietet eine originelle Kombination, die den Weg aus den Hegemonien hinaus ebnet. Max Pagès spricht in diesem Zusammenhang von Konjunktion (*conjonction*) (Pagès, 2006, S. 26–30).

Berufliche Implikationen

Eine ganz andere Ebene der Implikation verlangt ebenfalls Aufmerksamkeit: die Beteiligung an Forschung als Qualifikationsprojekt des angehenden Forschers. Die ethnische, soziale, intellektuelle, kulturelle Unterschiedlichkeit der Forschergruppe zeichnete sich auch durch eine gewisse Heterogenität der Motivationen hinsichtlich der Eingliederung in das Vorhaben einer Ausbildung zum Forscher durch Forschung aus, das ein erhebliches Engagement verlangte. Sogar innerhalb der ‚französischen‘ Gruppe, die sich als derselben psycho-soziologischen Strömung zugehörig betrachtete, stand nicht dasselbe auf dem Spiel: Es konnte die einfache Lust sein, eine interkulturelle Erfahrung zu erleben, oder die Notwendigkeit, ein Seminar anrechnen zu können, der Wille, internationale Forschung zu betreiben, oder das Interesse für das Forschungsobjekt, berufliche Ziele u.a.m. Wie innerhalb jeder qualitativen Forschung ist es äußerst wichtig, diesen Aspekt der Implikation wahrzunehmen, weil er die verschiedenen Engagements genauso beeinflusst wie die unmittelbareren Beteiligungsformen.

Eine interkulturelle Erfahrung

Unerlässlich für die Forschung im Bereich der Human- und Sozialwissenschaften und als ein wahrhaftiger Moment der Bildung für die Anwärter auf die Forschungsberufe öffnete diese Ausbildung den Zugang zu Komplexität. Sobald wir uns unserer methodologischen und konzeptuellen Vielfalt bewusst wurden, beobachteten wir uns und tauschten uns anschließend aus, erklärten, analysierten, fanden Kompromisse, um im selben Rhythmus voranzuschreiten. Dies war bei Weitem keine

---

24 Vgl. dazu den Beitrag von King und Subow in diesem Kapitel.

vergeudete Zeit. Im Gegenteil ermöglichte uns der Reichtum dieser Arbeit im interkulturellen Prozess, eine ganze Palette an Methoden und Konzepten anzueignen, die uns manchmal einfach unbekannt waren. Die Franzosen eigneten sich z.B. die Differenz zwischen dem Begriff der ‚Bestätigung' und dem Konzept der ‚Anerkennung' an. Die Deutschen zeigten Interesse für den Begriff der *entrée dans la vie* (Eintritt ins Leben), den Lapassade konzeptualisiert hatte.

Diese kreativen Austauschbewegungen förderten die Erfassung eines gemeinsamen Begegnungs- und Konstruktionsraums, der einen anderen Blick auf die Lebenserfahrung der Jugendlichen mit Migrationshintergrund in Frankreich und Deutschland gewährte. Folgende Frage stellt sich dann: Wenn der Forscher seine nationalen, eingeengten Repräsentationen überwindet, wenn das jugendliche Subjekt-Objekt auch nicht mehr auf diese beschränkt wird, welchen Platz gibt es für den ‚reinen' vergleichenden Ansatz? Statt darauf eine Antwort zu geben, möchten wir über diese nicht enden wollende Fragestellung hinausgehen. Uns geht es vielmehr darum, diese Singularitäten in einer Universalität zu situieren, welche jegliche Form der Zugehörigkeit transzendieren könnte. Jedoch ist selbst die Vision des Universellen fragwürdig, da das Interkulturalitätskonzept den kulturellen und sozialen Einflüssen nicht entkommen kann. So erklärt Lipiansky:

> „Trotz einer beachtlichen Anzahl von Forschungsarbeiten und Überlegungen, befindet sich die interkulturelle Pädagogik noch in ihren Anfängen. Selbst wenn sie sich auf die Beiträge der Humanwissenschaften stützen kann, so muss sie doch weitgehend ihre Methoden und Mittel selbst erfinden. Eine der Schwierigkeiten in dieser Richtung besteht darin, dass Forschungen und Erfahrungen selbst in einer gewissen kulturellen Tradition verwurzelt sind. Wir müssen uns also vor der Versuchung bewahren, unseren Standpunkten und unseren Modellen eine universelle Reichweite zu gewähren. Es ist im Gegenteil ratsam, sich darüber bewusst zu sein, dass unsere Konzepte über Interkulturalität Ausdruck einer ethnozentrischen Sichtweise sein können. Darum besteht auch die erste Etappe einer pädagogischen Reflexion auf diesem Gebiet darin, die verschiedenen, nationalen Gewohnheiten im Verständnis der Begriffe, Methoden und Probleme, die dieses Gebiet in jedem Land definieren, gegenüberzustellen. Dies ist bereits eine Form interkultureller Erfahrung" (Lipiansky, 1996, S. 10).

Als interkulturelle Erfahrung förderte diese Ausbildung zur Forschung durch Forschung das Auftauchen neuen Wissens – sowohl im Hinblick auf das Objekt als auch in epistemologischer Hinsicht. Dieses äußerste Bewusstwerden der innewohnenden Vielfalt in den Systemen, mit denen wir die Welt betrachten, erlaubte es dem Kollektiv, Sinn zu ‚basteln', im kreativen Sinn des Worts. Ein ganzer Horizont neuer Interpretationen öffnete sich den Forscherinnen und Forschern durch die Erfahrung der Grenzüberschreitung – sei sie symbolisch oder reell. „Man geht somit vom Amalgam zu den Artikulationen, des *Zwischen* zum *Inter*" (Pagès, 2006, S. 15).

So können wir also eher vom Auftauchen eines *interkulturellen* Prozesses sprechen, dem sich keines der Mitglieder des Projekts entziehen konnte. Die Interkulturation, die Clanet (1993) als kulturelle Kombinatorik bezeichnet, als Ergebnis akkulturativer (Verlust) und enkulturativer Prozesse (Gewinn), lässt eine neue identitäre Form erscheinen. Es ist eine plurale Identität, welche die Paradoxien der Begegnung – zwischen spontanem Austausch und differenzierendem Blick – und deren kontextuelle Faktoren berücksichtigt. So entspricht für Clanet (1993) die Interkulturation der „Gesamtheit der Prozesse, durch welche Individuen und Gruppen interagieren, wenn sie zwei oder mehreren Komplexen gehören und sich auf verschiedenen Kulturen berufen oder unterschiedlichen Kulturen zugeordnet werden können" (ebd., S. 70). Die Interkulturalität an sich öffnet sich auf einen doppelten symbolischen Bezug hin. Das Heterogene wird normativ und macht die Koexistenz und den gegenseitigen Einfluss unabdingbar, um eine doppelte Bewegung der Transformation und Erhaltung zu erreichen. Laut Demorgon kann sie „als eine Kreuzung zwischen gegenseitigen Akkulturationen definiert werden, welche ansonsten meistens auf unterschiedlichen Ebenen erfolgen [...]" (2005, S. 78). Sie ermöglicht dem Subjekt, eine funktionale Einheit zwischen sich selbst und seinem Ausdrucksmilieu zu entwickeln, in unserem Fall im Kontext unseres Projekts. Auf lange Sicht ermöglicht es neue Sichtweisen auf Gegenstände, die im wissenschaftlichen Feld schon bearbeitet oder geklärt zu sein schienen. Diese neue Qualität der Wissenschaft, die von der interkulturellen Erfahrung getragen wird, generiert mobile Forscherinnen und Forscher, die nicht auf einen politisch und geographisch begrenzten Denkraum reduziert werden können. Hier wurden angehende Forscherinnen und Forscher sehr nah an der Realität unserer modernen Gesellschaften geboren und beruflich wie persönlich vernetzt.

Perspektiven auf eine indirekte Kultur ...

Die während der gesamten Recherche angewandte Methode bestand aus einer hybriden Kreation der Begegnung unter verschiedenen Aspekten: Grenzen und Personen übergreifend, zwischen unterschiedlichen Denkschulen, Repräsentationswelten und Bezugsfeldern. Diese weniger endgültige als intermediäre Form ermöglichte die Ausarbeitung einer Wissensform, die viel mehr an die vom Projekt selbst hervorgebrachten interkulturellen Kompetenzen als an akademisch übertragenes formelles Wissen gebunden war. Das Kollektiv erfand seine eigenen Werkzeuge, ließ sich von unterschiedlichen Orientierungen inspirieren und bezog die notwendige Verständlichkeit mit ein. Im Nachhinein konnten wir nach dieser Erfahrung nur die Fruchtbarkeit eines solchen Ansatzes feststellen: Das Kollektiv setzte sich durch und garantierte eine permanente Suche nach dem Sinn, sehr nah an der psychosozialen Realität der Lebensprojekte und Lebensgeschichten Jugendlicher mit

Migrationshintergrund.[25] Es ist schließlich gerade die Verbindung aller dieser Implikationsfaktoren, die vom Kollektiv in Anspruch genommen wurde – mit notwendiger Überschreitung von Tabus und kulturellen Repräsentationen –, die den Blick für das Leben der Jugendlichen mit Migrationshintergrund in Frankreich und Deutschland öffnete. Dieser Aufwand an Reflexivität über unsere eigenen Implikationen in Bezug auf das Objekt und die dafür gewählten Mittel ist nicht vergeblich gewesen. Er bezieht sich auf einen zentralen Aspekt bei jeder Forschung.

Das haben wir hier auf verschiedenen Ebenen zu beschreiben versucht. Es handelt sich in unserem Verständnis nicht um das narzisstische Vorhaben, über sich selbst zu sprechen, sondern im Gegenteil darum, einen aufklärerischen Ansatz anzuwenden, um (verwickelte) Implikationssituationen in dieser Forschung gleichsam zu ent-wickeln: „Das, was von etwas impliziert wird, ist das, was beinhaltet wird ohne ausgedrückt zu werden" (Barbier, 1996). Unser Vorschlag ist hier ganz klar, solche Situationen zu exponieren, um deren wahrscheinliche Auswirkungen auf die Ergebnisse aufzuzeigen und ans Licht zu bringen. Es sollte jedoch nicht davon ausgegangen werden, dass diese ‚Ent-Wicklung' die Komplexität der Wirklichkeit schwächt oder verdeckt. Sie reduziert den Menschen nicht zu einem Objekt und betrachtet seine Handlungsweisen nicht vereinfacht und fremdbestimmt, sondern als komplexes, denkendes und handelndes Subjekt in einem vielförmigen symbolischen Universum mit zahlreichen Bezügen. Der Forschende, der selbst in denselben kulturellen Komplexitäten verwickelt ist, versucht lediglich, ein ‚paar Knoten' aufzulösen.

Nicht zuletzt ist die Geselligkeit sehr wahrscheinlich etwas, was entscheidend dazu beigetragen hat, langfristige Partnerschaften zu etablieren. So entwickelten manche Mitglieder der französischen Gruppe einen echten wissenschaftlichen Austausch mit Mitgliedern der deutschen Gruppe. Die gesellige Begegnung generiert Beziehungen, Netzwerke, die es ermöglichen, über den Rahmen des Projekts hinauszugehen, um neue Dialoge zu initiieren. Auch im Rahmen der ‚französischen' Gruppe entwickelten sich über die deutsch-französischen Treffen hinaus sehr intensive und bereichernde Arbeitsbeziehungen. Das Projekt ermöglichte es also zu lernen, als Team zu arbeiten und sich auf das gleiche Ziel hin zu orientieren. Die Schreibphase als intensiver Moment der Auseinandersetzung mit Ideen, Perspektiven und Analysen nährte und aktivierte erneut die innerhalb der großen Gruppe angefangenen Debatten und entfachte neue, manchmal sogar unerwartete Diskussionen.

Diese Begegnung könnte schließlich die Erfahrung einer reellen kollektiven Mobilität beinhalten, in dem Sinn, in dem Marc Augé sie beschreibt:

---

25 Eine der wichtigsten Perspektiven dieser Erfahrung wäre zweifellos eine Fortführung der Forschung durch eine zweite Serie von Interviews mit den bereits interviewten Jugendlichen, aber auch mit Menschen ihrer Umgebung, insbesondere ihren Eltern. Der Begriff *trajectoire* (Lebenslauf) würde durch die Zeit zwischen beiden Interviews mehr ins Blickfeld der Arbeit gerückt werden, ebenso die Spannungen der jeweiligen Biographien der Interviewten dank der Vielfalt der Blickwinkel. Die Mitglieder der Gruppe der angehenden Forscher, die über mehr Erfahrung in der Führung von Interviews verfügen, könnten dann weitere, in der Gruppe bearbeitete Hürden überwinden.

„Es ist notwendig zu lernen, aus sich heraus zu gehen, aus seiner Umgebung – und zu verstehen, was die Erfordernis des Universellen ist, welches die Kulturen relativiert, und nicht das Gegenteil. Es ist erforderlich, aus den eigenen kulturalistischen Positionen herauszutreten und das
transkulturelle Individuum zu fördern, das allen Kulturen der Welt Interesse entgegenbringt, ohne sich von einer vereinnahmen zu lassen. Die
Zeit der neuen planetären Mobilität und einer neuen Utopie der Erziehung ist gekommen. Aber wir befinden uns heute erst am Anfang dieser neuen Geschichte, die wie immer lang und schmerzhaft sein wird"
(Augé, 2009, S. 91).

5.3 Die Sprache des Anderen als produktive Irritation. Eine methodologische Betrachtung von Übersetzungen

Martin Bittner

Interkulturelle Forschungsprozesse werden in vielfältiger Weise durch Übersetzungsprozesse gestaltet. Sie können nicht nur als Bedingungen für Verstehensprozesse gesehen werden, sondern beinhalten auch das Potenzial eines erweiterten und veränderten Sinnverstehens. Der Beitrag nimmt eine Rekonstruktion der unterschiedlichen Phasen unseres Forschungsprozesses und eine Fokussierung auf die verschiedenen Ebenen von Übersetzungsleistungen vor und stellt dabei den Anschluss an eine praxeologische Methodologie her. „Das heißt, Methoden und Methodologien sind auf dem Wege der bzw. in Auseinandersetzung mit einer *Rekonstruktion* der Praxis der empirischen Forschung zu entwickeln" (Bohnsack, 2007a, S. 189). Die methodische Annäherung an den Forschungsgegenstand (originalsprachliche und übersetzte biographisch-narrative Interviews mit jungen Erwachsenen mit Migrationshintergrund) erfolgte dementsprechend in der Forschungs*praxis,* die in diesem Beitrag beschrieben wird.

Die Praxis der empirischen Forschung war gerade in unserem Fall vornehmlich durch Übersetzungsleistungen bestimmt. Dabei ging es nicht nur um die Überwindung sprachlicher Differenzen, sondern auch um eine Interpretationsleistung. Diese bezog sich auf die Lebensentwürfe von jungen Erwachsenen mit Migrationshintergrund und die damit einhergehende Auseinandersetzung mit dem sozialen, kulturellen und gesellschaftlichen Anderen und den sich so herauskristallisierenden, erkenntnisleitenden Begrifflichkeiten und Fragestellungen. Die *Schwierigkeiten, Irritationen, Brüche* der Übersetzung bzw. Interpretation können dabei als Potenziale gesehen werden, die eine erweiterte Erkenntnis jenseits der eigenen kulturellen, disziplinären Schranken ermöglichen. Den Anderen verstehen zu wollen, macht eine Übersetzungsleistung notwendig, die über eine reine sprachliche Übertragung hinaus geht. Nicht nur *durch die,* sondern v.a. *während der* Übersetzung erfolgt eine Umsetzung von sprachlichen Gehalten, die nicht mehr nur als dem Ursprung oder der Quelle zugehörig betrachtet werden können. Das Wahrheitsverständnis liegt nicht auf einer von zwei Seiten, sondern in dem sich aus dem Prozess ergebenden *Dazwischen* (vgl. Wulf, 2006).

Betrachtet man einzelne methodologische Auseinandersetzungen in der qualitativen Sozialforschung, finden sich zunächst Ausführungen zum *Problem der Übersetzung*, beschrieben als eine *Problematik* interkulturellen Fremdverstehens (Weller, 2006). Davon ausgehend fassen Przyborski und Wohlrab-Sahr (2008) Interpretationen als Übersetzungsleistung und markieren die damit einhergehenden Risiken des Nichtverstehens des Forschungsgegenstands als generelles Problem der Interpretation, welches durch die fremde Sprache nur noch weiter zugespitzt wird. Im Anschluss an das Erkenntnisinteresse und die Praxis des Projekts soll Übersetzung hier nicht als Problem deklariert werden. Das zur Anwendung kommende

Interpretationsverfahren orientiert sich vielmehr an der Forderung Atkinsons (2005, S. 4): „The forms of analysis should reflect the forms of social life: their diversity should mirror the diversity of cultural forms; their significance should be in accordance with their social and cultural functions."

Hierin liegt die Begründung für ein methodisches Vorgehen, das Übersetzungsleistungen als solche berücksichtigt, um so einen Ausschnitt sozialer Wirklichkeit *methodisch* widerzuspiegeln. In den im Projekt betrachteten biographischen Narrationen zur Lebensgeschichte und zu Lebensentwürfen von jungen Menschen mit Migrationshintergrund wird in vielfältiger Weise auf Übersetzungsprozesse verwiesen. Dabei geht es einerseits explizit um das Erlernen der fremden Sprache des derzeitigen Aufenthaltslands (Kadia, Anna) sowie implizit um den Erwerb habituellen, kulturellen Wissens, wobei die Übersetzungsleistung aufgrund unterschiedlicher individueller Voraussetzungen erschwert sein kann (Karl, Mahmut). Andererseits kann das Gespräch mit den Forschenden als Aufforderung zu einem Übersetzungsprozess verstanden werden. Damit einher geht eine performative Aufführung, in welcher die Inszenierung im und die Widerspiegelung des Sozialen betrachtet werden kann (vgl. Butler, 2001). Die Interviewten sind aufgefordert, eine Übersetzungsleistung zu vollbringen und sich unter Bezug auf die anerkannten Merkmale zu inszenieren (vgl. Knoblauch, 1998, S. 307f). Dieses Wechselspiel aus Subjektkonstitution und Selbstkonstruktion im Interview kann dabei als Erweiterung der gegenwärtigen Auseinandersetzung über den Vollzug von Bildungs- und Migrationsprozessen in der Adoleszenz gesehen werden.[26] Fremdheitserfahrungen wird das Potenzial für (transformatorische) Bildungsprozesse hier nicht abgesprochen, vielmehr gilt es, deren produktive Auflösung als Übersetzungsprozess zu beschreiben. In der Forschungspraxis, v.a. mit Bezug auf die Interpretation des Materials, muss man sich deshalb mit der Herausforderung, mehrdimensionale Übersetzungsleistungen zu erfassen und zu erbringen, auseinandersetzen. Dies erfolgte durch Rekurs auf unterschiedliche methodologische Traditionen *innerhalb* einer interkulturellen Forschungsgemeinschaft. Die Forschenden und ihre Forschungspraxis weisen eine ähnliche soziale Komplexität wie der Forschungsgegenstand auf. Dennoch kann es hier nicht darum gehen, dass sich Forschende und Forschungsgegenstand möglichst ähnlich werden, denn damit würden Verstehens- und Erkenntnisprozesse eher verhindert (vgl. zu dieser Kritik auch King, 2004, S. 58f). Indem die Übersetzungsleistungen hervorgehoben werden, wird das Charakteristische des Forschungsgegenstandes und der Forschungspraxis in den Mittelpunkt dieser Prozesse gerückt.

Das Material, welches die Grundlage des Projekts bildet und aus zehn deutschen und zehn französischen Interviews besteht, war aufgrund der Sprachkenntnisse und des kulturell-habituellen Wissens der Forschungsgruppe nur einzelnen Forscher(inne)n unmittelbar zugänglich. Dieses aus der eigenen Handlungspraxis resultierende *implizite* Erfahrungswissen ermöglicht zwar ein Verstehen der Lebensgeschichten, es gilt jedoch, die eigene Seinsgebundenheit und Standortverbundenheit

---

26 Vgl. exemplarisch King & Koller, 2006.

innerhalb einer qualitativ-rekonstruktiven Sozialforschung methodisch zu kontrollieren und damit auch zu reflektieren, um so den gegebenen Sinngehalt begrifflich-theoretisch zu erfassen (vgl. Bohnsack, 2007a, S. 137). Durch das in eine andere Sprache übertragene Material wird die Reflexion angestoßen und damit ein nur scheinbar mögliches ‚unmittelbares Verstehen‘ weitestgehend ausgeschlossen. Die sich aus der Übersetzung ergebenden Veränderungen von grammatischen Satzkonstruktionen, Begriffsübertragungen etc. führen zu einer Verfremdung des Materials, wodurch gleichsam auf die relative Fremdheit des ursprünglichen Materials verwiesen wird. Eine Herausarbeitung möglicher Sinnstrukturen (im Kontext der eigenen Kultur) ist erst durch diese beiderseitige Fremdheit möglich. Daraus geht die Grundlage für Interpretationsprozesse hervor, wie sie zur Praxis des Projekts wurden. Auch das für die Feldforschung diskutierte Problem der *blinden* Aneignung der erforschten Kultur – das *going native* – kann durch diese *Verfremdung* korrigiert werden. Die binationale mehrsprachige Forschung eröffnet somit weiterführende Erkenntnischancen für die Erforschung der ‚eigenen Kultur‘, da das selbstverständliche, oftmals unhinterfragte Erleben gleichsam mit anderen Augen gesehen wird.

Für die Übersetzung des Materials stellt sich allerdings zunächst umgekehrt die Frage, wie diese Befremdung minimiert werden kann, d.h. wie eine Übertragung des Sinn- und Bedeutungsgehalts der Worte gelingen kann. Dies ist nur eingeschränkt möglich, weil die Übersetzung von Sprache eine zum Original veränderte Sequenzialität hervorbringt, mit der auch eine Sinn- und Bedeutungsverlagerung stattfindet. Versuche, dies durch Kommentare bzw. ‚sinngemäße‘ Umschreibung solcher Sequenzen zu korrigieren, verweisen einerseits auf die Schwierigkeiten der äquivalenten Übersetzung, andererseits bergen *Ungenauigkeiten* in der Übersetzung die Gefahr, bestehende Klischees der Wahrnehmung des Anderen zu (re-)produzieren. In beiden Perspektiven zeigt sich, dass Übersetzungsprozesse in einer Beziehung zu Diskursen stehen, sodass sie einer diskursiven Praxis unterliegen (vgl. Foucault, 1981, S. 69ff.). Diese gilt es, in interkulturellen Forschungsprozessen insofern zu reflektieren, als dass die kulturellen Unterschiede immer schon vorhanden sind und durch die Übersetzung verschoben bzw. verändert werden könnten. In der Ausgestaltung des Interpretationsprozesses müssen diese Mechanismen eine methodische Berücksichtigung erfahren.

Interpretation in interkulturellen Forschungsprozessen

Die Interpretation des Materials in einer Forschergemeinschaft, deren Mitglieder unterschiedlichen theoretischen und methodologischen Ansätzen folgen, klingt zunächst nach einem Wettkampf zwischen den Traditionen. Es ist jedoch gerade diese Vielfalt und Mehrdimensionalität, welche für die Interpretation genutzt werden kann, sofern damit eine einseitige, methodisch verkürzende Erkenntnisebene ausgeschlossen wird. Die durch die Forschergruppe vorgenommene hermeneutisch-rekonstruktive Textanalyse zielte auf unterschiedliche Sinn- und Bedeutungsebenen

ab. In diesem gemeinsamen Verfahren werden latente Sinngehalte ebenso rekonstruiert wie die Selbstbeziehung des Einzelnen. Dabei wird darauf geblickt, wie sie
sich im Text zeigen, ohne auf die *psychologische Innenperspektive* des Subjekts zu
schließen. Dementsprechend wurden inhalts- und diskursanalytische sowie narra-
tions- und sequenzanalytische Verfahrensschritte entsprechend der Textsorte des
Interviews angewendet bzw. miteinander verschränkt. Das Vorgehen zeichnete sich
dadurch aus, dass in jeder Phase der Interpretation die kulturellen und sprachlichen
Übersetzungsprozesse sowie die Beziehungen zwischen Interviewer und Interviewtem berücksichtigt wurden.

Der Interpretationsprozess war durch die mehrdimensionalen Übersetzungen
von einer Spannung begleitet. Einerseits handelte es sich um einen Forschungsprozess, bei dem sich Forscher(innen) in eine neue *interkulturelle* Forschungstradition
einfühlen und hineindenken sowie auch an einem interdisziplinären Austauschpro-
zess teilnehmen. Andererseits wurde entsprechend den jeweiligen Ansätzen ein methodisches Vorgehen eingeschlagen, mit dem zunächst das Sinnverstehen der eigenen Kultur berücksichtigt und entschlüsselt werden sollte. In der Zusammenarbeit
bildete sich sodann ein gemeinsames Repertoire für ein rekonstruktives Vorgehen
heraus, das es vermochte, die unterschiedlichen Methodologien zu kombinieren,
wodurch ein Sinnverstehen auf interdisziplinärer und interkultureller Ebene möglich wurde. Das so geteilte Repertoire soll hier als hinreichende Voraussetzung für
interkulturelle Verstehens- und Erkenntnisprozesse betont werden (vgl. Troman &
Jeffrey, 2008).

Eine besondere Konstellation der Interpretationsgruppen begünstigte die Herausarbeitung eines solchen gemeinsamen Repertoires. Die Interpretation erfolgte sowohl durch deutsch-französische Gruppen[27] als auch durch deutsche oder
französische Gruppen, die sich dann jeweils den übersetzten Interviews zuwand-
ten. Durch diese *Verschränkungen* mussten die Interpretationsgruppen die Überset-
zungsthematik in ihre Arbeit integrieren. Das Material wurde in doppelter Weise
betrachtet: einerseits in der gegebenen (übersetzten) Form, andererseits als Übersetzung selbst, sodass in die Interpretation des Materials immer auch die Reflexion
über die Übersetzung mit einbezogen wurde. In einer ersten Phase wurden relevante, auffällige und wiederkehrende Themen herausgestellt, in Kategorien erfasst und
mit Zitaten versehen. In diesem frühen Stadium der Interpretation wurde ersicht-
lich, auf welchen Erkenntnisebenen die Teilnehmer ihre Verstehensprozesse ansie-
delten. Die unterschiedlichen Akzentuierungen wurden dabei nicht eliminiert oder
vereinheitlicht. Vielmehr wurde darauf geachtet, dass die jeweilige Interpretation als
eine mögliche Perspektive auf das Material innerhalb der Forschungsgemeinschaft
(intersubjektiv) nachvollzogen und plausibilisiert werden konnte. Dadurch wurde
ein gemeinsames Verständnis des Gegenstands ermöglicht, auf dessen Grundlage
weiterführende Interpretationen vorgenommen werden konnten.

---

27 Die Bezeichnung ‚deutsch‘ und ‚französisch‘ orientiert sich nicht an einer Idee von Staatsbürger-
schaft und Nationalstaat, sondern benennt hier lediglich das Land, in welchem man wissenschaft-
lich-institutionell angesiedelt ist.

Die Form der Interpretation wurde bei jedem Interview von der jeweiligen Gruppe entsprechend den charakteristischen Merkmalen des Interviews neu gestaltet. Daraus ergaben sich unterschiedliche Beschreibungs- und Analyseebenen, die einerseits einen an der Rekonstruktion orientierten Blick entwarfen, d.h. herausarbeiteten, *wie* der Interviewte seine Biographie präsentiert, und andererseits im Anschluss an ein ethnohermeneutisches Vorgehen, insbesondere das *Verhältnis* zwischen Interviewer und Interviewtem und das sich daraus ergebende Wechselspiel aus Subjektkonstitution und Selbstkonstruktion systematisch betrachteten. In einigen Fällen wurde eine von uns als *Makroanalyse* bezeichnete Darstellung eines Interviews vorgenommen, in der der Lebensentwurf in einem Verlaufszyklus präsentiert wurde, wobei die Betrachtung dieser ‚Weltdeutung' eine Hypothese über die ‚Selbstdeutung' und den Identitätsentwurf möglich machte. In anderen Fällen wurden, orientiert an einem *mikroanalytisch*-sequenziellen Vorgehen, jene Passagen interpretiert, die eine narrative und metaphorische Dichte aufweisen oder Widersprüchlichkeiten und Wendepunkte markieren, um so den Orientierungsrahmen herauszuarbeiten, in dem sich der Interviewte bewegt. Diese *Ökonomisierung* war aufgrund der zeitlichen Begrenzung des Projekts geboten und kann als ein notwendiger Schritt in der qualitativen Forschung gesehen werden (vgl. Przyborski & Wohlrab-Sahr, 2008, S. 286). Erste Ergebnisse konnten durch die Diskussion der Interpretationsansätze formuliert werden, wobei hier v.a. den Anforderungen an eine komparative Analyse gefolgt wurde. Auf der Grundlage dieses gemeinsamen Wissens können die Ergebnisse aufbereitet und mit sozialwissenschaftlichen Konzepten verknüpft dargestellt werden (vgl. die Beiträge in diesem Band). Erst die Herausforderung, zwei Fälle aus unterschiedlichen kulturellen Kontexten auszuwählen und daran eine Interpretation anzustellen, macht es möglich, theoriegeleitete Anschlüsse hervorzubringen und das *Typische*[28] des jeweiligen Falls darzustellen. Die durch Übersetzungsprozesse hergestellte Fremdheit leitet die komparative Analyse.

Übersetzung als Verstehens- und Erkenntnisprozess

Mit der skizzierten Methode der Übersetzung wird einem scheinbar unmittelbaren Verstehen, einer schlichten Anpassung des Textes an bereits Bekanntes, entgegengewirkt.[29] Die Methode der Übersetzung kann selbst als Gegenstand in ein Forschungsprogramm aufgenommen und als *interkulturelle* Bildungs*forschung* beschrieben werden. Die Praxis des Übersetzens geht somit dem, was übersetzt wird, logisch und genealogisch voraus, weshalb von einer Hybridisierung zu sprechen ist: einem spezifischen Verhältnis zwischen Ursprungs- und Zielsprache, dem eine besondere Bedeutung zugedacht werden kann. Die Übersetzung des Materials in eine andere Sprache und das damit zusammenhängende Verstehen betreffen nicht nur

---

28 Vgl. die Ausführungen bei Bohnsack (2007b) zur Relevanz der komparativen Analyse für eine Typenbildung.

29 Vgl. zu den Standards nichtstandardisierter Forschung Bohnsack, 2005.

das Wort an sich, sondern auch dessen Sinngehalt, wie er sich auf verschiedenen Wissensebenen vermittelt. Das Verstehen der Ursprungssprache erfolgt nicht nur auf der Wissensebene, dessen *Was* gesagt wird, sondern muss immer auch den modus operandi der Herstellung der Aussage berücksichtigen. Es steht damit vor der Herausforderung, auch die Ebene *Wie* etwas gesagt wird, zu übertragen, ohne dabei die Interpretation vorwegzunehmen, d.h. eben nicht die Möglichkeit zu haben, die Übersetzung zu erläutern und zu kommentieren.[30] Für die Übersetzung scheint am Ende unklar, ob das Original in eine neue Fassung übersetzt wurde oder vielleicht umgekehrt die Sprache, in die das Original übersetzt werden sollte, verändert und ihrerseits übersetzt wird. So ergibt sich aus der Übersetzung ein anderer, veränderter Text, der nur bedingt das Original wiedergibt. Gerade im Austausch über diese unterschiedlich-gleichen bzw. un-veränderten Texte liegt das Potenzial des interkulturellen Forschungsprozesses.

Für die Betrachtung von Verstehens- und Konstruktionsprozessen in interkulturellen Kontexten stellt sich die Methode der Übersetzung als weiterreichende Möglichkeit der Erkenntnisgenerierung heraus. Benjamin (1972) bestärkt diesen Gedanken, indem er darauf verweist, dass die Übersetzung sprachlicher Gebilde in jedem Fall zu erwägen sei, denn auch wenn etwas *unübersetzbar* scheint, so gilt dennoch, dass „eine bestimmte Bedeutung, die dem Originalen innewohnt, sich in ihrer Übersetzbarkeit äußere" (ebd., S. 10). Wie der Sinngehalt in der Übersetzung adäquat wiederzugeben sei, zeigt sich gerade an den Grenzen der (wörtlichen) Übersetzbarkeit des Originals, womit sich ein diskursives Wissen vermittelt, welches im Prozess des Verstehens habitualisierter Praktiken berücksichtigt werden muss. Indem die (übersetzten) Interviews von einer interkulturellen Forschergruppe interpretierend übersetzt wurden, erscheint der Forschungsgegenstand in einem erweiterten, transkulturellen Zusammenhang. Durch die Übersetzungen und Interpretationen leben die Geschichten und Biographien als Zeugnisse fort. „In ihnen erreicht das Leben des Originals seine stets erneute späteste und umfassendste Entfaltung" (Benjamin, 1972, S. 11). Das Durchbrechen der Mauern wissenschaftlicher Disziplinen und Kulturen durch die Übersetzung und Interpretation der Geschichten junger Menschen mit Migrationshintergrund ermöglicht es ansatzweise, die sie umgebenden Diskurse und die damit verbundenen subjektivierenden Wirkmechanismen zu markieren.

Wissen und Übersetzung: Erneuerung und Bereicherung

Im Verstehens- und Erkenntnisprozess behandelt der Interpret unterschiedliche Ebenen des Wissens, die einerseits explizit erscheinen, andererseits implizit bleiben und einer Interpretation bedürfen (vgl. Mannheim, 1964). Es ist die Ebene des impliziten Wissens, die ein besonderes Erkenntnispotenzial für soziale Praktiken mit

---

30 Vgl. zur Unterscheidung der Ebene *Was* bzw. *Wie* etwas gesagt wird Bohnsack, 2007a.

sich bringt, weshalb im Folgenden eine Rekonstruktion jener Wissensebenen im Forschungsprozess vorgenommen werden soll, von welchen die Übersetzungsleistungen durchzogen sind.

Mit den Anmerkungen und Kommentaren innerhalb des übersetzten Textes wird auf die unterschiedlichen Wissensebenen verwiesen und die Potenziale und Grenzen des Sinnverstehens markiert. Ein Beispiel aus der französischen Übersetzung eines auf Deutsch geführten Interviews (mit Anna) macht das deutlich. Angesichts der (un)möglichen Übertragung der Begriffe ‚Heimat' in *pays d'origine*, liegt die Sinnebene jenseits der Übersetzung, weshalb in Form eines Kommentars der sich für die Übersetzerin vermittelnde Sinngehalt angeführt wird.

> „Anna emploie le terme ‚Heimat' qui peut désigner toute forme d'espace qu'il soit géographique (pays, région, ville, etc.), politique (ation), historique ou religieux. Il ne s'agit pas tant d'un espcace concret que d'un espace que rassemble des valeurs ou des principes de vie auxquels l'individu s'identifie et se sent lié."[31]

Dieser Kommentar vermittelt den Versuch der Anschlussfähigkeit der einen an die andere Kultur. Durch den Kommentar in dem übersetzten Text werden jene Begriffe hervorgehoben, die dem Interviewer und dem Interviewtem in einem gemeinsamen Erfahrungsrahmen zugänglich sind. Dass sich vollziehende alltägliche Sinnverstehen wird für den Interpreten in der Methode der Übersetzung zum Gegenstand der Darstellung. Damit wird deutlich, dass der jeweils *Andere bzw. das eigene Fremde* keinem unmittelbaren Zugang zum Gesagten bzw. Impliziten unterliegen kann und nur durch Rückkopplungsprozesse in *fremden* Situationen Erkenntnisprozesse herbeigeführt werden können.

Den ersten Interpretationsschritt stellt der Übersetzungsprozess des Materials dar, durch den immer schon auf ein *gesellschaftliches* Wissen verwiesen wird. Das spezifische gesellschaftliche Wissen zeichnet sich in Ausdrucksweisen ab, die zumeist auch auf eine historische Gewordenheit verweisen. Wir begegnen ‚der Aussiedlerin' Anna und Karim, dem Bewohner der *banlieue*, wobei sich mit diesen Begriffen ein raum-zeitliches Wissen verknüpft, welches als gesellschaftliches Wissen beschrieben werden kann. Daraus lässt sich folgern, dass die Zeichen und Worte und d.h. die sich mit den Signifikanten vermittelnden Signifikate (de Saussure, 1959, S. 65ff.) für den Erkenntnisprozess bedeutsam sind. Das sich mit dem Zeichen verknüpfende gesellschaftliche Wissen kann durch die wechselseitige Übersetzung als *theoretische Explikation* herausgearbeitet werden und ermöglicht eine erweiterte Perspektive auf die sich mit der Sprachpraxis vermittelnde, dahinter liegende Bedeutung.

---

31 „Anna verwendet den Begriff Heimat, der jede Art von Ort oder Raum bezeichnen kann, sei es im geographischen Sinne (Land, Region Stadt etc.), sei es im politischen, historischen oder religiösen Sinne. Es handelt sich also weniger um einen konkreten Ort oder Raum, als um einen, der mit Werten, Formen der Lebensführung, mit denen sich das Individuum identifiziert oder verbunden fühlt" (Übersetzung durch die Hrsg.).

„[A]ny conceptual difference perceived by the mind seeks to find expression through a distinct signifier, and two ideas that are no longer distinct in the mind tend to merge into the same signifier" (de Saussure, 1959, S. 121).

Die Übersetzung muss also berücksichtigen, wie sie die Zeichen bzw. Wörter überträgt, ohne hierbei gänzlich andere Beziehungen herzustellen, wodurch Unterschiede und Werte verschwimmen würden, denn „although there is no appreciable change in the signifier, there is a shift in the relationship between the idea and the sign" (de Saussure, 1959, S. 75). Gelingt es jedoch, diese Unterschiede aufrechtzuerhalten und zu erkennen, lassen sich damit weiterführende Erkenntnisse herausarbeiten.

Das Verstehen biographischer Lebensverläufe ist darüber hinaus in besonderer Weise an ein *institutionelles* Wissen gebunden, denn nur mit ihm kann der Bedeutungsgehalt erfasst werden, der sich bspw. in der Beschreibung der Bildungsbiographie ausdrückt. Ein Beispiel aus einer vom Französischen ins Deutsche übersetzten Interviewpassage zeigt das: „Ich bin Karim Tabet [...], neunzehn Jahre alt, mache ein Berufsabitur in Elektrotechnik in der Terminale an einem privaten Gymnasium in Saint-Denis."[32] Das Wissen über das deutsche und französische Bildungssystem als wesentliche Sozialisationsinstanz stellt einen wichtigen Punkt im Verstehensprozess der Erfahrungen von jungen Erwachsenen (mit Migrationshintergrund) dar. Die Übersetzerin kann dies aber nur in einem erläuternden Kommentar zu den Termini des französischen Originals vermitteln.[33] Die sich aus einer Interpretation des Kommentars wie der Übersetzung ergebenden kontextuellen Fragen bekommen unter dieser Perspektive eine Relevanz, die es zu reflektieren gilt.

Da die Ursprungssprache nicht ohne weiteres in die Zielsprache übertragen werden kann, weil die vorherrschenden Aussagensysteme beider Sprachen berücksichtigt werden müssen, können Werte und Normen nicht aus einer diskursiven Praxis in eine andere transformiert werden, indem die sprachlichen Redeweisen einfach übertragen werden. Daraus ergibt sich ein Kontrast in der Orientierung an bestehenden Normen und Werten, die auf unterschiedliche und sich unterscheidende Diskurse zurückgeführt werden können. Bleibt die Übersetzung zu nah am Diskurs der Ursprungssprache verhaftet, läuft sie Gefahr, unverstanden zu bleiben. Darin zeigt sich die Wirkmacht der Übersetzung, welche in der Lage ist, sich in gewisser Weise dem jeweiligen Diskurs zu entziehen und ihn zu beobachten oder aber sich stärker an den diskursiven Praktiken der Zielsprache zu orientieren und damit Vergleichsmöglichkeiten zu schaffen, die beide Diskurse verändern. Durch die Betrachtung des Migrationsdiskurses über kulturelle Grenzen hinweg werden die gültigen

---

32 „Moi c'est Tabet Karim, j'ai 19 ans, je fais des études en électrotechnique, en Terminale Bac Pro dans un lycée privé à Saint Denis" (Original Interview).

33 *Baccalauréat Professionnel* = Berufsabitur; Terminale = Abschlussklasse; die Sekundarstufe wird in Frankreich unterteilt in Collège, das die Klassen Sixième (Schüler ca. 11–12 Jahre alt), Cinquième (12–13 Hare), Quatrième (13–14 Jahre) und Troisième (14–15) Jahre umfasst, und das Lycée (Gymnasium) mit den Klassen Seconde (15–16 Jahre), Première (16–17 Jahre) und Terminale (17–18 Jahre)."

Diskurse relativiert und damit Dichotomisierungen, Kategorisierungen, In- und Exklusionsprozessen und dem Reproduzieren von Diskursen entgegengewirkt. Diskursive Praktiken können damit rekonstruiert und ein diskursives Wissen dargestellt werden (vgl. Foucault, 1981, 1991). Durch die Methode der Übersetzung und unter Berücksichtigung der Bedeutung des Forschers im Feld können in einer interkulturellen Bildungsforschung jene kulturell-diskursiven Besonderheiten ebenso herausgearbeitet werden, wie die Kontextualität der sich aufzeigenden Sinngehalte.

Übersetzungen gehen also nicht nur mit einem Problem einher, wonach das zu Übersetzende nicht einfach in der Zielsprache exakt abgebildet werden kann – sie bringen vielmehr auch etwas Neues hervor, das jedoch sowohl in den diskursiven Praktiken der jeweiligen Originalsprache enthalten ist, als auch in bestehende Diskurse der Zielsprache integriert wird. Sie können dadurch auch produktive Irritationen und Brüche erzeugen, durch die auf die latenten Sinngehalte in der Ursprungssprache aufmerksam gemacht wird (vgl. Müller, 2006).

Fazit

Die (methodologische) Berücksichtigung von Übersetzungsprozessen ermöglicht eine weiterführende Betrachtung der Kontextualität und Differenz von Aussagen, weshalb sich Forschungstraditionen für ihre internen Differenzen gleichsam öffnen müssen. Sie ergeben sich einerseits aus dem Verhältnis des Forschers zum Erforschten und andererseits aus den Interpretationsprozessen, die insbesondere in grenzüberschreitenden Kontexten nicht hinreichend die Form des Sozialen widerspiegeln. Damit umzugehen, verlangt nicht eine größtmögliche Minimierung jener Differenzen, sondern einen reflexiven Zugang als entscheidende Grundlage dafür, die Sinnkonstruktionen und die sich vermittelnden Diskurse aus einer *transkulturellen* Perspektive zu erfassen.

Bei der Übersetzung erfolgt zunächst keine Übersetzung der Bedeutungsgehalte der Begriffe. Vielmehr findet ein Prozess der Übersetzung in den eigenen kulturellen Kontext statt – mit all seinen Schwierigkeiten, den Grenzen der Übersetzbarkeit und der Notwendigkeit, diskursiven Praktiken zu entsprechen.[34] Für die transkulturelle Verständigung ist es wichtig, sich gleichsam vom Interesse an der *anderen* Kultur abzuwenden und sich dem zuzuwenden, was außerhalb von beiden Kulturen liegt: die Formulierung eines übergeordneten Erkenntnisinteresses und der forschungspraktischen Annäherung an das selbige. Unterschiedliche Sprachen koexistieren nebeneinander aufgrund von Differenzen, die u.a. in den jeweiligen Sinnkonstruktionen und Bedeutungsgehalten begründet sind. Erst im gemeinsamen Forschungsprozess und in der sich daran anschließenden mehrdimensionalen Methode der Übersetzung lässt sich daraus ein gemeinsamer Erkenntnishorizont transkultureller Forschungsfragen ableiten.

---

34 Für das Wechselspiel aus hermeneutischem Verstehen und der Rekonstruktion diskursiver Praktiken siehe auch Bittner & Günther 2013, S 185–202.

Bibliografie

Abdallah-Pretceille, M. (1999). L'éducation interculturelle. Paris: PUF, collection Que sais-je?

Adam, H. (2009). Adoleszenz und Flucht – Wie jugendliche Flüchtlinge traumatisierende Erfahrungen bewältigen. In King, V. & Koller, H.-Chr. (Hrsg.), Adoleszenz – Migration – Bildung. Bildungsprozesse Jugendlicher und junger Erwachsener mit Migrationshintergrund (S. 139–153). Wiesbaden: VS Verlag.

Adamzik, K. & Roos, E. (Hrsg.). (2002). Biographies langagières. Le Bulletin suisse de linguistique appliquée, N° 76.

Alba, Richard D. & Waters, Mary C. (Hrsg.) (2011). The next generation. Immigrant youth in a comparative perspective. New York Univ. Press

Allain-Dupré, B., Catani, M., Desgoutte, J.-P. & Doneux, J. L. (1977). La parole de l'autre. Les travailleurs étrangers et le français. Paris: Hachette.

Amado, G. (2004). Implication. In Barus-Michel, J. (Hrsg.), Vocabulaire de psychosociologie. Positions et références. Ramonville: Erès.

Amir-Moazami, S. (2007). Politisierte Religion, Der Kopftuchstreit in Deutschland und Frankreich. Bielefeld: transcript.

Apitzsch, U. (1999). Migration und Traditionsbildung. Opladen: Westdeutscher Verlag.

Apitzsch, U. (2009). Die Macht der Verantwortung. Aufstiegsprozesse und Geschlechterdifferenzen in Migrationsfamilien. In Löw, M. (Hrsg.), Geschlecht und Macht. Analysen zum Spannungsfeld von Arbeit, Bildung und Familie (S. 81–94). Wiesbaden: VS Verlag.

Apitzsch, U. & Inowlocki, L. (2000). Biographical Analysis. A 'German School'? In: Bornat, J. & Wengraf, T., The Turn to Biographical Methods in Social Science. Comparative Issues and Examples (S. 53–71). London, New York: Routledge.

Arendt, H. (2000). Zwischen Vergangenheit und Zukunft: Übungen im politischen Denken I. München: Piper.

Atkinson, P. (2005). Qualitative Research – Unity and Diversity [25 paragraphs]. Forum Qualitative Sozialforschung/Forum: Qualitative Social Research, 6 (3), Art. 26. Verfügbar unter: http://nbn-resolving.de/urn:nbn:de:0114-fqs0503261 [15.07.2009].

Auernheimer, G. (2003). Einführung in die Interkulturelle Pädagogik. Darmstadt: Wiss. Buchgesellschaft.

Augé, M. (2009). Pour une anthropologie de la mobilité. Paris: Payot.

Aulagnier, P. (1975). La violence de l'interprétation. Paris: PUF.

Aulagnier, P. (1986). Un interprète en quête de sens. Paris: Payot, zit. nach Ausg. von 1991.

Authier, M. & Levy, P. (1992). Les arbres de connaissance. Paris: La Découverte.

Banks, J. A. (1998). The lives and values of Researchers. Implications for Educating Citizens in a Multicultural Society. Educational Researcher, 27 (7), 4–17.

Ballard, M. (2005). La traduction contact de langues et de cultures (1). Arras: Artois Presses Université.

Barbier, R. (1996). Les notions-carrefours en recherche-action. In Barbier, R., La recherche-action (S. 59–81). Paris: Anthropos.

Barbier, R. (1997). L'approche transversale. L'écoute sensible en sciences humaines. Paris: Anthropos.

Barre-de Miniac, Chr. (2000). Le rapport à l'écriture. Aspects théoriques et didactiques. Paris: Presses universitaires du Septentrion.

Bastide, R. (1967). Les Amériques noires: les civilisations africaines dans le nouveau monde. Paris: Payot.

Baudelot, Chr., Cartier, M. & Detrez, Chr. (1999). Et pourtant ils lisent... . Paris: Le Seuil.

Baumert, J. (2001). PISA 2000: Basiskompetenzen von Schülerinnen und Schülern im internationalen Vergleich. Opladen: Leske + Budrich.

Bauschke-Urban, C. (2006). Wissenschaftlerinnen in transnationalen Bildungsräumen. Das Beispiel der ifu. Tertium comparationis, 2, 121–144.

Bautier, E. & Rochex, J.-Y. (1998). *L'expérience scolaire des nouveaux lycéens. Démocratisation ou massification.* Paris: Armand Colin.

Becker, R. & Lauterbach, W. (2004). Dauerhafte Bildungsungleichheiten – Ursachen, Mechanismen, Prozesse und Wirkungen. In dies. (Hrsg.), *Bildung als Privileg?* (S. 225–250). Wiesbaden: VS Verlag

Beck-Gernsheim, E. (2003). Interkulturelle Missverständnisse in der Migrationsforschung. *Leviathan, 31* (1), 71–91.

Behrensen, B, & Westphal, M. (2012): „Ich wollte einen Mann, der meinen Beruf unterstützt". Familie und Parternshcaft in Biographien beruflich erfolgreicher Migrantinnen. In: Bereswill, M. u.a. (Hrsg.): Migration und Geschlecht. Weinheim: Beltz, Juventa, S. 64-84.

Benbassa, E. (Hrsg.). (2010). *Dictionnaire des racismes, de l'exclusion et des discriminations.* Paris: Larousse à Présent.

Benjamin, J. (1993). *Phantasie und Geschlecht. Studien über Idealisierung, Anerkennung und Differenz.* Frankfurt/M.: Suhrkamp.

Benjamin, W. (1972). Die Aufgabe des Übersetzers. In ders. (Hrsg.), *Gesammelte Schriften Bd. IV/1* (S. 9–21). Frankfurt/M.: Suhrkamp.

Bereswill, M. et al. (Hrsg.). (2012). *Migration und Geschlecht. Theoretische Annäherungen und empirische Befunde.* Weinheim: Beltz.

Bézille, H. & Brougère, G. (2007). Des usages de la notion d'informel dans le champ de l'éducation. *Revue Française de Pédagogie, 158,* 117–160.

Bin Kimura (1997). La psychopathologie de la contingence, ou la perte du lieu d'être chez le schizophrène. In: *Études Phénoménologiques 13.* 31–49.

Bittner, M. (2010). Soziale Unruhen – zur Sicherheit der Gesellschaft? Der banlieue-Diskurs in deutschen Printmedien. In Groenemeyer, A. (Hrsg.), *Wege der Sicherheitsgesellschaft. Gesellschaftliche Transformationen der Konstruktion und Regulierung innerer Unsicherheiten.* (S. 61–88). Wiesbaden: VS Verlag.

Bittner, Martin und Günther, Marga: Verstehensprozesse in interkulturellen Forschungsgruppen – Übersetzung als eine Herausforderung qualitativer Forschung. In: R. Bettmann, M. Roslon (Hrsg.): Going the Distance. Impulse für die interkulturelle Qualitativen Sozialforschung, Wiesbaden, VS Verlag, S. 185-202.

Bittner, M. & Günther, M. (2013): Verstehensprozesse in interkulturellen Forschungsgruppen – Übersetzung als eine Herausforderung qualitativer Forschung. In: Bettmann, R. & Roslon M. (Hrsg.): *Going the Distance. Berichte aus dem Dickicht der interkulturellen qualitativen Sozialforschung,* Wiesbaden: Springer VS Verlag.

Blanchard, P. (Hrsg.). (2003). *Culture coloniale en France. De la révolution française à nos jours.* Paris: CNRS Autrement, zit nach Ausg. von 2008.

Bohnsack, R. (2005). Standards nicht-standardisierter Forschung in den Erziehungs- und Sozialwissenschaften. *Zeitschrift für Erziehungswissenschaft, 8* (4), 63–81.

Bohnsack, R. (2007a). *Rekonstruktive Sozialforschung. Eine Einführung in qualitative Methoden.* Opladen/Farmington Hills: Barbara Budrich.

Bohnsack, R. (2007b). Typenbildung, Generalisierung und komparative Analyse: Grundprinzipien der dokumentarischen Methode. In Bohnsack, R., Nentwig-Gesemann, I. & Nohl, A.-M. (Hrsg.), *Die dokumentarische Methode und ihre Forschungspraxis. Grundlagen qualitativer Sozialforschung 2* (S. 225–253). Wiesbaden: VS Verlag.

Bommes, M. (1996). Die Beobachtung von Kultur. Die Festschreibung von Ethnizität in der bundesdeutschen Migrationsforschung mit qualitativen Methoden. In Klingemann, C., Neumann, M. & Rehberg, K.-S. (Hrsg.), *Jahrbuch für Soziologiegeschichte* (S. 205–226). Opladen: VS Verlag.

Boos-Nünning, U. & Karakaşoğlu, Y. (2004). Bundesministerium für Familie, Senioren, Frauen und Jugend (Hrsg.), *Viele Welten leben. Lebenslagen von Mädchen und jungen Frauen mit griechischem, italienischem, jugoslawischem, türkischem und Aussiedlerhintergrund.* Münster (2. Aufl. 2006).

Borkert, M. & de Tona, C. (2006). HERMES-„Geschichten": eine Analyse der Herausforderungen, denen sich junge europäische Forscher und Forscherinner in der Migrations- und Ethnizitätsforschung gegenübersehen. *Forum Qualitative Research, 7* (3). Verfügbar unter: http://www.qualitative-research.net/index.php/fqs/article/view/133/287 [13.03.2012].

Bourdieu, P. (1980). *Soziologische Fragen*. Frankfurt/M.: Suhrkamp.

Bourdieu, P. (1996). Die Praxis der reflexiven Anthropologie. In Bourdieu, P. & Wacquant, L. (1996), *Reflexive Anthropologie* (S. 251–294). Frankfurt/M.: Suhrkamp.

Bourdieu, P. & Passeron, J.-C. (1971). *Die Illusion der Chancengleichheit. Untersuchungen zur Soziologie des Bildungswesens am Beispiel Frankreichs.* Stuttgart: Klett.

Bourdieu, P., Chamboderon, J.-C. & Passeron, J.-C. (1991). *Soziologie als Beruf Wissenschaftstheoretische Voraussetzungen soziologischer Erkenntnis.* Berlin: de Gruyter.

Brucker, C. (Hrsg.). (1991). *L'étranger en France et en Allemagne.* Nancy: Presses Universitaires de Nancy.

Buchholz, M. B. & Kleist, C. von (1997). *Szenarien des Kontakts. Eine metaphernanalytische Untersuchung stationärer Psychotherapie.* Gießen: Psychosozial.

Butler, J. (2001). *Die Psyche der Macht. Das Subjekt der Unterwerfung.* Frankfurt/M.: Suhrkamp.

Calevoi, N. & Scandariato, R. (1998). Étudiants étrangers et immigrés. *Revue Adolescence, 16* (1), 79–89.

Camilleri, C., Kastersztein, J., Lipansky, E. M., Malewska-Peyre, H., Taboada-Leonetti, I. & Vasquez, A. (1990). *Stratégies identitaires.* Paris: Presses Universitaires de France.

Castelotti, V., Coste, D., Moore, D. & Tagliante, Chr. (2004). *Portfolio européen des langues collège.* Paris: Didier/ENS/CIEP.

Charlot, B. (1997). *Du rapport au savoir. Éléments pour une théorie.* Paris: Anthropos.

Chartier, R. (1996). *Culture écrite et société, L'ordre des livres (XIV-XVIIIè siècle).* Paris: Albin Michel.

Chartier, A.-M. & Hébrard, J. (2000). *Discours sur la lecture 1880-2000.* Paris: BPI-Centre Pompidou-Flammarion.

Chawla-Duggan, R. (2007). Breaking out, Breaking through. Accessing Knowledge in a non-Western Overseas Educational Setting – Methodological Issues for an Outsider. *Compare, 37* (2), 185–200.

Chomsky, N. (1970). *Sprache und Geist.* Frankfurt/M.: Suhrkamp.

Christin, A.-M. (Hrsg.). (2001). *Histoire de l'écriture: De l'idéogrammme au multi médi.* Paris: Flammarion.

Clanet, C. (1990). *L'interculturel: Introduction aux approches interculturelles en Education et en Sciences Humaines.* Paris: PUM (2. Auflage 1993)

Colin, L., King, V., Müller, B. &, Terzian, A. (2007). *Lebensentwürfe und Lebensgeschichten Jugendlicher mit Migrationshintergrund in Deutschland und Frankreich: Bildungsprozesse und Sozialisation.* Projektantrag.

Collet, I. (2009). La désignation de soi des personnes d'origine étrangère en France et en Allemagne au début des années 1990. *Revue Hommes & Migrations, 1277,* 86–93.

Costa-Lasoux, V. (2005). *Republique et particularismes.* Paris: La Documentation française. Bd. 909.

Coulon, A. (1997). *Le métier d'étudiant.* Paris: zit. nach Ausgabe Anthropos: 2005.

Crul, M. (2011): How do Educational Systems Integrate? Integration of Second Generation Turks in Germany, France, the Netherlands, and Austria. In Alba, R. & Waters, M.C. (Hrsg.): *The next generation. Immigrant youth in a comparative perspective* (S 269-282). New York Univ. Press.

Dabène, L. & Billiez, J. (1987). Le parler des jeunes issus de l'immigration. In Vermès, G. & Boutet, J. (Hrsg.). *France, pays multilingue. T.1: Les langages en France, un enjeu historique et social. T.2: Pratiques des langues en France* (S. 62–77). Paris: L'Harmattan.

Delcroix, C. (2001). *Ombres et Lumières de la Famille Nour. Comment certains résistent face à la précarité.* Paris: Payot.

Demorgon, J. (1995). Les rencontres internationales et interculturelles: pour une évaluation des processus effectivement mis en œuvre. *Textes de travail, 12,* 34. Verfügbar unter: http://www.dfjw.org/paed/texte/stereofr/stereofr5.html [30.06.2010].

Demorgon, J. (2005). *Critique de l'interculturel: l'horizon de la sociologie.* Paris: Economica.

DeSaussure, F. (1959). *Course in General Linguistics.* New York: Philosophical Library.

Diefenbach, H. (2004). Bildungschancen und Bildungs(miss)erfolge von ausländischen Schülern oder Schülern aus Migrantenfamilien im System schulischer Bildung. In Becker, R. & Lauterbach, W. (Hrsg.), *Bildung als Privileg?* (S. 225–249). Wiesbaden: VS Verlag.

Durkheim, E. (1977). *Über die Teilung der sozialen Arbeit.* Frankfurt/M.: Suhrkamp.

Dubet, F. (1991). *Les Lycéens.* Paris: Le Seuil.

Elias, N. & Scotson, J. (1990). *Etablierte und Außenseiter.* Frankfurt/M.: Suhrkamp.

Eppenstein, T. & Kiesel, D. (2008). *Soziale Arbeit interkulturell. Theorien – Spannungsfelder – reflexive Praxis.* Stuttgart: Kohlhammer.

Erdheim, M. (1982). *Die gesellschaftliche Produktion von Unbewußtheit. Eine Einführung in den ethnopsychoanalytischen Prozeß.* Frankfurt/M.: Suhrkamp.

Ernaux, A. (1974). *Les armoires vides.* Paris: Gallimard.

Escudier, A. (Hrsg.). (2003). *Der Islam in Europa. Der Umgang mit dem Islam in Frankreich und Deutschland.* Göttingen: Wallstein.

Ferreiro, E. (2001). *Culture écrite et éducation.* Paris: Retz.

Freud, S. (1914). *Zur Einführung des Narzissmus.* Leipzig: Internationaler Psychoanalytischer Verlag.

Freud, S. (1915). *Zeitgemäßes über Krieg und Tod.* Leipzig: Internationaler Psychoanalytischer Verlag.

Freud, S. (1963). *Therapy and technique.* New York: Collier books.

Foucault, M. (1981). *Archäologie des Wissens.* Frankfurt/M.: Suhrkamp.

Foucault, M. (1991). *Die Ordnung des Diskurses. Inauguralvorlesung am Collège de France (2. Dezember 1970).* Frankfurt/M.: Fischer.

Fourcaut, A. (Hrsg.). (1988). *Un siècle de banlieue parisienne (1859-1964).* Paris: L'Harmattan, collection Villes et Entreprises.

Fürstenau, S. (2004). *Mehrsprachigkeit als 'Kapital' im 'transnationalen sozialen Raum'. Perspektiven portugiesischsprachiger Jugendlicher beim Übergang von der Schule in die Arbeitswelt.* Münster: Waxmann.

Ganga, D. & Scott, S. (2006). Cultural „Insiders" and the Issue of Positionality in Qualitative Migration Research. Moving „Across" and Moving „Along" Researcher-Participant Divides. *Forum Qualitative Research* [Online-Dokument], 7 (3). Verfügbar unter: http:// www.qualitative-research.net/index.php/fqs/article/view/134/289 [13.03.2012].

Gastaut, Y. (1999). Des trente glorieuses à la crise des banlieues. *L'Histoire, 229,* S. 48–53.

Gauthier, B. (Hrsg.). (2003). *Recherche social: de la problématique à la collecte des données.* Sainte-Foy: Presses Universitaires du Québec.

Geisen, Th. (2007a): Der Blick der Forschung auf Jugendliche mit Migrationshintergrund. In Riegel, Ch. & Geisen, Th. (2007). (Hrsg.), *Jugend, Zugehörigkeit und Migration, Subjektpositionierung im Kontext von Jugendkultur, Ethnizitäts- und Geschlechterkonstruktionen* (S. 27–45). Wiesbaden: VS Verlag.

Geisen, Th. (2007b). Gesellschaft als unsicherer Ort. Jugendliche MigrantInnen und Adoleszenz. In Geisen, Th. & Riegel, Ch. (Hrsg.), *Jugend, Partizipation und Migration, Orientierungen im Kontext von Integration und Ausgrenzung* (S. 29–50). Wiesbaden: VS Verlag.

Gerner, S. (2012): Migration, Gender und familialer Wandel. Zur Dynamik von Beharrung und Transformation im Spannungsfeld von Migration, Scheidung und Adoleszenz. In: Bereswill, M. u.a. (Hrsg.): *Migration und Geschlecht.* Weinheim: Beltz, Juventa, S. 40-63.

Giddens, A. (2008). *Konsequenzen der Moderne*. Frankfurt/M.: Suhrkamp (stw).

Giust- Desprairies, F. (2003). *La figure de l'autre dans l'école républicaine*. Paris: PUF.

Giust-Desprairies, F. & Müller, B. (1997): Im Spiegel der anderen. Sich bilden in der internationalen Begegnung. Opladen: Leske & Budrich. Franz: Se former dans un contexte de rencontres interculturelles. Paris: Anthropos 1997

Goffman, E. (1959). *La mise en scène de la vie quotidienne. 1. La présentation de soi*. Paris: éd. De Minuit, 1973.

Goffman, E. (1967). *Stigma: über Techniken der Bewältigung beschädigter Identität*. Frankfurt/M.: Suhrkamp.

Goffman E. (1969). *Wir alle spielen Theater: die Selbstdarstellung im Alltag*. München: Piper.

Gogolin, I. (2006). Über die Entfaltung von Ressourcen in der Ortlosigkeit: Jugendliche in transnationalen sozialen Räumen. In. King, V. & Koller, H.-C. (Hrsg.), *Adoleszenz-Migration-Bildung. Jugendlicher und junger Erwachsener mit Migrationshintergrund* (S. 207-220). Wiesbaden: VS Verlag.

Gogolin, I. & Nauck, B. (Hrsg.). (2000). *Migration, gesellschaftliche Differenzierung und Bildung*. Opladen: Leske + Budrich.

Gomolla, M. & Radtke, F.-O. (2000). Mechanismen institutioneller Diskriminierung in der Schule. In Gogolin, I. & Nauck, B. (Hrsg.), *Migration, gesellschaftliche Differenzierung und Bildung* (S. 321–341). Opladen: Leske + Budrich.

Gould, S. J. (1988). *Der falsch vermessene Mensch*. Frankfurt/M.: Suhrkamp.

Goumiri, A. (2009). *Le parcours d'intégration scolaire des élèves non-francophones nouvellement arrivés en France*. Abschlussarbeit zu Master 2, Université Paris 8.

Grundmann, M., Groh-Samberg, O., Bittlingmayer, U. H. & Bauer, U. (2003). Milieuspezifische Bildungsstrategien in Familie und Gleichaltrigengruppe. *Zeitschrift für Erziehungswissenschaft, 6* (1), 25–45.

Gültekin, N. (2003). *Bildung, Autonomie, Tradition und Migration*. Opladen: Leske + Budrich.

Günther, M. (2009). *Adoleszenz und Migration, Adoleszenzverläufe weiblicher und männlicher Bildungsmigranten aus Westafrika*. Wiesbaden: VS Verlag.

Grbić, M., Krüger, B., Novi, L. & Pavetić, M. (2004). Interkulturalität in der Migrationsforschung. Ein Erfahrungsbericht aus dem Forschungsprojekt „Viele Welten leben – Lebenslagen von Mädchen und jungen Frauen mit griechischem, italienischem, jugoslawischem, türkischem und Aussiedlerhintergrund." In Karakaşoğlu, Y. & Lüddecke, J. (Hrsg.), *Migrationsforschung und interkulturelle Pädagogik. Aktuelle Entwicklungen in Theorie, Empirie und Praxis* (S. 333–347). Münster: Waxmann.

Habermas, T. (2011). Identität und Lebensgeschichte, *Psyche, 65* (7), 646–668.

Headland, Th. N., Pike, K. L. & Harris, M. (Hrsg.). (1990). *Emics and etics. The insider/outsider debate*. Newbury Park, Calif.: SAGE.

Häußermann, H. & Kronauer, M. (Hrsg.). (2004). *An den Rändern der Städte*. Frankfurt/M.: Suhrkamp.

Hamburger, F. (2009). *Abschied von der Interkulturellen Pädagogik. Plädoyer für einen Wandel sozialpädagogischer Konzepte*. Weinheim: Juventa.

Hamburger, F., Badawia, T. & Hummrich, M. (Hrsg.). (2005). *Bildung und Migration. Über das Verhältnis von Anerkennung und Zumutung in der Einwanderungsgesellschaft*. Wiesbaden: VS Verlag.

Haug, S. (2003). Interethnische Freundschaftsbeziehungen und soziale Integration. *Kölner Zeitschrift für Soziologie und Sozialpsychologie 55*, 716–736.

Hellawell, D. (2006). Inside-out. Analysis of the Insider-Outsider Concept as a Heuristic Device to Develop Reflexivity in Students Doing Qualitative Research. *Teaching in Higher Education*, http://emedien.sub.uni-hamburg.de/han/4472/www.informaworld. com/smpp/title~content=t713447786~db=all~tab=issueslist~branches=11-v1111 (4), 483–494.

Herbert, U. (2003). *Geschichte der Ausländerpolitik in Deutschland. Saisonarbeiter, Zwangs-arbeiter, Gastarbeiter, Flüchtlinge.* Bonn: Bundeszentrale für politische Bildung.

Herwartz-Emden, L. (1995). Methodologische Überlegungen zu einer interkulturellen empirisch-erziehungswissenschaftlichen Forschung. *Zeitschrift für Pädagogik, 41* (5), 745–764.

Herwartz-Emden, L. (2000). Adressatenspezifität bei Interviews und Gruppeninterviews in der interkulturellen Forschung. In Patry, J.-L. & Riffert, F. (Hrsg.), *Situationsspezifität in pädagogischen Handlungsfeldern* (S. 55–80). Innsbruck: Studienverlag.

Hess, R. (2009). *Henri Lefebvre et la pensée du possible. Théorie des moments et construction de la personne.* Paris: Economica.

Honneth, A. (1994). *Kampf um Anerkennung. Zur moralischen Grammatik sozialer Konflikte.* Frankfurt/M.: Suhrkamp.

Horellou-Lafarge, C. & Segré, M. (2007). *Sociologie de la lecture.* Paris: La Découverte.

Hünersdorf, B. (2008). Ethnographische Forschung in der Erziehungswissenschaft. In Hünersdorf, B., Maeder, Chr. & Müller, B. (Hrsg.), *Ethnographie und Erziehungswissenschaft. Methodologische Reflexionen und empirische Annäherungen* (S. 29–48). Weinheim: Juventa.

Iben, G. (2001). Intergration. In Deutscher Verein für öffentliche und private Fürsorge e.V. (Hrsg.), *Fachlexikon der sozialen Arbeit.* Baden-Baden: Nomos.

IFADE (Hrsg.). (2005). *Insider – Outsider. Bilder, ethnisierte Räume und Partizipation im Migrationsprozess.* Bielefeld: transcript.

Imbert, F. (1985). *Pour une praxis pédagogique.* Paris: Matrice.

INSEE (2010). *Nationales Institut für Statistik und ökonomische Studien, Frankreich.* Paris.

Juhasz, A., Mey, E. (2003). *Die zweite Generation: Etablierte oder Außenseiter? Biographien von Jugendlichen ausländischer Herkunft.* Wiesbaden: Westdeutscher Verlag.

Kastoryano, R. (1996). *La France, l'Allemagne et leurs immigrés: négocier l'identité.* Paris: Armand Colin.

King, V. (2000). Geschlecht und Adoleszenz im sozialen Wandel Jugendarbeit im Brennpunkt gesellschaftlicher und individueller Veränderungen. In King, V. & Müller, B. (Hrsg.), *Adoleszenz und pädagogische Praxis. Bedeutung von Geschlecht, Generation und Herkunft in der Jugendarbeit* (S. 37–57). Freiburg/B.: Lambertus.

King, V. (2002). *Die Entstehung des Neuen in der Adoleszenz. Individuation, Generativität und Geschlecht in modernisierten Gesellschaften.* Opladen: Leske + Budrich.

King, V. (2004a). *Die Entstehung des Neuen in der Adoleszenz. Individuation, Generativität und Geschlecht in modernisierten Gesellschaften.* Wiesbaden: VS Verlag.

King, V. (2004b). Das Denkbare und das Ausgeschlossene. Potenziale und Grenzen von Bourdieus Konzeption der ‚Reflexivität‘ und des ‚Verstehens‘ aus der Perspektive hermeneutischer Sozialforschung. *Sozialer Sinn Heft 1 Zeitschrift für hermeneutische Sozialforschung, 1,* 31–69.

King, V. (2006). Ungleiche Karrieren. Bildungsaufstieg und Adoleszenzverläufe bei jungen Männern und Frauen aus Migrantenfamilien. In King, V. & Koller, H.-Chr. (Hrsg.), *Adoleszenz – Migration – Bildung. Bildungsprozesse Jugendlicher und junger Erwachsener mit Migrationshintergrund* (S. 27–46). Wiesbaden: VS Verlag.

King, V. (2007). Identitätssuche und Generationendynamiken in der Adoleszenz. In Wiesse, J. & Joraschky, P. (Hrsg.), *Identitäten im Verlauf des Lebens* (S. 34–51). Göttingen: Vandenhoeck & Ruprecht.

King, V. (2008). Jenseits von Herkunft und Geschlechterungleichheiten? Biographische Vermittlungen von class, gender und ethnicity in Bildungs- und Identitätsbildungsprozessen. In Klinger, C. & Knapp, G.-A. (Hrsg.), *Über Kreuzungen. Ungleichheit, Fremdheit, Differenz* (S. 87–111). Münster: Westfälisches Dampfboot.

King, V. (2009). ‚In verschiedenen Welten‘. Objektkonstruktion und Reflexivität bei der Erforschung sozialer Probleme am Beispiel von Migrations- und Bildungsaufstiegsbiographien. *Soziale Probleme. Zeitschrift für soziale Probleme und soziale Kontrolle, 1* (9), 13–33.

King, V., Koller, H.-C., Zölch, J. & Carnicer, J. (2011). Bildungserfolg und adoleszente Ablösung bei Söhnen aus türkischen Migrantenfamilien. Eine Untersuchung aus intergenerationaler Perspektive, *Z Erziehungswiss (2011) 14*, 581–601.

King, V. & Koller, H.-Chr. (Hrsg.). (2006). *Adoleszenz – Migration – Bildung. Bildungsprozesse Jugendlicher und junger Erwachsener mit Migrationshintergrund.* Wiesbaden: VS Verlag.

King, V. & Koller, H.-Chr. (2009). Adoleszenz als Möglichkeitsraum für Bildungsprozesse unter Migrationsbedingungen. Eine Einführung. In dies. (Hrsg.), *Adoleszenz – Migration – Bildung. Bildungsprozesse Jugendlicher und junger Erwachsener mit Migrationshintergrund* (S. 9–26). Wiesbaden: VS Verlag.

King, V. & Schwab, A. (2000). Flucht und Asylsuche als Entwicklungsbedingungen der Adoleszenz. Ansatzpunkte pädagogischer Begleitung am Beispiel einer Fallgeschichte. In King, V. & Müller, B. (Hrsg.), *Adoleszenz und pädagogische Praxis. Bedeutungen von Geschlecht, Generation und Herkunft in der Jugendarbeit* (S. 209–232). Freiburg/B: Lambertus.

Klieme, E. et al. (2008). *Bildung in Deutschland. Nationaler Bildungsbericht.* Bonn: BMBW.

Knoblauch, H. (1998). Pragmatische Ästhetik: Inszenierung, Performance und die Kunstfertigkeit alltäglichen kommunikativen Handelns. In Willems, H. & Jurga, M. (Hrsg.), *Inszenierungsgesellschaft. Ein einführendes Handbuch* (S. 305–324). Wiesbaden: Westdeutscher Verlag.

Koller, H.-C. (2002). Geltungsprobleme interkultureller Bildungsforschung. In Dörpinghaus, A. & Helmer, K. (Hrsg.), *Rhetorik – Argumentation – Geltung. Zum Problem der Geltung in der Pädagogik* (S. 41–57). Würzburg: Königshausen & Neumann.

Koller, H.-C. (2006). Doppelter Abschied. Zur Verschränkung adoleszenz- und migrationsspezifischer Bildungsprozesse am Beispiel von Lena Goreliks Roman „Meine weißen Nächte". In King, V. & Koller, H.-C. (Hrsg.), *Adoleszenz-Migration-Bildung. Jugendlicher und junger Erwachsener mit Migrationshintergrund* (S. 195–212). Wiesbaden: VS Verlag.

Koller, H.-C. (2007). Probleme einer Theorie transformatorischer Bildungsprozesse. In ders., Marotzki, W. & Sanders, O. (Hrsg.), *Bildungsprozesse und Fremdheitserfahrung. Beiträge zu einer Theorie transformatorischer Bildungsprozesse* (S. 69–82). Bielefeld: transcript.

Koller, H-C. (2012). Fremdheitserfahrungen als Herausforderung transformatorischer Bildungsprozesse. In Bartmann S. & Immel, O. (Hrsg.), Das Vertraute und das Fremde. Differenzerfahrung und Fremdverstehen im Interkulturalitätsdiskurs (S. 157–175). Bielefeld: transcript.

Koller, H.-C., Carnicer, J., King, V., Subow. E. & Zölch, J. (2010). *Educational Development Processes of Male Adolescents from Immigrant Families, Journal of Identity and Migration Studies, 4 (2)*, 44–60.

Kusow, A. M. (2003). Beyond Indigenous Authenticity. Reflections on the Insider/Outsider Debate in Immigration Research. *Symbolic Interaction, 26* (4), 591–599.

Ladmiral, J. R. (2009). Prèface. In Reiss, K. (2009): *Problématiques de la traduction. Les conférences de Vienne*, Paris: Economica.

Lahire, B. (1992). L'inégalité devant la culture scolaire: le cas de l' expression écrite à lécole primaire. In *Sociétés contemporaines, 11-12*, 167–187.

Lahire, B. (1993). *Culture écrite et inégalités scolaires.* Lyon: PUL.

Lapassade, G. (1970). *Recherches institutionnelles. Groupes, organisations et institutions.* Paris: Gauthier-Villars.

Lapeyronnie, D. (2008). Rassismus, städtische Räume und der Begriff des „Ghettos" in Frankreich. In Ottersbach, M. & Zitzmann, T. (Hrsg.), *Jugendliche im Abseits Zur Situation in französischen und deutschen marginalisierten Stadtquartieren* (S. 21–50). Wiesbaden: VS Verlag.

Leenen, R. & Grosch, H. (2008). Migrantenjugendliche in deutschsprachigen Medien. In Ottersbach, M. & Zitzmann, T. (Hrsg.), *Jugendliche im Abseits. Zur Situation in französischen und deutschen marginalisierten Stadtquartieren* (S. 215–241). Wiesbaden: VS Verlag.

Le Gallais, T. (2008). Wherever I go There I am. Reflections on Reflexivity and the Research Stance. *Reflective Practice.* Verfügbar unter: http://emedien.sub.uni-hamburg.de/ han/4472/www.informaworld.com/smpp/title~content=t713443610~db=all~tab=issuesl ist~branches=9 - v99 (2), S. 145–155.

Le Grand, J. L. (2000). Définir les histoires de vie. Sus et insus définotionnels. *Revue internationale de psychosociologie, VI* (14), 29–46.

Levi-Strauss, C. (1962). *La penséee sauvage.* Paris: Plon.

Levi-Strauss, C. (1972). *Rasse und Geschichte.* Frankfurt/M.: Suhrkamp.

Lipiansky, E. M. (1996). Heißt interkulturelle Ausbildung Bekämpfung von Stereotypen und Vorurteilen? DFJW Arbeitstexte Nr. 14 [Online Dokument]. Verfügbar unter: http:// www.dfjw.org/paed/arbeitstexte.html [30.06.2010].

Lyotard, J.-F. (1989). *Der Widerstreit.* München: Fink.

Mahnig, H. (1999). La question de 'l'intégration' ou comment les immigrés deviennent un enjeu politique. Une comparaison entre la France, l'Allemagne, les Pays-Bas et la Suisse. *Sociétés Contemporaines, 33-34,* 15–38.

Manguel, A. (1998). *Une histoire de la lecture.* Arles: Actes Sud.

Mannheim, K. (1964). Wissenssoziologie. Neuwied: Luchterhand.

Mannheim, K. (1970): Wissenssoziologie. Neuwied/Berlin: Luchterland.

Mannoni, O. (1984). L'adolescence est-elle *analysable?* In Deluz, A., Gibello, B., Hebrard, J. & Mannoni, O. (Hrsg.), *La crise d'adolescence* (S. 23–55). Paris: Denoël.

Marlière, E. (2008). Der Umgang der französischsprachigen Medien mit der Segregation. In Ottersbach, M. & Zitzmann, T. (Hrsg.), *Jugendliche im Abseits. Zur Situation in französischen und deutschen marginalisierten Stadtquartieren* (S. 203–214). Wiesbaden: VS Verlag.

McLuhan, M. (1995). *Die Gutenberg-Galaxis: das Ende des Buchzeitalters.* Bonn: Addison-Wesley.

Mecheril, P. (2003). Prekäre Verhältnisse. Über natio-ethno-kulturelle (Mehrfach-) Zugehörigkeit. Münster/München: Waxmann.

Mecheril, P. & Plößer, M. (2011). Diversity und Soziale Arbeit. In Otto, H. U. & Thiersch, H. (Hrsg.), *Handbuch Soziale Arbeit* (S. 278–287). München: Reinhardt.

Mercer, J. (2007). The Challenges of Insider Research in Educational Institutions. Wielding a Double-edged Sword and Resolving Delicate Dilemmas. *Oxford Review of Education, 33* (1), 1–18.

Merriam, S. B., Johnson-Bailey J., Lee, M-Y., Kee, Y., Ntseane, G. & Muhamad, M. (2001). Power and Positionality. Negotiating Insider / Outsider Status Within and Across Cultures. *International Journal of Lifelong Education.* Verfügbar unter: http://emedien. sub.uni-hamburg.de/han/4330/www.informaworld.com/smpp/title~content=t71374796 8~db=all~tab=issueslist~branches=20 - v2020 (5), 405–416.

Merton, R. K. (1972). Insiders and Outsiders. A Chapter in the Sociology of Knowledge. *American Journal of Sociology, 78* (1), 9–47.

Metz, Chr. (2000). *Der imaginäre Signifikant: Psychoanalyse und Kino.* Münster: Nodus-Publikationen.

Meyerson, I. (1948). *Les fonctions psychologiques et les œuvres.* Paris: Vrin.

Mihciyazgan, U. (1999). Eurozentrismus in Sozialisations- und Bildungstheorien. In Basu, S. (Hrsg.), *Eurozentrismus. Was gut ist, setzt sich durch?* (S. 139–165). Frankfurt/M.: IKO.

Missika, J.-L. & Wolton, D. (1983). *La folle du logis. La télévision dans les sociétés démocratiques.* Paris: Gallimard.

Mollenhauer, K. & Uhlendorff, U. (1992). *Sozialpädagogische Diagnosen. Über Jugendliche in schwierigen Lebenslagen.* Weinheim/München: Juventa.

Moro, M.-R. (2002). *Enfants d'ici venus d'ailleurs. Naître et grandir en France.* Paris: La Découverte.

Morin, E. (1986). *La Méthode. La Connaissance de la connaissance.* Paris: Seuil.

Moscovici, S. (1979). *Psychologie des minorités actives.* Paris: PUF. Zit. nach: Ausgabe „Quadrige": 1996.

Müller, B., Hellbrunn, R., Moll, J. & Storrie, T. (2005): Gefühle denken. Macht und Emotion in der pädagogischen Praxis. Frankfurt/M.: Campus. Franz: Les Sentiments. Des outils d'exploration interculturelle. Paris: Economica 2009

Müller, S. (2006). Diesseits des Diskurses. Die Geburt der Diskursanalyse aus dem Geiste der Latenz. In Eder, F. X. (Hrsg.), *Historische Diskursanalysen. Genealogie, Theorie, Anwendungen* (S. 131–150). Wiesbaden: VS Verlag.

Mullings, B. (1999). Insider or outsider, both or neither: Some dilemmas of interviewing in a cross-cultural setting. *Geoforum, 30* (4), 337–350.

Nandi, M. (2006). Gayatri Chakravorty Spivak. Übersetzungen aus anderen Welten. In Moebius, S. & Quadflieger, D. (Hrsg.), *Kultur. Theorien der Gegenwart* (S. 129–139). Wiesbaden: VS Verlag.

Nauck, B., Diefenbach, H. & Kohlmann, A. (1997). Familiäre Netzwerke, intergenerative Transmission und Assimilationsprozesse bei türkischen Migrantenfamilien. *Kölner Zeitschrift für Soziologie und Sozialpsychologie, 49,* 477–499.

Neumann, U. (2009). Intergationspolitik als Rahmen für den bildungspolitischen Umgang mit Heterogenität. – das Beispiel Hamburg. In King, V. & Koller, H.-C. (Hrsg.), *Adoleszenz-Migration-Bildung. Jugendlicher und junger Erwachsener mit Migrationshintergrund* (S. 241–260). Wiesbaden: VS Verlag.

Nicklas, H., Müller, B. & Kordes H. (Hrsg.). (2006). *Interkulturell denken und handeln.* Frankfurt/M.: Campus. (Stark veränderte und neu konzipierte deutsche Version von Demorgon, J. & Lipiannsky, E. M. (1999). *Guide de l'interculturel en formation.* Paris: Retz.)

Nieke, W. (2011). Interkulturelle Soziale Arbeit. In Otto, H. U. & Thiersch, H. (Hrsg.), *Handbuch Soziale Arbeit* (S. 650–657). München: Reinhardt.

Noiriel, G. (1988). *Le Creuset français. Histoire de l'immigration. XIX-XXème siècle.* Paris: Seuil.

Noiriel, G. (1992). *Population, immigration et identité nationale en France. XIX-XXème siècle.* Paris: Hachette.

Nökel, S. (2002). *Die Töchter der Gastarbeiter und der Islam. Zur Soziologie alltagsweltlicher Anerkennungspolitiken. Eine Fallstudie.* Bielefeld: transcript.

O'Connor, P. (2004). The Conditionality of Status. Experience-based Reflections on the Insider/Outsider Issue. *Australian Geographer.* Verfügbar unter: http://emedien.sub.uni-hamburg.de/han/4472/www.infcrmaworld.com/smpp/title~content=t713403176~db=all ~tab=issueslist~branches=35 - v3535 (2), 169–176.

Oevermann, U. (1995). Ein Modell der Struktur von Religiosität. Zugleich ein Strukurmodell von Lebenspraxis und von sozialer Zeit. In Wohlrab-Sahr, M. (Hrsg.), *Biographie und Religion. Zwischen Ritual und Selbstsuche* (S. 27–102). Frankfurt/M.: Campus.

Oevermann, U. (1996). *Theoretische Skizze einer revidierten Theorie professionellen Handelns.* In: Combe, A., Helsper, W. (Hrsg.): Pädagogische Professionalität (S. 70–181). Frankfurt/M.: Suhrkamp.

Oevermann, U. (2006). Modernisierungspotentiale im Monotheismus und Modernisierungsblockaden im fundamentalistischen Islam. In Franzmann, M., Gärtner, Chr. & Köck, N. (Hrsg.), *Religiosität in der säkularisierten Welt. Theoretische und empirische Beiträge zur Säkularisierungsdebatte in der Religionssoziologie* (S. 395–428). Wiesbaden: VS Verlag.

Ottersbach, M. & Zitzmann, T. (2003). Jugendliche im Abseits? In dies. (Hrsg.), *Jugendliche im Abseits. Zur Situation in französischen und deutschen marginalisierten Stadtquartieren.* Wiesbaden: VS Verlag.

Pages, M., (2006). *L'implication dans les sciences humaines. Une clinique de la complexité*, Paris: L'Harmattan.

Patureau, F. (1992). *Les pratiques culturelles des jeunes*, Paris la Documentation française. Zusammengefasst von François de Singly. In „Les jeunes et la lecture". *Les Dossiers de l'Education nationale et de la culture* DEP. 24 und 25 Januar 1993.

Pérez, A. M. (2006). Doing Qualitative Research with Migrants as a Native Citizen. Reflections from Spain. *Forum Qualitative Research, 7* (3) [Online-Dokument]. Verfügbar unter: http://www.qualitative-research.net/index.php/fqs/article/view/135/291 [14.032012].

Plessner, H. (1974). *Die verspätete Nation*. Frankfurt/M.: Suhrkamp.

Proulx, S. (Hrsg.). (1998). *Accusé de réception. Le téléspectateur construit par les sciences sociales*. Paris: L'Harmattan.

Pike, K. L. (1967). *Language in relation to a unified theory of the structure of human behaviour*. The Hague: Mouton.

Przyborski, A. (2004). *Gesprächsanalyse und dokumentarische Methode. Qualitative Auswertung von Gesprächen, Gruppendiskussionen und anderen Diskursen*. Wiesbaden: VS Verlag.

Przyborski, A. & Wohlrab-Sahr, M. (2008). *Qualitative Sozialforschung. Ein Arbeitsbuch*. München: Oldenbourg.

Pott, A. (2002). *Ethnizität und Raum im Aufstiegsprozess*. Opladen: Leske + Budrich.

Pott, A. (2009). Tochter und Studentin – Beobachtungen zum Bildungsaufstieg in der zweiten türkischen Migrantengeneration. In King, V. & Koller, H.-Chr. (Hrsg.), *Adoleszenz – Migration – Bildung. Bildungsprozesse Jugendlicher und junger Erwachsener mit Migrationshintergrund* (S. 47–65). Wiesbaden: VS Verlag.

Querrien, A. (1976). «Travaux élémentaires sur l'école primaire». *Recherches* n° 23, *L'ensaignement*, Fontenay-sous-Bois: Revue du CERFI, 5–189.

Reich, K. (2005). *Integrations- und Desintegrationsprozesse junger männlicher Aussiedler aus der GUS. Eine Bedingungsanalyse auf sozial-lerntheoretischer Basis*. Münster: LIT.

Ricœur, P. (1996). *Das Selbst als ein Anderer*. München: Fink.

Ricœur, P. (2003). *Sur la traduction*. Paris: Bayard.

Ricœur, P. (2006). *Wege der Anerkennung. Erkennen, Wiedererkennen, Anerkanntsein*. Frankfurt/M.: Suhrkamp.

Riedel, S. (2007). Einwanderung: das Ende der Politik der Chancengleichheit. *Aus Politik und Zeitgeschichte* (38), 40–46.

Riegel, C. (2004). *Im Kampf um Zugehörigkeit und Anerkennung. Orientierungen und Handlungsformen von jungen Migrantinnen*. Frankfurt/M.: IKO.

Riegel, C. & Kaya, A. (2002). The Significance of Ethnic and National Identity of Female Researchers in Practice with Young Migrant Women. Experiences of Allochthonous and Antochtonous Researchers. In: Kiegelmann, M. (Hrsg.): *The Role of Researcher in Qualitative Psychology, Qualitative Psychology Nexus II*. Bern: Hans Huber, 149–158.

Rioux, J.-P. (Hrsg.). (2007). *Dictionnaire de la France coloniale*. Paris: Flammarion.

Robine, N. (2000). *Lire des livres en France des années 1930 à 2000*. Paris: Cercle de la librairie.

Rochex, J.-Y. (1995). *Le sens de l'expérience scolaire*. Paris: PUF.

Rosenthal, G. (1993). *Erlebte und erzählte Lebensgeschichte*. Frankfurt/M./New York: Campus.

Sauter, S. (2000). *Wir sind ,Frankfurter Türken'. Adoleszente Ablösungsprozesse in der deutschen Einwanderungsgesellschaft*. Frankfurt: Brandes & Apsel.

Sayad, A. (2006). *L'immigration ou les paradoxes de l'altérité. 1. L'illusion du proviso ire*. Paris: Raisons d'agir.

Schiffauer, W., Baumann, G., Kastoryano, R. & Vertovec, S. (Hrsg.). (2002). *Staat – Schule – Ethnizität. Politische Sozialisation von Immigrantenkindern in vier europäischen Ländern*. Münster: Waxmann.

Schnapper, D. (2007). *Qu'est-ce que l'intégration?* Paris: Gallimard.

Schreiber-Barsch, S. (2008). Migration in Frankreich: das republikanische Integrationsmodell unter Druck. *MAGAZIN erwachsenenbildung.at. Das Fachmedium für Forschung, Praxis und Diskurs, 5.*

Schubert, I. (2005). *Die schwierige Loslösung von Eltern und Kindern. Brüche und Bindung zwischen den Generationen seit dem Krieg.* Frankfurt/M.: Campus.

Schugurensky, D. (2007). *Vingt mille lieues sous les mers:* les quatre défis de l'apprentissage informel. *Revue Française de Pédagogie, 158,* 13–27.

Schütze, F. (1983). Biographieforschung und narratives Interview. *Neue Praxis. Kritische Zeitschrift für Sozialarbeit und Sozialpädagogik, 13* (3), 283–293.

Schütze, F. (2002). Verlaufskurven des Erleidens als Forschungsgegenstand der interpretativen Soziologie. In Krüger, H.-H. & Marotzki, W. (Hrsg.). *Handbuch erziehungswissenschaftliche Biographieforschung* (S. 116–157). Opladen: Leske + Budrich.

Sedel, J. (2007). *La banlieue comme enjeu de lutte symbolique. Contribution à l'analyse des relations entre médias et groupes sociaux. Thèse de sociologie de troisième cycle.* Paris: EHESS.

Soeffner, H.-G. (1999). Verstehende Soziologie und sozialwissenschaftliche Hermeneutik. Die Rekonstruktion der gesellschaftlichen Konstruktion von Wirklichkeit. In Hitzler, R., Reichertz, J. & Schröer, N. (Hrsg.), *Hermeneutische Wissenssoziologie* (S. 39–49). Konstanz: UVK.

SOEP (2009). Papers on Multidisciplinary Panel Data Research, Berlin. Verfügbar unter: http://www.diw.de/documents/publikationen/73/88527/diw_sp0123.pdf [31.08.2009].

Spies, Tina (2012). Gewalt, Geschlecht und Ethnizität. Intersektionalität im diskursiven Kontext. In Bereswill, M. u.a. (Hrsg.): Migration und Geschlecht. Weinheim: Beltz, Juventa, S. 105-125.

Steiner, G. (1998). *Après Babel. Une poétique du dire de de la traduction.* Paris: Albin Michel.

Stojanov, K. (2006). *Bildung und Anerkennung. Soziale Voraussetzungen von Selbst-Entwicklung und Welt-Erschließung.* Wiesbaden: VS Verlag.

Streeck-Fischer, A. (1999). Über die Seelenblindheit im Umgang mit schweren Traumatisierungen. In dies. (Hrsg.), *Adoleszenz und Trauma* (S. 13–20). Göttingen: Vandenhoeck & Ruprecht.

Terzian, A. (2007). La représentation des minorités à la télévision française. In Rigoni, I *Qui a peur de la télévision en couleurs?* Paris: Aux lieux d'être.

Thomas, A. (1999): Kultur als Orientierungssystem und Kulturstandards als Bauteile. *IMIS-Beiträge,* (10).

Tressat, M. (2011). Muslimische Adoleszenz? Zur Bedeutung muslimischer Religiosität bei jungen Migranten. Biografieanalytische Fallstudien. Frankfurt/M.: Peter Lang.

Troman, G. & Jeffrey, B. (2008). Die Erarbeitung eines Rahmens für ein „geteiltes Repertoire" in einem international vergleichenden Forschungsprojekt. Auf dem Weg zu einer Methodologie für die vergleichende ethnographische Forschung. In Hünersdorf, B., Maeder, Chr. & Müller, B. (Hrsg.). *Ethnographie und Erziehungswissenschaft. Methodologische Reflexionen und empirische Annäherungen* (S. 245–266). Weinheim: Juventa.

Tse Shang Tang, D. (2007). The Research Pendulum. Multiple Roles and Responsibilities as a Researcher. *Journal of Lesbian Studies.* Verfügbar unter: http://emedien.sub.uni-hamburg.de/han/4472/www.informaworld.com/smpp/title~content=t792306903~db=all~tab=issueslist~branches=10 - v1010 (3/4), 11–27.

Tucci, I. (2009). Les Descendants des Immigrés en France et en Allemagne: Des Destins contrastés. participation au marché du travail, formes d'appartenance et modes de mise à distance sociale [Dissertation der Humbold Universität Berlin]. Verfügbar unter: http://edoc.hu-berlin.de/dissertationen/tucci-ingrid-2008-02-08/PDF/tucci.pdf [14.03.2012].

Tucci, I. & Groh-Sambergmannn, O. (2008). *Das enttäuschte Versprechen der Integration: Migrantennachkommen in Frankreich und Deutschland.* Berlin: DIW.

Van Zanten, A. (2001). L'école de la périphérie. Scolarité et ségrégation en banlieue. Paris: PUF.

Verweyst, M. (2000). Das Begehren der Anerkennung. Subjekttheoretische Positionen bei Heidegger, Sartre, Freud und Lacan. Frankfurt/M./New York: Campus.

Vinsonneau, G. (1996). L'identité des jeunes en société inégalitaire. Le cas des maghrébins de France. Perspectives cognitives et expérimentales. Paris: L'Harmattan, collection Minorités et Sociétés.

Watzlawick, P., Beavin, J. & Jackson, D. (1969). Menschliche Kommunikation. Bern: Huber.

Weigand, G. & Hess, R. (Hrsg.). (2007). Teilnehmende Beobachtung in interkulturellen Situationen. Frankfurt/M.: Campus. Franz.: Hess, R. & Weigand G. (Hrsg), L'observation participante dans les situations interculturelles. Paris: Economica (2006)

Weil, P. (2002). Qu'est-ce qu'un Français? Paris: Grasset.

Weil, P. (2010). Les quatre piliers de la nationalité. Le Monde. 24.08.2010.

Weller, W. (2006). HipHop-Gruppen in São Paulo und Berlin. Ästhethische Praxis und kollektive Orientierungen junger Schwarzer und Migranten. In Bohnsack, R., Przyborski, A. & Schäffer, B. (Hrsg.). Das Gruppendiskussionsverfahren in der Forschungspraxis (S. 109–122). Opladen: Barbara Budrich.

Wenger, E. (1998). Communities of Pratice: Learning, Meaning and Identity. Cambridge: Cambridge University Press.

Wensierski, H.-J. von (2007). Die islamische-selektive Modernisierung – Zur Struktur der Jugendphase junger Muslime in Deutschland. In Wensierski, H.-J. von & Lübcke, C. (Hrsg.), Junge Muslime in Deutschland. Lebenslagen, Aufwachsprozesse und Jugendkulturen (S. 55–81). Opladen: Barbara Budrich.

Wieviorka, M. (1993). La démocratie à l'épreuve, nationalisme, populisme, ethnicité. Paris: Edition de la découverte.

Wihtol de Wenden, C. (Hrsg.). (2009). Convergences et divergences des politiques d'immigration entre la France et l'Allemagne. Hommes & Migrations, 1277, Januar-Februar.

Winnicott, D. W. (1997). Vom Spiel zur Kreativität. Stuttgart: Klett-Cotta.

Wischmann, A. (2010). Adoleszenz – Bildung – Anerkennung: Adoleszente Bildungsprozesse im Kontext sozialer Benachteiligung. Wiesbaden: VS Verlag.

Wohlrab-Sahr, M. & Tezcan, L. (Hrsg.). (2007). Konfliktfeld Islam in Europa. Baden-Baden: Nomos.

Woods, P. (1990). L'ethnographie de l'école. Paris: Armand Colin.

Wulf, C. (1999). L'interculturalité: nouvelles missions des formations universitaires. In Le travail de l'interculturel: une nouvelle perspective pour la formation, Pratiques de formation. Analyses, Nr. 37-38, S. 191–201.

Wulf, Chr. (2006). Anthropologie kultureller Vielfalt. Interkulturelle Bildung in Zeiten der Globalisierung. Bielefeld: transcript.

Zhou, M. (1996). Growing up American. The Challenge Confronting Immigrant Children and Children of Immigrants. Annual review of Sociology, 23, 63–95.

Zölch, J., King, V., Koller, H.-Chr., Carnicer, J. & Subow, E. (2009): Bildungsaufstieg als Migrationsprojekt. Fallstudie aus einem Forschungsprojekt zu Bildungskarrieren und adoleszenten Ablösungsprozessen bei männlichen Jugendlichen aus türkischen Migrantenfamilien. In King, V. & Koller, H.-Chr. (Hrsg.), Adoleszenz – Migration – Bildung. Bildungsprozesse Jugendlicher und junger Erwachsener mit Migrationshintergrund (S. 67–84). Wiesbaden: VS Verlag.

Zölch, J., King, V., Koller, H.-C. & Carnicer, J. (2012): Männlichkeitsentwürfe und adoleszente Ablösungsmuster bei Söhnen aus türkischen Migrantenfamilien – ausgewählte Ergebnisse einer intergenerationalen Studie. In Bereswill, M. et al. (Hrsg.), Migration und Geschlecht. Theoretische Annäherungen und empirische Befunde (S. 17–39). Weinheim: Beltz.

Autorinnen und Autoren

Ben Hamouda, Anissa: Doktorandin der Erziehungswissenschaften, Universität Paris 8, Mitglied der Forschungsgruppe EXPERICE (Centre de Recherches Interuniversitaires Expérience Ressources Culturelles Education), forscht über Fragen der Identitätskonstruktion bei kulturellen Minderheiten mit besonderem Bezug auf die Bedeutungen von blanchité, cultualité, adolescence.
E-Mail: a.benhamouda@gmail.com.

Bittner, Martin: Dipl. Päd., Promotionsstudent der FU Berlin am Arbeitsbereich Anthropologie und Erziehung. Arbeitsschwerpunkte: Ethnographische Unterrichtsforschung, qualitative Bildungsforschung, Diskursanalyse und Praxistheorie. Jüngere Publikation: Unpacking recognition and esteem in school-pedagogics (gemeinsam mit Wulf, Ch., Clemens, I. & Kellermann, I.). In Ethnographyand Education 7 (3), 2012.
E-Mail: martin.bittner@fu-berlin.de

Colin, Lucette: Dr. Psych., Maître de Conférences für Erziehungswissenschaften, Universität Paris 8, Mitglied der Forschungsgruppe EXPERICE (Centre de Recherches Interuniversitaires Expérience Ressources Culturelles Education) Forschungsschwerpunkte: Interkulturelle Erziehung, Identitätskonstruktionen im Erziehungsprozess.
E-Mail: lucettecolin@noos.fr.

Günther, Marga: Dr. phil. Soziologin, Sozialpädagogin, Professorin für Theorien und Methoden der Sozialen Arbeit an der Ev. Hochschule Darmstadt. Arbeitsschwerpunkte: Jugend- und Adoleszenzforschung, Migrationssoziologie, Bedeutung von Körper, Sexualität und Geschlecht in Sozialisationsprozessen, soziale Ungleichheiten, Methoden und Methodologien hermeneutischer Sozialforschung. Ihre Dissertation zum Thema ‚Adoleszenz und Migration. Adoleszenzverläufe weiblicher und männlicher Bildungsmigranten aus Westafrika' erschien 2009 (VS Verlag).
E-Mail: guenther@eh-darmstadt.de

King, Vera: Prof. Dr. habil., Dipl. Soz., Professorin im Fachbereich für Allgemeine, Interkulturelle und International Vergleichende Erziehungswissenschaft der Fak. IV der Universität Hamburg. Schwerpunkte: Bildung und Sozialisation im Kontext gesellschaftlicher Transformationsprozesse, Methodologie qualitativ-rekonstruktiver Bildungs- und Sozialforschung; Leitung div. Forschungsprojekte u.a. zu Migration, Adoleszenz und Interkulturalität.
E-Mail: vera.king@uni-hamburg.de

Leroy, Delphine: Doktorandin an der Universität Paris 8. Mitglied der Forschungsgruppen EXPERICE (Paris 8) und et Anthropologie des Schreibens (EHESS, Paris). Forscht über die Beziehungen von Frauen aus der Migration zu Schriftlichkeit im Medium von Lebensgeschichten. Jüngere Publikation: Nicolas Fasseur/Delphine Leroy (2011): ‚Ni vistas ni conocidas‘: Sobre las Historias de vida en la educación popular. In: Revue Cuestiones Pedagógicas, n° 20, 2011, Université de Séville, S. 117-142.
E-Mail: delfleroy@gmail.com.

Müller, Burkhard: Prof. Dr. habil., war Professor am Institut für Organisations- und Sozialpädagogik der Stiftung Universität Hildesheim und Lehrbeauftragter an der International Psychoanalytic University, Berlin. Seit 1975 Forschungspartner des DFJW mit zahlreichen Publikationen. Weitere Schwerpunkte: Professionalität und Organisation Sozialer Arbeit, Psychoanalytische Pädagogik, Jugendarbeit.

Subow, Elvin: studierte Erziehungswissenschaft, Englisch und Geschichte an der Universität Hamburg. Ihre Examensarbeit zum Thema „Die Insider/Outsider Debatte: Forscherperspektiven im interkulturellen Kontext“ entstand aus der Mitarbeit in dem hier publizierten Forschungsprojekt (gefördert vom DFJW) sowie im Forschungsprojekt „Bildungskarrieren und adoleszente Ablösungsprozesse bei männlichen Jugendlichen aus türkischen Migrantenfamilien“ (Leitung: V. King/H.C. Koller; gefördert von der DFG).
E-Mail: elvin.subow@googlemail.com

Terzian, Anna: Dr. der Erziehungswissenschaften, Maître de Conférences für Erziehungswissenschaften, Universität Paris 8, Mitglied der Forschungsgruppe EXPERICE (Centre de Recherches Interuniversitaires Expérience Ressources Culturelles Education). Forschungsschwerpunkte: Erziehungstechnologien, Medien und interkulturelle Pädagogik, Medien und schulische Integration.
E-Mail: anna.terzian@wanadoo.fr.

Tressat, Michael: M.A. in Erziehungswissenschaft, wissenschaftlicher Mitarbeiter am Fachbereich Erziehungswissenschaft 1 der Univ. Hamburg im Projekt: „Erfolgreiche und nicht-erfolgreiche Bildungsverläufe junger Männer aus italienischen Migrantenfamilien – Transmission und Transformation in adoleszenten Generationenbeziehungen“ (Leitung V. King/H.C. Koller, gefördert vom BMBF). Magisterarbeit zum Thema: ‚Muslimische Adoleszenz? Zur Bedeutung muslimischer Religiosität bei jungen Migranten‘ (Verlag Peter Lang, 2011).
E-Mail: michael.tressat@uni-hamburg.de

Wischmann, Anke: Dr. phil, Dipl. Päd., wissenschaftliche Mitarbeiterin an der Leuphana Universität Lüneburg am Institut für Bildungswissenschaften (Allgemeine Pädagogik). Forschungsschwerpunkte: qualitative Bildungsforschung, Bildungstheorie, Jugendforschung, Soziale Ungleichheit (im Bildungssystem). Ihre Dissertation mit dem Titel ,Adoleszenz-Bildung-Anerkennung. Adoleszente Bildungsprozesse im Kontext sozialer Benachteiligung' ist 2010 erschienen (VS-Verlag).
E-Mail: anke.wischmann@web.de

Xavier, Joël: Dr. der Erziehungswissenschaften, Universität Paris 8, Mitglied der Forschungsgruppe EXPERICE und Mitglied der Association Française des Enseignants et des Chercheurs en Cinéma et AudioVisuel (AFECCAV). Titel der Doktorarbeit: „La Télévision, une médiamorphose de la réalité. Images et construction d'un regard critique de la monstration télévisuelle".
E-Mail: joel.xavier@gmail.com.

Zölch, Janina: Dipl.-Päd., wissenschaftliche Mitarbeiterin am Fachbereich Erziehungswissenschaft 1 der Universität Hamburg, arbeitete mit im DFG-Projekt „Bildungskarrieren und adoleszente Ablösungsprozesse bei männlichen Jugendlichen aus türkischen Migrantenfamilien" (V. King/H.C. Koller) und promoviert über „Adoleszenz – Migration – Zugehörigkeit. Biographien bildungserfolgreicher männlicher Spätaussiedler."
E-Mail: janina.zoelch@uni-hamburg.de

Nachwort

Zu unserer unermesslichen Erschütterung ist Burkhard Müller, nicht lange nachdem wir die abschließenden Korrekturen und Formulierungen besprochen und an den Verlag geschickt haben, am 23. Mai 2013 in einer Lebensphase ungebrochener wissenschaftlicher Produktivität und intensiven Engagements mitten aus dem Leben gerissen worden. Er hinterlässt uns in noch immer fassungsloser und schmerzlicher Trauer.

Viele von uns haben seit vielen Jahren mit Burkhard Müller intensiv und oft zusammen gearbeitet, er war ein wunderbarer Freund, herausragender Kollege und den jungen Forschenden auch in unserer Gruppe ein großartiger Lehrer. Burkhard Müller und ich hatten uns in den letzten Telefonaten sehr darüber gefreut, nach der langen und intensiven Zeit der Arbeit in diesem Projekt, an dem so viele Personen in Deutschland und Frankreich beteiligt waren, und nach dem Schreiben, Übersetzen und der Diskussion der Texte das gemeinsame Produkt unserer interkulturellen deutsch-französischen Kooperation fertiggestellt zu haben und veröffentlichen zu können. Nun hat Burkhard Müller zu unserer aller Bestürzung und Trauer das Erscheinen des Buchs nicht erleben können.

Wir vermissen ihn, werden ihn immer in Erinnerung behalten und wollen auch in seinem Sinne die Arbeit an den von ihm so engagiert vorangetriebenen Themen weiterführen. So soll auch dieses Buch, eine seiner letzten Publikationen, unsere unverbrüchliche Verbundenheit und große Dankbarkeit zum Ausdruck bringen.

Vera King, auch im Namen
der Pariser Projektleiterinnen und Herausgeberinnen der französischen Ausgabe
Lucette Colin und Anna Terzian,
im Namen der Autorinnen und Autoren dieses Buchs sowie
aller Teilnehmenden des Forschungsprojekts und schließlich
im Namen der Kolleginnen und Kollegen des Deutsch-Französischen Jugendwerks,
von denen viele nicht nur dieses Projekt in unterschiedlichen Phasen unterstützt und begleitet haben, sondern Burkhard Müller auch seit vielen Jahren in zahlreichen Kooperationen aufs Engste und mit größter Wertschätzung verbunden waren.

Hamburg, im Juni 2013

Christine Delory-Momberger,
Gunter Gebauer, Marianne Krüger-Potratz,
Christiane Montadon, Christoph Wulf (Hrsg.)

Europäische Bürgerschaft in Bewegung

Dialoge – Dialogues, Band 1
2011, 304 Seiten, br., 27,90 €
ISBN 978-3-8309-2570-5

Dieses Buch ist im Rahmen des vom Deutsch-Französischen Jugendwerk geförderten Forschungsprojekts ‚Europäische Bürgerschaft durch Erfahrung lernen: mit der Vielfalt der Sprachen und Kulturen' entstanden. Unter der Leitung der Herausgeberinnen und Herausgeber haben junge Sozial- und Geisteswissenschaftler/innen aus Frankreich und Deutschland gemeinsam zum Thema ‚Europäische Bürgerschaft' geforscht.

Die Aufsätze verbindet die Frage nach den Schlüsselkompetenzen für ein ‚Europa der Bürger' und nach den Möglichkeiten, ein demokratisches, europäisches Bewusstsein im Sinne einer europäischen Bürgerschaft zu schaffen. Über die fachlichen Grenzen hinweg zeigte sich, dass zur Beantwortung der Frage die Analyse der Dichotomien ‚Zentrum – Peripherie', ‚Inklusion – Exklusion' sowie des Verhältnisses ‚national – europäisch – international' von zentraler Bedeutung ist.

WAXMANN

Birte Egloff, Barbara Friebertshäuser,
Gabriele Weigand (Hrsg.)

Interkulturelle Momente in Biografien

Spurensuche im Kontext des
Deutsch-Französischen Jugendwerks

Dialoge – Dialogues, Band 2
2013, 332 Seiten, br., 29,90 €
ISBN 978-3-8309-2845-4
E-Book-Preis: 26,99 €

Welche Spuren hinterlassen interkulturelle Begegnungen im Leben von Menschen?
Dieser zentralen Frage widmet sich dieses Buch, das Ergebnisse eines deutsch-französischen Biografieforschungsprojektes präsentiert. Im Mittelpunkt stehen Lebensgeschichten von Personen, die an organisierten Programmen und Begegnungen des DFJW teilgenommen haben oder auf andere Weise im deutsch-französischen, aber auch im europäischen Kontext aktiv sind.
Zum 50. Jahrestag des 1963 gegründeten Deutsch-Französischen Jugendwerks bieten die Autorinnen und Autoren damit einen besonders lebendigen Einblick in die Thematik interkulturellen Lebens und Lernens. Das Buch versteht sich als ein vielfältig nutzbares Lesebuch, das sich gleichermaßen an Wissenschaftlerinnen und Wissenschaftler wie an alle an interkulturellen Begegnungen Interessierte richtet.